STEFAN KORN

WARM ROADS

STEFAN KORN

WARM ROADS

WAS PASSIERTE, ALS ICH NACH HAUSE WOLLTE UND DAFÜR PER ANHALTER DIE WELT UMRUNDETE

KNESEBECK *Stories*

INHALT

PROLOG 7

ERSTER CHORUS 10

    Aller Anfang ist schwer 11

    Mit Segelbooten über den Atlantik trampen 16

    Das wahre Abenteuer beginnt 36

    Uruguay – alles tranquilo 58

    Liebe auf Reisen – Wendepunkte 60

ZWEITER CHORUS 64

    Trampen ist Lifestyle 65

    Die argentinische Post 68

    Bolivien, meine Perle 75

    Trampen im kollektiven Widerstand 92

    Lima. So lebendig wie ein Stück Käse
    an einem heißen Tag 104

    Fahrradfahren durch Kolumbien 124

    Das Darién Gap – zurück auf dem Wasser 139

DRITTER CHORUS 150

Zentralamerikanisches Intermezzo 151

USA 168

Trainhopping 175

Stolpersteine 193

Die Königsetappe 202

Das Ende der Expedition 212

VIERTER CHORUS 218

Die gefährlichste Situation meiner Reise 219

Die-vier-Ecken-von-China-Tour 226

Chinesischer Mauerfall 241

Drei Tage wach in Kasachstan 256

Absage an den Alkohol 263

Heimweg 267

Ankommen 268

*... what does anyone want
but to feel a little more free?*

LIFT YOUR SKINNY FISTS LIKE ANTENNAS TO HEAVEN –
GODSPEED YOU! BLACK EMPEROR

Prolog

Ich erwachte unter freiem Sternenhimmel mit Blick aufs Meer. Es war warm. Ich war nur in einen dünnen Sommerschlafsack gehüllt. Herbst in Südspanien an der Costa del Sol. Und ich hatte Angst. So viel Angst, dass ich mich nicht bewegen konnte. Etwas war hinter mir. Ich dachte, wenn ich es nicht sehe, wird es vielleicht auch nicht da sein. Wenn ich mich nicht bewege, wird es mich auch nicht entdecken. Aber es war schon nah an mir dran. Ich konnte den Atem hören. Ich konnte die Schritte hören. Sträucher raschelten. Vorm Schlafengehen hatte ich extra meine Klamotten weit um meine Isomatte verteilt. Falls irgendwelche Kleintiere sich verirrten, sollte so mein Gebiet abgesteckt werden. Aber das hier war etwas Größeres, das sich nicht von Klamotten abhalten lassen würde.

Schon die ganze Nacht hatte ich mich um meine Sicherheit gesorgt. In der Ferne bellten Hunde. Ich wusste lange nicht, ob sie frei herumliefen oder irgendwo hinter einem Zaun waren; ob sie nach mir, dem Nachtwanderer, suchten oder was anderes anbellten.

Der Ort hatte nur ein Zwischenstopp sein sollen, um dann weiter nach Gibraltar zu trampen. In der vorherigen Nacht war ich in dem Küstendorf La Rabita angekommen, weil mich jemand dorthin mitgenommen hatte. Leider lag das nicht an der Bundesstraße, also musste ich wieder ein Stück zurücklaufen. Der Ort war sehr idyllisch. Sandfarbene Mehrfamilienhäuser mit französischen Balkons und orangefarbenem Laternenlicht säumten den Weg. Im Vordergrund unterhielten sich Menschen. Im Hintergrund rauschte das Meer. Die Luft war schwül, aber angenehm. Es wirkte, als ob die Menschen nach einem heißen Tag die milde Abendluft nutzten, um auf die Straße zu gehen. Hinter dem Ortsausgang lag alles in Dunkelheit. Ich schaltete meine Kopflampe an und lief hinein ins

PROLOG

Nichts. Eine Küstenstraße bei Nacht. Es ging steil bergauf. Serpentinen schlängelten sich Richtung Bundesstraße.

Schon die Nacht zuvor hatte ich nicht geschlafen, weil ich durchgetrampt war. Nach einem Kilometer überkam mich nun die Müdigkeit, und ich fasste den Entschluss, mir einen Schlafplatz zu suchen. Auf einer kleinen Erhöhung in einer der Kurven entdeckte ich eine geeignete ebene Fläche. Unter freiem Himmel. Ohne Schutz. Ich hatte zuvor die Terrasse eines verlassenen Hauses ins Auge gefasst, aber mir war nicht geheuer, den Zaun zu überklettern. Mein Schlafplatz war steinig, aber groß genug. Es war eine der ersten Nächte, die ich ohne Zelt, einfach auf dem Boden, schlafen wollte. Ich war also sowieso schon nervös.

Mein steter Begleiter, die Angst, traute sich ihren großen Auftritt aber erst zu, als dieses schnaufende Tier hinter meinem Kopf auftauchte. Wenn man lange genug mit der eigenen Angst konfrontiert ist, wird zwangsläufig aber auch die Logik auftauchen und anmerken, dass tot stellen keine Lösung ist. Eine wilde Diskussion entbrannte. Angst ist ein emotionaler Zeitgenosse und hat für rationale Argumente wenig übrig. Mut, gerade aufgewacht vom Gerede und schlecht gelaunt, betrat schließlich ebenfalls den Raum in meinem Kopf und fragte, was der ganze Scheiß soll. Mut ist immer darauf bedacht, zu einem Ergebnis zu kommen. Endlosdiskussionen sind ihm zuwider. Schließlich konnten Logik und Mut die Angst für einen Moment überwältigen. Ich drehte mich um.

Wenige Meter hinter mir stand ein Reh im Dickicht und starrte mich an. Keine Lebensgefahr. Mein Körper leitete allgemeine Muskelentspannung ein. Ich machte ein Foto, und es hüpfte davon. An Schlaf war zwar nicht mehr zu denken. Aber kurz darauf ging die Sonne auf. Ich hatte Blick aufs Meer. Zuerst kroch das orangefarbene Licht am Horizont hervor. Der Himmel wurde blau. Dann folgte die Sonne und beschien meinen Schlafsack.

PROLOG

Wenn ich heute an diesen Moment zurückdenke, empfinde ich großes Glück. Ich spüre, wie sich Freiheit anfühlt. Die Freiheit, wenn alles vor einem liegt und die Welt keine Grenzen zu kennen scheint. Es war das erste Mal, seitdem ich von zu Hause aufgebrochen war, dass ich realisierte, was hier eigentlich los war. Ich war unterwegs. Ich hatte alles zurückgelassen. Ich war frei und konnte machen, was ich wollte. Alles stand mir offen. Es war überwältigend. Der Sonnenaufgang wurde zu einem Moment purer Ekstase. Einer Serotoninexplosion in meiner Brust.

Und das war auch etwas, was ich mit meinen Mitmenschen teilte: den schönen Sonnenaufgang. Kein Wort davon, dass ich mir fast in die Hose gemacht hätte. Vielleicht war die Angst auch nötig, damit ich einen so guten Moment erleben konnte. Freude und Angst, Leid und Glückseligkeit liegen oft nahe beieinander. Das gilt vor allem auf langen Reisen, weil das Leben unterwegs oft eine außerordentliche Intensität erreicht. Vielleicht gilt das auch im Speziellen für die Reise, von der ich nun erzählen werde. Weil ich nicht nur Ländergrenzen, sondern auch persönliche Grenzen überwinden musste. Und das war keineswegs nur gut für mich. Viele behaupten, dass das Reisen ein Weg zur Selbstfindung ist. Mir ging es aber nicht ums Reisen. Ich wollte keine schönen Orte sehen. Ich wollte mich nicht selbst finden. Ich wollte trampen. Ich wollte sehen, wo die Grenzen des Trampens sind und wie ich sie überwinden kann. Herausgekommen ist eine Expedition, die ich so nie wieder machen, aber auch nicht missen möchte. Die Straße ist wie ein riesiges Theaterstück. Ich war mittendrin in einer Aufführung.

ERSTER CHORUS

Ziel: Uruguay

Wartezeit: 3289 Minuten

Anzahl der Lifts: 114

Kilometer getrampt: 18 671

1
Aller Anfang ist schwer

Es war ein kalter Januartag, als die Entscheidung fiel, dass ich eine große Reise machen möchte. Ich war gerade mit meiner Exfreundin im Kino. Ein paar Monate zuvor hatten wir unsere langjährige Beziehung beendet, was kein Grund war, um aus unserer gemeinsamen Wohnung auszuziehen. Wir lebten noch zusammen und bemühten uns um einen halbwegs normalen Alltag. Das beinhaltete auch gemeinsame Kinobesuche. Wir wussten beide noch nicht so recht, wie unser Leben weitergehen würde.

Im Kino lief *Hannas Reisen*. Eine romantische Komödie über eine BWL-Studentin, die ihren Freiwilligendienst in Israel absolviert. Wenn ich je in meinem Leben ein erleuchtungsähnliches Erlebnis hatte, dann an diesem Tag. Ich war selber vor einigen Jahren in Israel gewesen. Und als ich nun so in meinem Kinosessel saß und mir Bilder von Tel Aviv ansah, kam alles wieder hoch. Israel zählte nicht zu meinen Lieblingsreiseländern, aber es war einer der spannendsten und verwirrendsten Orte, die ich bis dahin besucht hatte. Und so wurde mir klar: Ich werde auf eine sehr große Reise gehen. Nichts hält mich davon ab. Das ist der Moment. Ich stand kurz vor Abschluss meines Masterstudiums. Meine Beziehung war im Arsch. Ich hatte Geld angespart. Meine Jobs konnte ich guten Gewissens kündigen. Es gab keine Kinder. Aus einem jämmerlichen Leben wurde auf einmal die beste Voraussetzung, um alles hinter mir zu lassen und mit dem Rucksack in die weite Welt zu ziehen. Ich hatte schon länger den Gedanken, eine große Reise zu machen. Damit meine ich: eine Reise, die länger als drei Monate dauert.

ERSTER CHORUS

Jetzt war die Möglichkeit da, und ich hätte mir nie verziehen, sie verstreichen zu lassen.

Das hört sich vielleicht wie die typische Selbstfindungsgeschichte an. Aber es war der Moment, in dem ich in meiner Einsamkeit die Unabhängigkeit erkannte und mir daraus ein bisschen Freiheit schuf. Alles hat zwei Seiten. Die Einsamkeit blieb weiter im Boot. Sie war der Preis für die Freiheit.

Als ich aus dem Kino und auf die verschneite Straße trat, war mir ganz warm ums Herz. »Das wird gut«, dachte ich. Am gleichen Tag begann ich mit der Planung, brauchte aber noch ein paar Monate, bis es so weit war.

20.10.2014, Mittagszeit, Leipzig

Auf dem Wohnzimmertisch liegt nun alles bereit. Mein neuer Tramperrucksack. Ebenso das Zelt und mein gelber Tramper-anzug. Alles maßgeschneidert und handgemacht von einem rus-sischen Tramperfreund. Daneben Klamotten, Laptop, Kocher, Isomatte, Kamera, diverse Karten und Ausweise, Kletterschuhe, medizinische Grundausstattung und 1 kg Sticker von unserem Sporttramper-Club.

Ich folge noch kurz dem Liveticker jenes russischen Freundes. Er trampt gerade in 500 Stunden einmal um die Welt. Sein Flieger von New York nach Portugal ist ausgefallen, und alles sucht fieberhaft nach einer Ausweichmöglichkeit, damit er die Tour in der ange-peilten Zeit abschließen kann. Von Trampern wie ihm war mein Equipment entwickelt und optimiert. Kleine Details machen den Unterschied, wie die Taschen auf den Oberschenkeln anstatt an der Seite, weil man da im Autositz besser dran kommt.

Monatelang habe ich meine Ausrüstung zusammengesucht. Nun ist es an der Zeit zu packen. Mein Rucksack fasst 35 Liter. Sollte passen. Denke ich. Passt aber nicht, stellt sich heraus. Fuck! Es ist

ALLER ANFANG IST SCHWER

schon ein besonderer Moment, wenn man gerade für eine Weltreise packt, bereits mit einem Bein vor der Tür steht und dann feststellt, dass der Rucksack zu klein ist. Ich komme mir bescheuert vor. Nun muss ich noch mal entscheiden, was von allen wichtigen Dingen, die ich mitnehmen will, am wichtigsten ist. Ein paar Wechselklamotten schaffen es nicht. 500 g Sticker werden ebenfalls nicht den Weg in die Welt finden. Aber meine Kletterschuhe, die bekomme ich noch rein.

Ich ziehe meinen Tramperanzug an, schnalle den Rucksack auf und verlasse das Zimmer; lege meinen Schlüssel auf den Schuhschrank, trete in den Hausflur, wohl wissend, dass ich diesmal die Tür für länger zuschlagen würde. Mein geliebter Kater Herr Anton steht im Flur und schaut mich mit großen Augen an. Er weiß nicht, was hier passiert. Wie soll er es auch wissen. Er ist ein Kater. Er mustert mich aufmerksam, als ich die Tür vor seiner Nase schließe. Es ist ein trauriger Moment. Mir kommen Tränen, während ich die Treppe hinabsteige.

Ich nehme die Straßenbahn zur Trampstelle. Es ist ein angenehm sonniger Tag. Trotzdem fühle ich mich komisch, mein sicheres Leipzig zu verlassen. Ich bin aufgeregt, aber irgendwie auch planlos. Mein Anzug ist wie eine schützende Hülle, die mich vor all den Ungewissheiten bewahren soll. Mein Superheldenanzug.

Ich würde über den Atlantik segeln. Das erste Mal auf einem großen Boot sein. Anschließend nach Uruguay trampen. In Südamerika bin ich noch nie gewesen und habe nur Vorurteile darüber im Kopf, die vor allem mit Waffen und Drogen zusammenhängen. Aber der beste Weg in eine unbekannte Situation ist ja, wenn man sie Schritt für Schritt angeht. Ich weiß noch nicht ganz genau, wie ich nach Amerika kommen werde. Aber ich weiß, dass meine erste Etappe nach Gibraltar geht. Die Tramproute nach

ERSTER CHORUS

Spanien habe ich schon mehrmals in meinem Leben gemacht. Daher fokussiere ich mich auf diesen Abschnitt. Alles andere wird sich schon ergeben.

Es heißt ja, dass trampen nicht planbar wäre. Ich denke, trampen ist genauso viel oder wenig planbar wie das Leben im Allgemeinen. Für die Route nach Spanien habe ich eine Strategie. Ich komme zwar erst gegen Nachmittag in Leipzig los, was aber nicht so schlimm ist, weil ich die nächsten Tage und Nächte sowieso auf der Straße verbringen werde. Mein Plan ist, bis zum Einbruch der Dunkelheit in Süddeutschland anzukommen und dann mit einem der polnischen Transporter, die meist nachts durch Europa fahren, Frankreich zu durchqueren.

Es ist schon nach Einbruch der Dunkelheit, als ich bei Freiburg an der Raststätte ankomme. Bisher läuft alles nach Plan. Die zwei Frauen, mit denen ich unterwegs bin, fahren einen komfortablen Mercedes, und es fehlt mir an nichts. Ich steige aus dem Auto aus und denke:»Und jetzt ein polnischer Transporter!« Und direkt an der gegenüberliegenden Zapfsäule steht: ein polnischer Transporter. Er fährt leider nur nach Lyon, aber nach einigem Diskutieren lädt er mich ein, und wir machen uns auf den Weg nach Frankreich.

Es kommt noch besser. Nach wenigen Kilometern überholt uns ein anderer Transporter. Ebenfalls auf Polen. Viele Polen nutzen noch den guten alten CB-Funk im Auto, um miteinander kommunizieren zu können. So auch hier. Wir funken den anderen Fahrer an, und er sagt uns, dass er nach Spanien unterwegs ist. An der nächsten Tankstelle halten wir an, vollziehen den Gefangenenaustausch, und schon habe ich meinen Transporter nach Spanien. Mein Fahrer kann zwar nur gebrochen Englisch, aber es reicht, um sich zu unterhalten. Er hat Motorenteile geladen und ist auf dem Weg von Hamburg nach Saragossa. Ohne Pause, weil er termingerecht abliefern muss. Sein Telefon ist ständig in Betrieb, weil seine

ALLER ANFANG IST SCHWER

Chefin ihn kontrolliert. Der Arme ist schon völlig überdreht, als ich ins Auto steige. Immerhin kommen wir gut durch. Irgendwann schlafe ich ein – bis mich ein Ruck aus den Träumen reißt. Vor uns liegt eine kleine Brücke, die kaum breit genug für ein Auto ist. Die Straße schlängelt sich zwischen kleinen Steinhäusern entlang. Bergiges Terrain. Das ist nicht mehr die Autobahn. Wo zur Hölle sind wir? Mein Fahrer erklärt mir, dass er keine Mautstraßen fahren darf, weil das seinem Unternehmen zu teuer ist. Also schickt man ihn mit einem sowieso schon viel zu engen Terminplan über die kleinen Bergstraßen in Südfrankreich.

Mit Voranschreiten der Nacht sehe ich ihm die Müdigkeit immer mehr an – was ab und an in ein irres Lachen mündet. »Polnisch Transport, No. 1 in Europe!«, ruft er Richtung Windschutzscheibe, halb stolz, halb im Wahn. Die ganze Fahrt wird mir langsam unheimlich, und so entscheide ich mich, hinter Toulouse auszusteigen. Es ist schon wieder Dämmerung. Ich weiß aber, dass es nun über die Pyrenäen geht und die Straßen noch enger und bergiger werden. Und so finde ich mich an einem Kreisverkehr im kühlen Morgennebel in Südfrankreich wieder – wo ich doch am Nachmittag zuvor noch in Leipzig gewesen war. Ein kleiner viereckiger Renault Oldtimer lädt mich ein. Das gibts echt nur noch ein Frankreich. Das Auto ist so lustig, dass ich beim Aussteigen noch ein Foto machen muss. Anschließend lande ich in einem Wohnmobil mit einem alten Opa und seinen zwei Hunden. Wir fahren einen Berg hinab, am Horizont schiebt sich die Sonne langsam durch den Nebel, dazu läuft eine Kassette mit engelsgleichem Chorgesang. Der Moment hat etwas Magisches, und der erste Tag auf meiner großen Reise ist eingeleitet. Kurze Zeit darauf stehe ich inmitten von Weinfeldern. Es ist schon gegen Mittag. Ein kleines Restaurant liegt zwischen den Rebstöcken. Es kostet mich einige Überwindung, die Straße zu verlassen, weil dort ganz guter Verkehr herrscht und ich von von meiner

ERSTER CHORUS

Trampernatur her immer so schnell wie möglich weitermöchte. Aber ich zwinge mich zu einer Pause. Zu dem Zeitpunkt denke ich wohl, dass es genau so sein muss. Der entspannte Rucksacktourist lässt es sich gutgehen in Frankreich. Es sollte, im weiteren Verlauf der Reise, nicht viele dieser Moment geben. Ein paar Monate später würde ich mich mit meinem Naturell abgefunden haben und einfach nur trampen, wenn ich am Trampen war. Keine lästigen Pausen, um sich irgendwas anzuschauen oder die Zeit zu genießen. Rückblickend klingt das absurd, aber es war genau das, was ich wollte. Trampen. Doch an diesem Vormittag entscheide ich mich fürs süße Leben und leite den Tag mit einem Kotelett und kühlem Rotwein ein, bevor es weiter nach Spanien geht. Ich brauche ca. 24 Stunden nach Barcelona und dann noch mal drei Tage, um nach Gibraltar zu kommen. Dort soll erst mal meine *Base* sein.

2
Mit Segelbooten über den Atlantik trampen

Gibraltar ist ein spezieller Ort. Am südlichsten Zipfel Spaniens gelegen, jedoch schon lange in britischer Hand. Die einzige Straßenverbindung nach Spanien führt quer über die Start- und Landebahn des Flughafens, weshalb sie bei jedem Start und jeder Landung gesperrt ist. Die Halbinsel besteht zum großen Teil aus einem riesigen Felsen, auf dessen Spitze es eine maurische Burg gibt. Und Affen. Besucher der Festungsanlagen müssen sich den Platz mit wild lebenden Berberaffen teilen; kleinen hinterlistigen Tierchen, die manchmal auch Taschen und vor allem Essen klauen. Woher sie einst kamen, ist ungeklärt. Die Spanier sagen, dass die Affen mit den Briten zu tun haben und auch erst wieder verschwinden, wenn die Briten weg sind.

MIT SEGELBOOTEN ÜBER DEN ATLANTIK TRAMPEN

Wegen meines Plans, von Gibraltar mit dem Segelboot nach Südamerika zu trampen, hatten mich schon mehrere Menschen für verrückt erklärt. Auch, weil ich noch nie zuvor gesegelt war und gleich mit der Transatlantikroute anfangen würde. Für mich klang das weit weniger dramatisch. Ich wusste zwar nicht, was da auf mich zukam, aber ich wollte nach Uruguay, und das beinhaltete nun mal, mit einem Segelboot den Atlantik zu überqueren.

Von der Möglichkeit, mit Booten zu trampen, hatte ich Jahre zuvor auf einem Trampertreffen gehört. Boote im Portfolio der möglichen Vehikel, so meine Vorstellung, würden mein Bewegungsprofil wesentlich bereichern. Ich erfuhr, dass es auch auf den Weltmeeren so etwas wie ganz normalen Verkehr gibt. Nur fahren hier nicht die Pendler morgens in die Stadt, sondern die Transatlantiksegler zwischen Oktober und Januar nach Südamerika.

Nun gibt es verschiedene Wege, ein Boot zu finden. Klassischerweise lernt man Segler in einer Bar kennen. Das ist eher die romantisierte Variante. Es gibt aber auch Internetplattformen zur Crew-Vermittlung. Ansprechen direkt am Boot ist eine weitere Möglichkeit. Oder es über die Hafenbehörde versuchen. Letztere Option bedeutete, Teil eines dicken Ordners von Bewerbern zu sein, die zur gleichen Zeit übersetzen wollten. Ich war nicht der Einzige, der von dieser Möglichkeit gehört hatte. Später auf den Kanaren hörte ich, dass in Las Palmas über 50 Leute am Yachthafen unterwegs waren, um nach einem Boot zu suchen. Wenn man bedenkt, dass jährlich nicht mehr als 800 Boote über den Atlantik fahren und davon die meisten schon eine feste Crew haben, lässt sich leicht ausmalen, wie groß die Konkurrenz ist. Ich traf dementsprechend auf genervte Segler, die wenig Verständnis dafür hatten, dass dauernd Leute an ihr Boot kamen, die zwar keinerlei Segelerfahrung hatten, aber damit zu punkten suchten, dass sie Gitarre spielten oder irgendwelche Kunststückchen machen konnten.

ERSTER CHORUS

Es existiert eine etwas verschobene Wahrnehmung davon, was Segelboottrampen eigentlich bedeutet. Tramper werden vor allem deswegen mit aufs Boot genommen, weil Segeln 24 Stunden Arbeit bedeutet. Das geht los mit den Segelmanövern, die manchmal viele Hände erfordern. Putzen. Kochen. Aber vor allem die Nachtwachen sind mit mehr Menschen besser zu bewerkstelligen. Die meisten Segler verlangen dafür, neben Selbstverpflegung, auch eine tägliche Beteiligung von 10 bis 20 €, was wegen der anfallenden Kosten verständlich ist, jedoch der Grundidee des Trampens widerspricht. Was mir beim Segelboottrampen außerdem fehlt, ist natürlich die Straße. Auch die langen Wartezeiten empfand ich als lästig. Während ich auf der Straße oft in wenigen Minuten weg bin, muss ich mich am Hafen schon freuen, wenn Aussicht darauf besteht, in ein paar Tagen loszukommen. Das alles erschien mir von Anfang an nicht schlüssig. Aber das erste Mal damit konfrontiert war ich bei CouchSurfing. Einige wiesen in ihren Profilen darauf hin, dass sie keine Segelboottramper als Übernachtungsgäste aufnehmen. Wahrscheinlich aufgrund der schlechten Erfahrung, wenn der Gast kein Boot findet und schließlich wochenlang auf der Couch rumhängt.

Was für mich wiederum bedeutete, dass ich erst mal keinen Schlafplatz in Gibraltar hatte. Also musste ich kreativ sein. Hier lernte ich, was es bedeutet, auf der Straße zu schlafen. Die ersten Nächte verbrachte ich am Strand, obwohl mir ein paar Hippies von Höhlen im Fels berichtet hatten. Aber ich wusste ja nicht, wo sie genau lagen, und hatte auch wenig Bock auf Gesellschaft. Eine Nacht schlief ich hinter einer Betonmauer am Fuße des großen Felsens. Wobei mich der Müll um mich herum weniger störte als das laute Gekreische ca. 100 Meter über mir. Es waren die wilden Affen, die gerade eine Party feierten. Ich weiß nicht mehr genau, ob ich wirklich sah, dass immer mal eines dieser Tiere mit einer Liane über

MIT SEGELBOOTEN ÜBER DEN ATLANTIK TRAMPEN

den Abgrund des Felsens schwang oder ob das nur Einbildung war – Traum und Realität verschwimmen ja oft in solchen Situation. Jedenfalls blieb mir die ganze Nacht unklar, ob die Viecher auch zu mir runterkommen und mich mit ihren scharfen Zähnen angreifen konnten. Also beschloss ich, am nächsten Tag einen neuen Schlafplatz zu finden.

Ich fand schließlich eine kniehohe Mauer in einem alten Kastell, hinter die ich mich ungesehen legen konnte. Zwar liefen die Fußgänger keine 2 m entfernt von mir vorbei, aber ich fühlte mich wahrscheinlich zum ersten Mal bei einer Übernachtung unter freiem Himmel so richtig heimisch. Nachts war es dort ruhig; ich konnte ungesehen im Sitzen Zähne putzen; und die Steine unter mir strahlten noch lange eine angenehme Wärme ab, sodass ich mich wie ein Salamander auf italienischem Marmor fühlte. Außerdem kam ich morgens auf dem Weg zum Hafen an einem Irish Pub vorbei, der ein ordentliches Frühstück und Internet hatte.

So lebte ich ein paar Tage ganz gut in Vorfreude auf meine Reise. Bis das Schuhproblem begann. Ich hatte mir vorab neue Schuhe gekauft. Teure Leder-Allroundschuhe, die mich auf verschiedensten Terrains tragen sollten. Leider war nicht viel Zeit zum Einlaufen, und so kam es, dass ich sie vom ersten Tag an ständig zu tragen hatte. Das ging ca. eine Woche gut, dann waren meine Füße an ihrer biologischen Grenze; was zur Folge hatte, dass ich zum Barfußläufer wurde. Barfuß ist aber auch nicht so mein Ding. Sogar in Sandalen trage ich, typisch deutsch, aus Prinzip Socken. Ich kann mir ein Leben ohne Socken nicht vorstellen. Selbst im Hochsommer in wüstenähnlicher Umgebung muss ich Socken anziehen. Und so kam es, dass ich auch in dieser Zeit ohne Schuhe meinen Socken treu blieb. Ich lief in Socken durch Gibraltar. In Socken durch den Yachthafen. Ich war in Socken im Supermarkt und überquerte in Socken eine Staatsgrenze. Und natürlich war ich auch in

ERSTER CHORUS

Socken auf der Landebahn, die Gibraltar quasi von Spanien trennt. Wahrscheinlich war ich der erste Mensch, der je in Socken über eine Landebahn lief.

Aber generell lief ich nur so viel wie nötig. Man kann sogar behaupten, dass ich regelrecht faul wurde. Was auch am Trampen lag. Gibraltar ist eine recht kleine Stadt, und nach kurzer Zeit stellte ich fest, dass dies eine gute Voraussetzung war, um von fast jeder Stelle an der Straße einen *Lift* zu erhaschen. Es war für mich der Beginn einer neuen Disziplin: Stadttrampen. Jeder Kreisverkehr wurde zur Mitnahmestelle. Eines Morgens, als ich gerade vom Frühstück aus meinem Pub kam, fuhr eine junge Frau im Kreisverkehr an mir vorbei. Nach ca. 100 m hielt sie an, drehte um und kam zurück, um mich einzusammeln. Sie hatte ein drei Monate altes Baby im Auto. »Keine Ahnung, warum ich angehalten habe. Ich hab noch nie einen Tramper mitgenommen, aber du sahst sympathisch aus«, erzählte sie mir. Meine Körpersprache schien also recht intakt zu sein. Wenn ich selbst in Socken eine Frau mit Kleinkind dazu brachte, das erste Mal für Tramper anzuhalten, dann schien ich einiges richtig zu machen.

Fortan wurde mein Standardsatz, mit dem ich die Herzen der Autofahrerinnen in Gibraltar öffnete: »Entschuldigung, können Sie mich mitnehmen? Ich hab neue Schuhe und kann kaum noch laufen.« Das sorgte hier und da für Irritationen. Aber ich hatte schon beim Trampen mit meinem grellgelben Anzug gelernt, dass es Gehirnregionen zu geben schien, die solche Irritationen gekonnt ignorierten, und man spätestens auf dem Beifahrersitz zu einem Menschen wurde. Egal, wie komisch man aussah. Ein gutes Gefühl.

Einmal stand ich vorm Einkaufszentrum am Flughafen und wollte wieder zurück in die Stadt. Laufen war keine Option. Also hielt ich den Daumen raus. Auf einmal winkte mich ein Typ zu sich. Ein typischer Zweifler. »Du kannst hier nicht trampen. In Gibraltar nimmt dich niemand mit.« »Klar kann ich hier trampen«, erwiderte ich. »Das mach ich hier schon seit drei Tagen.« Das erste Auto, das vorbeikam, hielt an, und ich stieg ein. Am nächsten Tag war ich wieder einkaufen. Gleiche Stelle, gleicher Typ. Er freute sich, mich zu sehen, kam direkt auf mich zu mit den Worten: »Hey, da bist du wieder. Lass mich deine Hand schütteln. Du bist eine verdammte Legende.«

Aber ich war ja nicht zum Trampen hier, sondern um ein Boot über den Atlantik zu finden. Nach zwei Wochen wurde ich langsam unruhig. Das war ich nicht gewohnt, so lange zu warten. Und je weiter das Jahr voranschritt, desto schwieriger würde es sein, noch ein Boot zu finden. In vier Wochen würden auch die letzten Transatlantiksegler das Land verlassen haben. Meine Wohnsituation machte mir auch immer mehr zu schaffen. Aber es sollte Bewegung reinkommen, als ich einen polnischen Tramper kennenlernte, der einen Schlafplatz auf einem Hausboot im Yachthafen hatte. So lernte ich Roy kennen. Für einen 12er-Pack San-Miguel-Bier konnte man eine Woche auf seinem Boot schlafen. Roy hatte zwei Hunde: Hot Dog und Crisp. Letzterer bellte gerne so lange, bis man sein von Räude zerfressenes Fell streichelte. Wenn man zu streicheln aufhörte, bellte er weiter. Bis man ihn wieder anfasste. Zu den täglichen Pflichten zählte das Spazierengehen mit den Hunden und die Hundescheiße vom Deck zu fegen, wenn sie dort mal wieder ihr Geschäft erledigt hatten. Außerdem durfte man Wasser nur beim Nachbaranlegeplatz zapfen, und wer tagsüber auf öffentlichen Toiletten war, hatte Anweisung, eine Rolle Klopapier zu klauen.

Roy kam aus London und war indischer Abstammung. Wie es ihn nach Gibraltar verschlagen hatte, kann ich nicht sagen. Sein Boot war sehr versifft und er ein echter Drecksack. Wobei mich das nie

ERSTER CHORUS

gestört hat. Ihm war alles egal. Er befand sich in der Blüte seines Lebens. »Ich habe 30 Jahre lang weder geraucht noch getrunken, aber dann wurde ich 60 und dachte: ›Ist mir scheißegal!‹« Seither bestand sein Tag aus Bier, Whisky, Mikrowellenessen und marokkanischem Haschisch, das den beißenden Geruch von verwesendem Hund im Innenraum des Bootes überdeckte.

Roy ging jeden Morgen durch unser Zimmer zur Toilette, die mit Seewasser gespült werden musste. Als ich eines Morgens noch im Schlafsack lag, flog der Wassereimer quer durch den Raum. Roy vermittelte in seiner gewohnt beleidigenden Art, dass wir gefälligst Wasser holen sollten, während er kackte. An einem anderen Tag kam er mit der Warnung rein, dass der Hund vor unsere Tür geschissen hätte und wir aufpassen sollten beim Hinausgehen. So startet man doch gerne in den Tag.

Als ich mich mit ihm über die laufenden Kosten für das Boot unterhielt, war ich doch erstaunt, wie teuer die Gebühren waren. Er erzählte mir auch, wie viel Geld er jeden Monat zur Verfügung hatte; und ich war noch viel erstaunter, weil er mehr an den Yachthafen bezahlte, als jeden Monat reinkam. Aber nicht nur ich war erstaunt. Auch Roy konnte es zuerst nicht glauben. Bis ich es ihm vorrechnete. »Oh, das hab ich mal wieder verkackt«, war sein Kommentar. Dann öffnete er sich ein Bier. Es war ihm scheißegal. Alles ging bergab. Eines der wenigen Male, an dem ich ihn lachen sah, war, als er von seinem Sohn erzählte. Der betrieb in Spanien eine Cannabisplantage, hatte aber anscheinend kaum Geld. »Ein erfolgloser Drogendealer. Kannst du dir das vorstellen?«, woraufhin er laut loslachte.

Mit auf dem Boot waren stets andere Reisende, die meist ebenfalls über den Atlantik wollten. Insgesamt war die Zeit bei Roy ganz nett. Aber ich war doch froh, als ich mein erstes Boot Richtung Kanaren gefunden hatte – mit René, einem ehemals professionellen Skipper,

MIT SEGELBOOTEN ÜBER DEN ATLANTIK TRAMPEN

der aussah wie Mitte 40, aber schon auf die 70 zuging. Er wollte einmal um die Welt segeln, und für den ersten Abschnitt war er bereit, ungelernte Segler mitzunehmen. Ich hatte ihn im Yachthafen an seinem Boot angesprochen, und er nahm mich nach einem Tag Bedenkzeit an Bord. Ziel: Teneriffa. Das erste Mal segeln!

Segeln kann eine langweilige Sache sein. Viel Wasser und Sonne. Viel Geschunkel. Ab und zu mal Delfine. Aber ansonsten war mir das zu langsam. Diese erste Überfahrt war auch ein Test, ob mein Körper das Segeln überhaupt verträgt. Gleich am ersten Segeltag kamen wir in den schlimmsten Sturm, den ich je erleben sollte. Meine körperliche Reaktion war vielversprechend. Ich schlief einfach ein. Meine Mitsegler wunderten sich schon, wie ich bei diesem Höllengeschaukel schlafen konnte, ohne das ganze Boot vollzukotzen. Aber mein Körper entschied sich für diese Reaktion, und ich war sehr froh darum.

Trotzdem wachte ich in der Sturmnacht irgendwann auf. Ich wurde im Bett von der einen Wand zur anderen geschmissen und wollte natürlich wissen, was los ist. Also kämpfte ich mich die Treppe hoch auf die Brücke, wo die Wellen gegen das Plastikverdeck klatschten. Es war eine rabenschwarze Nacht. Überall drang der Regen durch. René hatte das Ruder in der Hand. Der Autopilot war ausgeschaltet. Er hatte seinen gelben Segelanzug angezogen. Ich hatte noch nie einen Klabautermann gesehen, aber so musste er wohl aussehen. René hatte es höchstpersönlich mit dem Sturm aufgenommen und war voll in seinem Element, während Wind und Wasser ihm ins Gesicht peitschten. Nicht ohne Genugtuung sah er mich aus aus den Augenwinkeln an. »Hahaha, das ist Segeln!«, schrie er, als ob er mir was ganz Tolles zeigen würde und alle Beteiligten einen Mordsspaß dabei hätten. Zum Morgengrauen hatte aber auch er genug Eier gezeigt. Wir drehten um. Segel rein, Motor an und zurück zum ersten Hafen in Marokko.

ERSTER CHORUS

Auf den Kanaren verbrachte ich ca. drei Wochen, ehe ich das nächste Todeskommando fand. Wir segelten von Teneriffa in die Karibik. Übrigens eine der längsten Segelrouten, ohne Festland oder Inseln dazwischen. Mit dabei: meine Wenigkeit, ein französisches Pärchen, das mit Fahrrädern durch Südamerika fahren wollte, und Chris, unser Kapitän, ein Unternehmer aus San Francisco, der sich gerade eine Yacht in Griechenland gekauft hatte und diese nun nach Hause bringen wollte. Er war noch nie über den Atlantik gesegelt.

Somit durften wir alle vier dieses Abenteuer, unsere Jungfernfahrt, gemeinsam bewältigen. Zu dieser Zeit fing ich auch an, Tagebuch zu schreiben. Die Einträge spiegelten bald die schon legendären, typisch-schleichenden Eskalationen in Segelbootgemeinschaften wider. Segeln kann schwierig sein. Besonders wenn man 5000 km von jeglicher Anlegestelle entfernt ist, sich auf einmal gegenseitig verabscheut und maximal 25 qm Wohnfläche miteinander teilt.

Tag 1

Unser Kapitän ist sehr entspannt, ich fühle mich wohl auf diesem Boot. Chris hat die Lockerheit eines Kaliforniers und die Höflichkeit eines Engländers. Der Alltag in den nächsten 21 Tagen wird wohl so sein, dass ich und die beiden Franzosen uns die Nachtschicht teilen. Von 23 bis 8 Uhr sind wir dafür verantwortlich, dass die *Nightwatches* klappen. Ich werde also eher am Tag schlafen als in der Nacht. Chris hat aber schon einen herrlichen Satz gesagt. Er meinte: »Sieh zu, dass du so viel Schlaf wie möglich kriegst. Wo immer du kannst.« Läuft.

Heute hat uns eine Gruppe Delfine begleitet, und ich konnte ein schönes Video drehen. Es waren sehr viele, und wir beobachteten sie vorne vom Bug aus. Erstaunlich, wie schnell und beweglich sie im Wasser sind.

MIT SEGELBOOTEN ÜBER DEN ATLANTIK TRAMPEN

Wir haben viel zu viel Essen. Einer von drei Kühlschränken ist voller Früchte. Das muss alles gegessen werden. Meine Prioritätenliste den nächsten Tage sieht also folgendermaßen aus: 1. Wann immer es möglich ist: schlafen. 2. So viel wie möglich essen. 3. Nachtwachen halten. 4. Schauen, dass der Rest der Crew keinen Scheiß macht.

Tag 2

Meine Euphorie von Tag eins wurde gestern Abend durch leichte Seekrankheit gebremst. Insbesondere mein Essensenthusiasmus leidet. Allerdings hab ich es hinbekommen, den ganzen Tag zu schlafen.

Die See ist recht rau, aber wir segeln seit 40 Stunden mit 6,5 bis 7,5 Knoten. Chris meinte, er hätte zusätzlich auch noch das Genuasegel ausfahren können, das wäre aber zu »unbequem«. Habe herausgefunden, dass er Kanadier ist, der in San Francisco wohnt. Sehr sympathisch. Auf dem Boot ist es entspannt. Alle sind etwas krank. Wir hoffen, in 24 Stunden in den Passatwinden zu sein. Ansonsten passiert hier nichts. Noch kein anderes Schiff entdeckt, seitdem wir abgelegt haben. Alles wird langsam zu einem einzigen langen Tag. So soll es auch sein, selbst wenn es einsam ist.

Tag 3

Die Seekrankheitssymptome haben nachgelassen. Wir konnten uns der eigentlichen Aufgabe zuwenden: der Vernichtung von Lebensmitteln. Heute gab es zum Abendessen gebratene Chorizo mit Kartoffelbrei, Zwiebeln und Spiegelei. Ich lechze schon nach einem Thunfischbrot mit Paprika und Gurke zum Frühstück, dazu einen Kakao.

Der Wind ist verrückt seit Einbruch der Dunkelheit. Vorher waren wir mit stabilen 7,5 bis 8,5 Knoten unterwegs. Fast den ganzen

ERSTER CHORUS

Tag. Das Boot liegt dabei sanft im Wasser. Chris will morgen an uns kleine Aufgaben verteilen. Es geht wohl ums Putzen. Auch er hat gemerkt, dass unser Kranksein nachlässt.

Tag 4
Keine besonderen Vorkommnisse. Es gab Thunfischbrot, Reissalat mit Thunfisch und abends Pasta. Tagsüber 5 bis 6 Knoten und abends wieder gewohnte 7,5 bis 8,5 Knoten. Der Schlemmerkahn läuft. Die Franzosen haben sich heute über mich amüsiert, weil ich nachmittags ein Stück Wurst gegessen habe, während sie einen Apfel verspeisten. Ansonsten … 's zieht sich.

Tag 5
Keine weiteren Vorkommnisse. Ich hab Pasta mit Paprika und Avocadocreme gemacht. Die Crew war begeistert. Nachtrag: Die Nacht war schrecklich. Das Boot hat geschaukelt wie … Alle sind müde.

Tag 6
Linsensalat zu Mittag und abends Pizza und einen Film. *Australia,* die wahrscheinlich langweiligste Hollywoodproduktion in der Geschichte der Menschheit. Aus Höflichkeit gegenüber unserem Kapitän haben wir aber die zweieinhalb Stunden ausgeharrt. Ansonsten gab es heute den ersten Ordnungsruf an die Franzosen bezüglich des Brotverbrauchs. Diese maßlose Sandwich-Völlerei hat jetzt ein Ende. Käse gibt es aber trotzdem nach jeder Mahlzeit.
Das Hauptsegel hat zwei Löcher und wird vorerst abgenommen.

Tag 7
Langeweile und langsame Fahrt. Spaghetti mit Rosenkohl.

MIT SEGELBOOTEN ÜBER DEN ATLANTIK TRAMPEN

Tag 8
Endlich den Spinnakerbaum vom Genuasegel genommen. Dadurch etwas verlorene Zeit aufgeholt. Zur Nacht ist er aber wieder drauf und wir mit jämmerlichen 4,5 Knoten unterwegs. Ansonsten: suizidale Fliegende Fische, die auf dem Deck sterben. Außerdem hat irgendwer Zucchini gefunden.

Tag 9
Die Spannungen an Bord sind gewachsen. Daraus resultierte das Bedürfnis nach mehr Aktion. Wir sind einige Segelmanöver gefahren. Chris hat den Autopiloten und alle anderen Instrumente ausgeschaltet, und wir sind auf Handsteuerung umgestiegen. Jeder durfte mal 1 bis 2 Stunden ans Ruder. Das war gut. Wir kommen so langsam voran. Hoffentlich können wir die 20 Tage einhalten.

Tag 10
Victor war heute zwei Stunden auf dem Mast und hat das Hauptsegel wieder aus dem Mast gepfriemelt. Irgendein Ring hatte sich darumgelegt, und wir konnten es nicht ganz ausfahren. Morgen flicken wir das Ding, und dann können wir es hoffentlich auch endlich benutzen. Wir sind gerade sehr langsam, 4 bis 5 Knoten maximal, und weit unter unserem Tagesziel. Aber es besteht Hoffnung. Ansonsten Pasta mit Fertig-Bolognese. Easy.

Tag 11
Wir haben heute das erste Schiff gesehen. Das ist nach elf Tagen Einsamkeit eine Sensation. Ansonsten polieren wir jetzt täglich das Boot, wobei Chris und ich heute eine Auseinandersetzung darüber hatten, wie viel wir auf dem Boot als Crew zu machen haben. Gestern meinte er »zwei Stunden täglich«, heute waren es vier. Das ist zusätzlich zu den Nachtwachen und dem täglichen

ERSTER CHORUS

Abendessen, das er sich von uns kredenzen lässt, doch etwas viel verlangt. Generell spannt sich die Lage immer mehr an. Chris pienzt täglich mehr rum, meist auf mich abzielend, was langsam nervt. Trotzdem macht es Spaß mittlerweile. Vielleicht auch weil ein Ende in Sicht ist. Aber mit den beiden Franzosen verstehe ich mich jeden Tag besser. »Nur« noch 1300 nm (2360 km). Heute gab es wieder Spaghetti mit Avocado.

Tag 12

Heute Morgen dachte ich, jetzt eskaliert die ganze Situation. Um 6 Uhr hatte der Autopilot die Batterie fast leer gesaugt, und Chris war etwas angefressen aufgewacht. Wir haben daraufhin die Segel eingeholt und sind gemotort. Da ich etwas übermüdet war, wie auch Chris, der noch dazu meinte, den Schichtplan ein drittes Mal ändern zu müssen, hatten wir uns in den Haaren. Wusste nicht, wie das im weiteren Tagesverlauf werden sollte, aber die Situation wurde totgeschwiegen, und es ergab sich ein ganz wunderbarer Tag.

Wir haben die Uhren um vier Stunden zurückgestellt, wegen der karibischen Zeitzone. Gegen Morgen stand ich bei strömendem Regen am Steuer und hab das Boot durch den Wind geführt, was wirklich Spaß gemacht hat. Und abends haben wir den Mast noch einmal geflickt; heute bin ich dann auch rauf. 18 m hoch, hin und her schaukelnd, hab zwei Antennen versetzt und etwas am Segel angebracht. Wegen meiner Höhenangst hat mich das entsprechend fertiggemacht, und ich konnte den Ausblick nur bedingt genießen. Geil wars trotzdem! Kann es kaum abwarten, wieder klettern gehen zu können.

Alle Segel sind einsatzbereit. Nun segeln wir wieder mit stabilen 6 bis 6,5 Knoten. Zum Abendessen gibt es französischen Zwiebelkuchen.

MIT SEGELBOOTEN ÜBER DEN ATLANTIK TRAMPEN

Tag 13

Heute war der bisher krasseste Tag. Am Morgen hab ich Ei und Toast für alle gemacht, danach haben wir das neu gewonnene Hauptsegel gehisst. Chris wollte einen Sonnenschutz übers Cockpit ziehen, und wir haben das zugehörige Gestänge poliert. Das Hauptsegel wird neben dem Mast von einem Träger gestützt, dem sogenannten *Boom*. Den kann man über einen Controller nach rechts und links steuern lassen, je nachdem, woher der Wind kommt. Damit der Boom nicht in die andere Richtung ausschlagen kann, gibt es einen *Preventer,* also eine Art Konterleine, die alles in Position hält. Dieser Preventer hat sich irgendwie gelöst; was zur Folge hatte, dass das Hauptsegel umgeschlagen ist und der Träger Victor am Kopf getroffen hat. Er ist gestürzt und hat geblutet. Gleich darauf wurde auch Lea von dem Ding erwischt und ist vom Dach des Cockpits gefallen. Man muss sich nun mal vor Augen führen, dass wir rund 2000 km um uns herum nur Wasser haben, und das in jede Himmelsrichtung. Mindestens sieben Tage Fahrt bis zum nächsten Festland, und dann passiert so was.

Es ging alles so schnell. Wir haben erst mal Victor verarztet, während Chris in der Situation alles andere als eine gute Figur abgegeben hat. Er wusste gar nicht, was Phase war; noch nicht mal, wo sein Erste-Hilfe-Zeug ist. Die Platzwunde war zum Glück nicht groß und hat nach einer Stunde aufgehört zu bluten. Lea ist mit einer Beule davongekommen. Nicht auszudenken, wenn es eine größere Wunde gewesen wäre, die sich vielleicht noch entzündet hätte.

Nun erst mal kein Hauptsegel und langsame 5 Knoten. Heute Abend gab es Nudeln mit Pesto, drei Scheiben Mortadella, ein Leffe Blonde und Haselnussschokolade zum Abschluss.

ERSTER CHORUS

Tag 14

Heute während meiner Nachtwache habe ich eine kleine Revolution gestartet. Wir waren wieder viel zu langsam, mit viel zu kleiner Genua unterwegs, und Chris hat auf meine Klopfzeichen nicht reagiert, als sich der Wind gerade günstig drehte. Also hab ich kurzerhand das zweite Segel alleine gehisst. Auch auf die Gefahr hin, dass es Ärger gibt. Aber niemand ist aufgewacht, und ich war froh über die Extrageschwindigkeit.

Auch der Tag war recht ereignisreich. Erstmals seit 14 Tagen haben wir ein anderes Segelboot gesehen. Es machte bei der ARC-Regatta mit, was bedeutet, dass es die gleiche Strecke wie wir in 12 statt 14 Tagen zurückgelegt hat. Chris hat sich gewundert, warum die so schnell sind. Vielleicht weil sie segeln und wir nur putzen und reparieren. Allerdings hat er sich danach wieder mehr von meinem Vertrauen erarbeitet. Als Wind aufkam, haben wir das Hauptsegel und die Genua auf Steuerbord gehisst und sind, meiner Meinung nach, das erste Mal richtig gesegelt. 10 Knoten schnell. Man konnte endlich sehen, was für ein phantastisches Boot wir haben. Als der Wind abflachte, hat Chris zu unserem Erstaunen auch noch den Motor angeschmissen, um verlorene Zeit gutzumachen. Bin daher jetzt sicher, dass er innerhalb des Rahmens von 20 Tagen bleiben möchte; was mich sehr beruhigt, weil wir dann nicht ewig auf diesem langweiligen Atlantik versauern.

Tag 15

Ein weiteres Segelboot, das uns einen Tag abgenommen hat, kreuzte heute unseren Weg. Ansonsten machen wir (endlich) auch wieder Speed. Die Reise scheint sich doch dem Ende zuzuwenden. Zum Abendessen gab es Pasta bolognese und Ananas als Nachtisch.

MIT SEGELBOOTEN ÜBER DEN ATLANTIK TRAMPEN

Tag 16
Der Vortag war bisher der schnellste, und wir haben 170 nm (274 km) zurückgelegt. Wenn wir die Geschwindigkeit halten, sollten wir am Morgen des zwanzigsten Tages da sein. Da das Boot so schnell war, hat unser lieber Kapitän in seiner morgendlichen Aufwachdepression wieder einen neuen Schichtplan entworfen, nach dem jetzt jeder von uns *zweimal* acht Stunden pro Tag im Cockpit sein soll. Ich war sehr erfreut über dieses sinnlose Vorhaben (aus dem er sich selbst komplett rausgenommen hat, weil er ja der Kapitän ist) und hab ihn den ganzen weiteren Tag ignoriert. Heute Abend sind wir dann wieder zum alten Plan zurückgekehrt. Auch gut. Kann kaum erwarten, an Land zu gehen. Abendessen wieder Pasta bolognese.

Tag 17
Heute war Leas Geburtstag, und es gab Crêpe. Während des Essens hatten wir Besuch von einem kleinen Spatz, der uns schon seit mehreren Stunden gefolgt ist. Keine Ahnung, wie der so weit rauskommt. Er hat sich viermal bei uns aufs Boot gesetzt. Zuletzt saß er auf meiner Hose. Aber dann hab ich versucht, mich in den Windschatten zu bewegen, und er ist wieder weggeflogen. Danach folgte ein schwerer Sturm. Wir mussten die Segel einholen und fahren mit Motor. Der Spatz wird dort draußen wohl seinem Schicksal ins Auge sehen. Armer Kerl, wäre er doch sitzen geblieben.

Tag 18
Heute den ganzen Tag kein Wind. Was für ein Glück! Denn so fahren wir mit Motor und machen viele Meilen. Ist zwar keine Segelromantik, aber für mich geht es nur noch ums Ankommen. Braunroter Sonnenuntergang. Wie Rost. Ansonsten Tortellini mit Pesto Rosso, passend zur Sonne.

ERSTER CHORUS

Tag 19

Es gab wieder Ärger, als wir den morgigen Tag besprochen haben und Chris uns alle möglichen sinnlosen Polieraufgaben und Putzaufträge gegeben hat. Komischerweise passiert das immer nur, wenn ich nicht anwesend bin. Wir haben den ganzen Tag poliert. Zum Feierabendbier hat Victor, der Frechdachs, sich ein John Smith aus dem Kühlschrank geklaut. Das ist die englische Pissplörre, die Chris jeden Tag trinkt und uns nicht probieren lassen will, weil er davon nur so wenige hat. Das war schon mutig von Victor. Des Weiteren haben wir Pläne für ein exorbitant großes Frühstück geschmiedet, weil wir das Boot morgen verlassen und noch so viel Essen über ist. Ansonsten hatte ich heute die Wache von 22 Uhr bis Mitternacht und hab das zum Anlass genommen, mir selber ein paar Biervorräte aus dem Kühlschrank zu genehmigen. Wir haben nun guten Wind, werden zum Sonnenaufgang Land in Sicht haben. Endlich. Dann nur noch das Boot unseres zwangsgestörten Kapitäns putzen, und ab gehts aufs Land, zusammen mit zwei Zwölferpacks Bier. Der morgige Tag verspricht Gutes. Außerdem werden wir gleich auf Bootssuche gehen können.

Tag 20

10 Uhr morgens Ankunft im Hafen der Karibikinsel Bequia. Die Crew und der Kapitän haben sich überworfen. Wir sind alle drei froh, wenn wir von diesem Boot runter sind. Ansonsten: Warm hier, und es dringt Reggae durch die Palmen.

Es sollte drei Wochen und ein sonnenbeschienenes Weihnachtsfest auf St. Martin dauern, bis ich auch diesen Zwischenstopp hinter mir lassen konnte. Ich segelte mit einer Schwedentruppe nach Trinidad. Sieben Menschen auf einem 53-Fuß-Boot. Klingt erst mal anstrengend. Ist es aber gar nicht. Das Boot war eine 1991

MIT SEGELBOOTEN ÜBER DEN ATLANTIK TRAMPEN

in Bremen gefertigte Stahlkonstruktion mit zwei Masten. Damals gab es anscheinend keine Aufträge, also haben die Werften einfach ihr vorhandenes Material verbaut. Es war lustigerweise schon die zweite Schwedentruppe mit einem solchen Boot, die ich kennenlernte. Das Prinzip war immer gleich, Zweimaster, Stahlboot, 1991 in Deutschland gebaut, viele junge Leute drauf und eine Menge Spaß beim Segeln.

Was ich aber am schönsten fand: Das Boot wurde von Hand gesteuert. Heutzutage sind ja fast alle Boote mit einer Menge Elektronik und eben auch mit einem Autopiloten ausgestattet, der die komplette Überfahrt regelt. Per Hand steuern bedeutet, dass rund um die Uhr jemand am Ruder stehen muss und das Boot bei jedem Wetter geführt wird. Wahrscheinlich ist das inzwischen deswegen alles andere als üblich, weil es nur mit einer größeren Besatzung machbar ist. Daher war ich froh, dass ich diese Erfahrung mit der Schwedentruppe machen konnte. Nicht nur das Segeln, sondern *alles* an Bord wurde ohne elektrische Unterstützung geregelt. Alles Handarbeit. Reines Segelhandwerk. Die Crew war ein eingespieltes Team. Was hier passierte, spiegelte exakt meine Vorstellung von Segeln wider. Auch das Leben an Bord war vergleichsweise tiefenentspannt. Es gab frisch gebackenes Brot, Schokoladenkuchen, der Kapitän war sehr angenehm, und wir gingen regelmäßig schwimmen. Es war ein versöhnlicher Abschluss meiner bis dahin eher zwiespältigen Segelerfahrungen.

Am Ende war Südamerika nun wirklich zum Greifen nahe. Ich musste nur noch nach Venezuela übersetzen. Das sollte sich aber als Problem darstellen. Wegen der Staatskrise dort und diverser Bedrohungen durch Piraten war kein Segler in Trinidad bereit, Richtung Venezuela zu fahren. Hinzu kam, dass mein Kapitän mich unbedingt von der Crewliste auf unserem Boot streichen musste, da er nicht ohne mich ablegen konnte, solange ich noch auf dem Boot

ERSTER CHORUS

eingetragen war. Diese Streichung war aber nur möglich, wenn ich den Behörden mitteilen konnte, wie ich Trinidad verlassen würde. Letztlich musste ich ein Ticket für eine kleine *Lancha* kaufen. Ablegezeit sollte am nächsten Tag um 11 sein. Als ich an der vereinbarten Stelle eintraf, waren dort auch schon andere Leute versammelt. Aber dann erklärte uns ein Inder, dass wir an der Marina nicht willkommen wären. Also trottete unsere Gruppe ins nahe gelegene Fischerdorf. Unser Boot wollte gerade dort anlegen, als ein halb nackter *Rastaman* mit einer Machete in der Hand angesprungen kam, laut fluchte, rumschrie und auf charmante Art andeutete, dass auch hier kein Platz für uns wäre. Ich kam mir vor wie ein Bootsflüchtling auf dem Mittelmeer: überall nur Hass und dann auch noch diese Schabracke. Klein, löchrig, aber immerhin mit drei Außenbordern. Insgesamt waren es zwei Boote; eines mit und eines ohne Regenschutz. Wobei der Regenschutz aus Plastikfolie bestand, die auf Balken genagelt war.

Ich war natürlich erstaunt, wieso wir gleich drei Außenborder für die 70-km-Überfahrt hatten, gab mich aber mit der Theorie zufrieden, dass unsere Bootsführer wohl Extramotoren mitführten, falls einer bei ungemütlicher See kaputtginge. Meine Theorie war allerdings falsch. Die drei Maschinen waren notwendig, um richtig schnell nach Venezuela rüberzuknallen. Wir fuhren mit allen drei Motoren gleichzeitig, volle Pulle, was einen Höllenlärm verursachte. Die Fahrt war trotzdem wunderschön. Bald ragte der Dschungel der venezolanischen Küste majestätisch über den Klippen hervor. Außer ein paar kleinen Fischerdörfern und zwei Industrieanlagen gab es nur wilde Strände, Palmen und eben Dschungel. Zu meiner Begeisterung trug auch bei, dass wir unterwegs einen Tramper aufsammelten. Ein Fischerjunge stand plötzlich an der Küste und winkte mit seinem T-Shirt. Unser Boot drehte ab, und wir luden ihn auf. So läuft das hier also. Meine Passion war endgültig

MIT SEGELBOOTEN ÜBER DEN ATLANTIK TRAMPEN

geweckt: Venezuela! Vor mir das Festland! Endlich wieder trampen! Ich konnte es kaum abwarten, wieder asphaltierte Straßen unter meinen Füßen zu haben.

Als wir den Hafen erreichten, mussten wir aber erst mal durch die Zollkontrolle. Immerhin schien alles organisiert. Wir wurden auf einen uralten Pick-up gepfercht. Die Ladefläche war vom Rost zerfressen. Ich konnte die Straße durch den Radkasten sehen. Was ansonsten geschah, wusste ich nicht. Meinen Reisepass hatte ich vorher schon abgegeben. So schnell es das Material zuließ, fuhren wir durch die Stadt zu unserem Zielort. Mit ca. 20 km/h.

Was nun folgte, war die wohl komischste Einreisekontrolle, die ich je erlebt habe. Wir kamen zu einem kleinen Haus. Darin saß ein Mann mit seiner Familie. Er hatte eine unappetitliche Entzündung am Bein und badete seine Füße in einer roten Wanne. Alle nahmen wie selbstverständlich Platz. Unser Gastgeber beendete sein Fußbad, und ein Gespräch begann, dessen Inhalt ich nicht verstehen konnte. Wir warteten anscheinend auf die Dame mit den Stempeln.

Zwischenzeitlich war Zeit, um Geld zu wechseln. Ich hatte mir extra Dollars mitgenommen. Der offizielle Wechselkurs war 1 US-$ = 11 Bolivares. Ein Mann mit Hut und Mofa nahm meine 30 $ und fuhr damit davon. Alle hatten mich vorher gewarnt, wie korrupt und gefährlich Venezuela war. Nach einiger Zeit kam er mit 2700 Bolivares wieder; was 20 US-$ entsprach. Ich hatte ihm aber 30 gegeben. Daraufhin meinte er, 10 $ seien Trinidad-Währung gewesen – und damit war ich mein Geld los. Ich machte keinen Aufstand, dachte, das gehört dazu, und der Wechselkurs war immer noch okay. Ich war immer noch verhältnismäßig reich.

Als Nächstes kamen die Pässe an und waren zu meiner Verwunderung schon gestempelt. Keine Ahnung, was da passiert war. Ich hatte keinen Offiziellen zu Gesicht bekommen. Ich kam mir zwar

ERSTER CHORUS

etwas illegal vor in diesem Moment, aber der Stempel schien in Ordnung zu sein. Also machte ich mir keine Gedanken. Als ich im Auto saß und über alles nachdachte, wurde mir auch klar, dass ich keinen 10-$-Schein besessen hatte. Der Schein war wohl tatsächlich aus Trinidad gewesen. Der Wechsler hatte mich *nicht* übers Ohr gehauen. Es waren nur meine eigenen Vorurteile gegenüber Venezuela. Weil alle gesagt hatten, wie korrupt es dort zuginge, hatte ich nur drauf gewartet, übers Ohr gehauen zu werden. Ich schämte entsprechend.

3
Das wahre Abenteuer beginnt

Als ich aus dem Einwanderungsbüro trat, hatte ich vor allem vor, mir eine Karte zu kaufen. Karte, Wasser und Klopapier, mehr braucht man eigentlich nicht. Der Rest findet sich. Hauptsache, Meter machen und endlich wieder auf der Straße sein. Im nächsten Moment hielt ein weißer Chevrolet vor der Tür, und zwei Männer, die mir schon auf dem Boot aufgefallen waren, stiegen aus, um sich ihre Pässe abzuholen. Ich fragte, wohin sie fahren, und sie öffneten mir die Tür. Mein erster Lift fand *mich*!

Der Beifahrer war Kroate und der Fahrer Venezolaner. Er fuhr ziemlich schnell. Mir war das nur recht. Ich wusste nicht, wohin es ging, da ich ja immer noch keine Karte hatte, aber die beiden versicherten mir, ihr Zielort läge ganz auf meinem Weg. Es lief wunderbare Latinomusik, und ich konnte meine ersten Kilometer Südamerika mit Erstaunen und Entzücken genießen.

Die Fahrt dauerte mehrere Stunden. Wir erreichten eine Küstenstadt namens Carupano. Es war bereits dunkel. Zu meiner Verwunderung lag sie direkt am Meer, direkt im Piraten- und

DAS WAHRE ABENTEUER BEGINNT

Drogenschmuggelgebiet. Der Strand war voll mit Reifen und Wrackteilen. Alles war zerfallen und abgefuckt. Ein morbider Charme hing an diesem Ort. In einem Internetcafé druckte ich mir als Erstes meine Route nach Brasilien aus. Vier DIN-A4-Blätter mit Ausschnitten aus Google Maps sollten mir den Weg weisen. Auf dem Weg zur Straße zog ich schließlich meinen Tramperanzug an. Das erste Mal seit drei Monaten wieder in Vereinsuniform. Meine zweite Haut. Endlich. Noch dazu würde ich nachttrampen. Darauf hatte ich so lange gewartet.

Die Freude währte nicht lange, da ich schon auf dem Weg von Venezolanern abgefangen wurde, die mich ungläubig anstarrten und schließlich ins Auto luden. Ich wurde in ihr illegales Strandhaus verschleppt, wo die ganze Familie mich ebenfalls ungläubig anstarrte. Letztlich fuhren sie mich wieder zur örtlichen Busstation, wo sie mir zum wiederholten Mal nachdrücklich erklärten, dass ich nicht nachts trampen sollte. Das wäre gefährlich. Favelas, Pistolen und so weiter. Es folgte wie jedes Mal allgemeines Kopfschütteln. Dann fuhren sie davon. Ich war etwas angenervt, weil ich so viel Weg umsonst gelaufen war. Aber es war noch nicht spät und relativ viel Verkehr auf den Straßen. Kein Grund, nicht zu trampen. Trotzig stapfte ich durch die Nacht auf dem Weg zu meiner Straße. Ich lief ca. eine Stunde, traf ein paar russische Kapitäne, die mich noch ein Stück mitnahmen und stand endlich an der Ruta 10, die runter zur brasilianischen Grenze führte. Daumen raus. Das dritte Auto hielt an. Geländewagen mit drei Menschen. Wir fuhren ins nächste Dorf. Wieder wurde ich verschleppt. Wir besuchten eine andere Familie, weil der Vater Deutsch sprechen würde. Es stellte sich heraus, dass er ein ehemaliger Fremdenführer war, der etwas Deutsch und perfekt Englisch konnte. Wunderbar. Ich bekam meine Karte, erklärte meinen Weg, und sie offerierten mir einen Schlafplatz bei einem der Geländewagenmenschen. Es

ERSTER CHORUS

kostete mich etwas Überwindung, ihn anzunehmen. Ich wollte ja weitertrampen! Aber da noch so viel Weg vor mir lag, wollte ich es eher ruhig angehen und stimmte zu. Letztlich war es auch ein schöner Abend, mit etwas Brandy, gebrochenem Spanisch und jeder Menge Spaß. Ich schlief vorm Haus auf meiner Isomatte, und bei Sonnenaufgang brachten mich meine Gastgeber 40 km weiter zur nächsten Kreuzung.

Nun sollte es endlich losgehen. Diesmal aber wirklich. Trampen in Venezuela war allerdings gar nicht so einfach. Nach meinem ersten Lift stand ich eine ganze Zeit an einer weiteren Kreuzung. Genug Zeit, um mich mit etwas Essen aus den nahe gelegenen Straßenküchen zu versorgen und mir den Trubel und die Menschen anzusehen. Irgendwann fuhr ein Kleinlastwagen mit offener Ladefläche an mir vorbei und hielt gut 100 m hinter mir. Ich merkte es zuerst nicht, bis ich winkende Hände am Horizont sah. Ich stieg auf; es gab keinerlei Begrenzung zwischen der Ladefläche und der Straße, ein anderer Mensch stand schon hinten am Fahrerhaus. Wir hielten uns am Dachgepäckträger fest. Der Kleinlaster brauste los. Fast zwei Stunden stand ich nun auf der Ladefläche, versuchte, mit meinem neuen Buddy in schlechtem Englisch und bei starkem Fahrtwind zu kommunizieren. Der Wind blies durch meine Haare. Und plötzlich erschienen Berge, Wälder und tropische Vegetation. Die Landschaft war wunderschön. Fahrten unter freiem Himmel gehören zu meinen Favoriten. Auf Ladeflächen kann man die umliegende Landschaft im Panorama betrachten. Solche Lifts machen mich sehr glücklich. Ich verliebte mich in den venezolanischen Norden. Es gibt Momente der absoluten Glückseligkeit während des Trampens. Sie sind selten. Dies war einer davon.

Im Auto selbst saßen der Fahrer, zwei Frauen und ein Kleinkind, das zu meinem Ladeflächen-Buddy gehörte. Die Kleinfamilie wurde bald in einer Stadt abgeliefert. Wir luden Gepäckstücke im

DAS WAHRE ABENTEUER BEGINNT

Haus aus, es wurde noch ein Foto zusammen mit dem Mann in dem komischen gelben Anzug gemacht, und wir fuhren davon. Diesmal bekam ich einen Platz in der Kabine. Nach neuneinhalb Stunden erreichten wir abends einen Ort namens Upata. Ich war immer noch begierig darauf, endlich die erste Nacht in Venezuela trampen zu können. Aber mein Lift hatte Sicherheitsbedenken und lud mich an einem Armeekontrollpunkt ab. Am Tisch saßen drei Männer in Uniform, die sich geduldig meine Geschichte anhörten. Mir wurde ein Stuhl gebracht. Ich solle mich hinsetzen. Mir war nicht klar, was vor sich ging, also nahm ich erst mal Platz und beobachtete den Kontrollpunkttrubel. Ständig kamen Kleinlastwagen mit Papieren zum Abstempeln. Mal legte jemand ein Bündel Geld auf den Tisch und verschwand. Ein anderer übergab zwei geköpfte Hühner und fuhr ohne weiteren bürokratischen Aufwand durch die Kontrolle. Nach einer Stunde war meine Geduld am Ende, und ich versuchte, dem ranghöchsten Wachmann zu erklären, dass ich nun lieber ins Dunkel hinter dem Kontrollposten verschwinden würde, um dort weiterzutrampen. Er deutete mir an, dass ich in meinem Stuhl warten sollte. Ein Bus würde kommen. Ein Bus! Mein größter Albtraum. Ich möchte keinen Bus nehmen. Ich bin am Trampen! Ich war frustriert und überlegte, wie sich eine bezahlte Busfahrt in meine Trampstatistik einbauen ließe. Also auch diesmal kein Nachttrampen. Ich ging im nahe gelegenen Kiosk ein Bier trinken. Aus einem wurden zwei …

Nach zwei Stunden kam der Moment der Wahrheit. Ein Bus hielt an. Er sollte ins 550 km entfernte Santa Elena fahren, dem letzten Ort vor der Grenze. Ich wurde gezwungen, in den Bus zu steigen, und der Bus wurde gezwungen, mich mitzunehmen. Immerhin sollte ich den Lift umsonst bekommen. Das war dann technisch gesehen getrampt. Auch wenn ich da keinen Bock drauf hatte.

ERSTER CHORUS

Mein schlechtes Gewissen legte sich vollends, als ich im Inneren ankam und noch nicht mal ein Sitzplatz auf dem Fußboden zu ergattern war. Also stehen. Die Reiseleiterin war auch sichtlich angenervt von meiner Anwesenheit. Ich versuchte, die Situation entspannt zu betrachten. Was nicht einfach war. Direkt vor mir war eine Box platziert, die den Bus mit lauter Latinomusik terrorisierte und zusätzlich bei jedem Basston blau blinkte. Ich hatte mir einen Platz auf dem Boden organisieren können und saß nun direkt vor der Box. Es war schrecklich.

Immerhin ging es die ganze Nacht vorwärts. Am nächsten Morgen sollten wir die Grenzstadt erreichen. Wir befanden uns mitten im Amazonasgebiet. Als ich das Bus-Terminal verließ, wunderte ich mich allerdings kräftig. Da waren keine Bäume. Nada. Venezuelas Süden besitzt offensichtlich keine Vegetation mehr. Keine Bäume, keine Büsche, nur glatt geleckte Hügel.

Nach eineinhalb Stunden am Morgen in der freundlichen Äquatorsonne fand ich endlich meinen letzten Lift in Richtung Grenze. Der Grenzübertritt sollte mich aber noch mal fünf Stunden kosten. Es stand dort ein kleiner Container für die Formalitäten herum. Viel zu klein für viel zu viele Menschen. Die Schlange war 50 m lang. Nach fünf Stunden erfuhr ich, dass dies die Schlange für die Einreisenden war und Ausreisende an der anderen Tür stehen sollten.

Die Wartezeit war trotzdem amüsant. In der Schlange bildete sich eine kurzweilige Gemeinschaft, die von allerlei Skandalen erschüttert wurde. Einmal geriet die Ordnung völlig auseinander. Es wurde diskutiert, geschimpft, geflucht – und ich stand immer im Mittelpunkt, weil der Deutsche in seinem gelben Anzug so eine gute Orientierung abgab. Leute beschwerten sich, weil ich jetzt vor ihnen stand, andere wurden angewiesen, hinter mich zu treten. Es existierte quasi die Schlange vor und die Schlange hinter mir. So gingen auch diese fünf Stunden vorbei, und ich brauchte insgesamt nur 42 Stunden für 1080 km Venezuela. Und nachdem ich mich mit Wasser, Schokomilch und ein paar Teigtaschen eingedeckt hatte, ging ich motiviert an die ca. 6000 km durch Brasilien.

9.1.2015, 22:15 Uhr
Ich stehe am Ortsausgang von Mucajai, Nordbrasilien. Es ist bereits dunkel, und ich habe mein Equipment zum Nachttrampen angelegt: Reflektoren für die Beine, meinen Tramperanzug und eine Kopflampe, um den ankommenden Autos Lichtsignale geben zu können. An der gegenüberliegenden Tankstelle herrscht reger Betrieb. Popmusik schallt über die Straße. Ich habe Kopfschmerzen. Die Musik ist schrecklich. Das Scheinwerferlicht blendet. Die vorherige Nacht hab ich nicht geschlafen. Ich warte zweieinhalb Stunden. Es halten ein paar Autos, aber ich finde keinen Lift. Eine Migräne kündigt sich an. Ich beschließe, in die Dunkelheit zu laufen. Fort von der grässlichen Musik und dem Licht.
22:45 Uhr
Auf der Straße riecht es nach verwestem Fleisch. Am Straßenrand liegen Tierkadaver. Ich bin auf der Suche nach einem Platz zum Schlafen. Links sehe ich eine Mauer. Dahinter liegt ein Friedhof. Die Gräber sind schön, und es gibt viele kleine Mausoleen mit Türen, Fenstern und reichhaltigen Verzierungen. Ich überlege, ob ich mich in eines der Mausoleen legen könnte. Aber das erscheint mir pietätlos. Ich finde eine kleine Steinbank und lasse mich darauf nieder. Tiefer Schlaf befällt mich.

10.1.2015, 5:41 Uhr
Sonnenaufgang am Friedhof. Zähneputzen am Straßenrand. Nichts hält. Ich beschließe zu laufen.

ERSTER CHORUS

8:29 Uhr

Endlich hält ein Auto. 2 Stunden und 48 Minuten Warten für meinen ersten Lift. Es zieht sich. Wir fahren zehn Minuten bis in die nächste Ortschaft.

9:38 Uhr

59 Minuten gewartet, bis mein zweites Auto mich mitnimmt. Wir fahren 15 Minuten in die nächste Ortschaft. Ich beschließe zu frühstücken und kaufe mir eine Flasche Wasser, Kaffee, Teigtaschen und ein Stück Kuchen.

12:16 Uhr

Warten in Caracarai. Seit 1 Stunde 40 Minuten. Süße Mittagssonne, kein Schatten. Ich esse ein Eis. Ein Mercedes-Truck hält. Fahrer heißt Grafite und fährt ins 650 km entfernte Manaus. Yeah, man! Endlich ein Erfolgserlebnis. Ich werde wahnsinnig vor Freude, möchte schreien. Wenn man so lange für den nächsten Lift arbeiten musste und dann endlich belohnt wird, ist das der absolute Kick. Macht süchtig.

18:45 Uhr

Es ist schwülwarm, als ich aus dem Lkw steige. Meine Brillengläser beschlagen. Wir sind nun mitten im Amazonasurwald. Grafite hat mir angedeutet, dass ich mit ihm aussteigen soll. Wahrscheinlich will er mir wieder was zeigen. Das hat er schon den ganzen Tag gemacht. Stefan, schau hier. Stefan, schau da. Dann zieht mich die Umgebung aber doch in ihren Bann. Das hier ist richtiger Regenwald, wie ich ihn vorher noch nicht erleben durfte. Überall sind Tierstimmen zu hören. Ein massives Konzert von Lebewesen aller Art umgibt mich. Die Luft scheint nicht nur auf meine Lungen zu drücken, sondern auf meinen ganzen Körper. Die Vegetation am Straßenrand ist sehr dicht. Alles wirkt … wild. Die Kraft dieses Waldes dringt durch alle meine Poren. Staunend stehe ich am Straßenrand, ehe Grafite mich jäh aus meinen Gedanken reißt.

DAS WAHRE ABENTEUER BEGINNT

»Come, come!«, ruft er zu mir rüber und rennt die Straße hoch. Wir befinden uns in einem Straßenabschnitt, der nur über einen Militärkontrollpunkt zu passieren ist. Beide Zugänge zu diesem Urwaldstück sind bewacht. Wirklich tiefste Wildnis. Aber wieso rennt Grafite? Ich folge ihm einfach. Er wirkt aufgeregt. Vor uns eine scharfe Kurve, und rechts davon geht es 4 bis 5 m bergab. In der Kurve bleibt er stehen. »Here, here!«, meint er und deutet auf den Abgrund. Nun sehe ich, was los ist. Dort liegt ein Auto auf dem Dach. Ein Unfall. Ein Pick-up hat eine tiefe Schneise in die Vegetation gerissen. Grafite ist schon auf dem Weg nach unten. Ich bleibe wie angewurzelt stehen. Das lässt sich nur schwer beschreiben. Etwas in mir hält mich zurück. Vielleicht will ich nicht schon wieder Leichen irgendwo rausziehen, wie mir das in Leipzig schon passiert ist.

Ich befinde mich unter einer Art Schock. Während Grafite da unten ist, versuche ich, vorbeikommende Autos anzuhalten. Die sehen auch, dass etwas passiert ist, bremsen ab und beschleunigen wieder. Grafite geht um das Fahrzeug herum. Man kann offenbar nicht erkennen, ob jemand drin ist oder nicht. Die Scheiben sind getönt. Die Fahrertür geht nicht auf, hat sich verklemmt. Und an die Beifahrerseite kommt man nicht ran, weil das Auto direkt an Bäume und Sträucher gerutscht war. Ich überlege. Was tun? Bevor ich mich entscheiden kann, findet Grafite eine Fußmatte. Er hebt sie hoch und deutet mir an, dass alles in Ordnung ist. Ich verstehe nicht so recht. Was meint er? Da kommt er schon den Abhang hoch und sagt, dass wir zurück zum Lkw gehen sollen. Das tun wir dann auch. Wir steigen ein und rollen los. Tiefer in diesen Urwald.

Es dauert einige Minuten, bis ich realisiere, was geschehen ist. Ich denke nach. Und fühle mich schlecht. Wir haben ein Auto gefunden. Das Auto war verschlossen, und wir konnten nicht sehen, ob jemand drin war. Abgesehen davon, ob da drin noch jemand lebte oder nicht, hätten wir auf jeden Fall die Scheiben einschlagen müssen, um nachzusehen. Aber ich war wie paralysiert gewesen. Hatte es auch dankend angenommen, als Grafite die Situation für »okay« erklärte und mir einen Grund zum Weitergehen gab. Ich schäme mich im Nachhinein für mein Verhalten. Weil ich es nicht hinbekommen habe, selber runterzusteigen. Mir wird das eine Lehre sein. Wenn ich wieder in eine solche Situation komme, werde ich nicht weggehen, ehe klar ist, ob da noch jemand im Auto ist. Scheiße …

11.1.2015, 8:49 Uhr

Manaus. Mitten im Amazonasgebiet. Es regnet in Strömen. Ich steige irgendwo in der Stadt aus dem Lkw, nehme den nächsten Bus zum Hafen, um mich nach der Fähre zu erkundigen. Eine Dame teilt mir mit, dass die Fähre in 20 Minuten ablegt. 20 Minuten. Yeah, man! Speed! Ich renne zum Pier. Als ich ankomme, bin ich komplett durchnässt. Aber egal, Hauptsache Richtung Uruguay durchknallen. An der Fähre hab ich nicht genug Geld. Ich mache einen Deal mit US-$ und bezahle etwas mehr. Schon okay. Geht ja bald los. Ich hab das Ticket in der Tasche. Das Adrenalin kickt.

10:40 Uhr

Meine Hände zittern immer noch, nach dem, was gerade passiert ist. Die Fähre sollte um 9 Uhr ablegen. Es war die einzige Verbindung, um auf die Transamazonica zu kommen. Es lief auch alles nach Plan. Fast. Denn als wir um 10 Uhr immer noch im Hafen waren, fragte ich mit meinem gebrochenen Spanisch das portugiesisch sprechende Personal, wann wir den nun starten. In zwei Stunden, sagte man mir. Zeit genug, um noch mal über den Fischmarkt zu schlendern und Geld abzuheben. Ich genehmigte mir einen Fisch mit Reis und kam zurück zum Port. Plötzlich ist

DAS WAHRE ABENTEUER BEGINNT

da keine Fähre mehr! Ich sehe sie gerade noch herausschippern und ihren Bug Richtung Fluss drehen. Wild fluchend renne ich zum Wasser. Ich bin auffallend aufgeregt und fluche auch extralaut, damit jeder meinen Ärger sehen kann. Ein Fischer winkt mir zu. Er macht einen vertrauenerweckenden Eindruck. Dann geht alles ganz schnell. Er startet seinen Motor, und ich springe gleichzeitig aufs Boot. Wir legen ab und rasen der Fähre hinterher. Der kleine Motor des Boots, das mehr wie ein Kanu gebaut ist, läuft auf maximaler Stufe. Nach einigen Minuten erreichen wir die Fähre. Mitten auf dem Amazonas dockt der Fischer sein kleines Kanu an das mächtige Schiff an. Wellen gehen von der Seite ab. Es ist schwierig, den Kontakt zu halten. Ich entere bei voller Fahrt die Fähre und gebe dem hilfsbereiten Fischer vorher noch 20 Real. Die Leute auf der Fähre schauen mich natürlich verwundert an. Aber ich habe es geschafft. Katastrophe abgewendet. Ich frage die erste Person, die ich treffe, ob die Fähre nach Santarem geht. Ja. Ich frage die zweite. Ja. Aber irgendwie sieht das hier anders aus. Ich gehe auf die zweite Ebene. Hier gab es doch vorher keine Waschbecken! Es dauert eine Minute, bis mir klarwird: Scheiße, ich bin auf der falschen Fähre!

Auch das Fährpersonal ist logischerweise etwas verdutzt, was denn dieser Typ mit dem gelben Anzug hier zu suchen hat. Der ist einfach mal so aufgesprungen. Ich zeige mein Ticket vor. Verzweiflung kommt auf. Wie kann mir so was passieren? Es hat doch alles so gut gepasst! Hab ich meine eigene Fähre einfach übersehen und aus Panik die falsche gekapert? Liegt meine noch im Hafen? Ich werde bestimmt an der nächstbesten Stelle rausgelassen. Dann muss ich mir ein Taxi zurück zum Hafen nehmen. Ich schaue den Fluss runter. Etwa zwei Meilen vor uns erkenne ich meine Fähre. Sie hat also doch abgelegt. Ganz klar, das ist sie. Also nix mit Zurück-zum-Hafen-fahren. Ich habe es wirklich vergeigt! Um mich herum

ERSTER CHORUS

herrscht derweil wuseliges Treiben. Alle wissen, was los ist. Aber ich kann ja mit niemandem reden. Daher warte ich erst mal ab – bis ein Mensch mit Bart mir zu erkennen gibt, dass man an meinem Problem arbeitet. Nach zehn Minuten meint er, sie bringen mich rüber und ich soll ihm 20 Real geben. Klingt logisch. Hinten an der Fähre ist ein kleines Schnellboot befestigt. Ein Junge, der wohl zur Crew gehört, wartet schon auf mich. Auch zwei Frauen kommen mit uns an Bord. Ungelenk klettere ich am Heck der Fähre runter und springe aufs Boot auf. Wir fahren los. Der Höllenritt beginnt. Nach der Atlantiküberquerung und dem James-Bond-ähnlichen Manöver mit dem Fischer dachte ich, ich wäre seetauglich. Aber das hier ist anders. Als wir auf die erste Welle aufsetzen, schlage ich mit dem Gesicht fast auf dem Bug des Bootes auf. Mein Rucksack hängt auf halb acht. Ich kralle mich am Sitz fest. Kann kaum das Gleichgewicht halten. Immer wieder donnern wir in die Wellen. Zu meiner Überraschung rasen wir allerdings nicht den Fluss hinab, sondern Richtung Hafen! Wir laden die Frauen dort ab. Dann gehts weiter. Die Fahrt ist die pure Hölle. Es regnet. Mein Rucksack löst sich. Durchhalten. Meine Kraft schwindet. Wir werde hin und her geschmissen. Komme mir vor wie der Insasse eines Matchbox-Autos, das von einem motorisch unterentwickelten Kleinkind auf den Asphaltboden geschlagen wird. Immer wieder. Die Fahrt dauert vielleicht fünf Minuten. Mir kommt es vor wie eine Stunde.

Letztlich erreichen wir meine Fähre. Wieder starren alle auf den Menschen im gelben Anzug, der einfach aufspringt. Aber ich habe ja nun schon Übung. Und diesmal ist es das richtige Boot. Ich muss meine Nerven anschließend erst mal mit Bier und Nikotin beruhigen. Während ich rauche, habe ich immer noch zittrige Beine, bin aber auch glücklich und denke nur: »So ein iller Shit. Kannste echt keinem erzählen.«

DAS WAHRE ABENTEUER BEGINNT

12.1.2015, 17:40 Uhr

Die Fähre legt an. Santarem! Ich bin zufrieden, laufe durch die aussteigenden Massen und versuche, meine Straße zu finden.

18:01 Uhr

Ich mache eine Pause, esse was und freue mich. Es ist mir wichtig, gestärkt in die Nacht zu gehen. Ich hoffe, ich kann das bisherige Tempo halten.

19:24 Uhr

Mein Fahrer fährt einen alten Pick-up. Er biegt in eine Seitenstraße und erklärt mir, er müsse noch etwas bei Freunden machen. Die Begrüßung dort ist herzlich. Die Familie sitzt zusammen beim Abendessen. Ich bin immer noch glücklich. Es gibt Kaffee. Das Leben meint es gut mit mir. Wir laden zwei junge Kerle auf und fahren in die Dunkelheit zu einer Baustelle. Wahrscheinlich baut einer der beiden hier ein Haus. Wir laden ein paar Eisenteile aus dem Pick-up. Alle sind froh, dass ich eine Kopflampe dabeihabe und Licht machen kann.

13.1.2015, 0:20 Uhr

Belterra. Ich stehe hier seit fast vier Stunden. Es gibt keinen Verkehr mehr. Vielleicht lieber schlafen und Energie tanken. Immerhin 100 km geschafft in dieser Nacht. Besser als nichts. Da war vorhin auch dieses Schild: Rio de Janeiro – 4000 km. Ich muss lachen.

7:32 Uhr

Ich sitze in einem kleinen Fiat. Wir halten schon das zweite Mal an. Der Motor ist überhitzt. Wasser nachfüllen. Hoffen, dass die Anzeige runtergeht. Der Mann fährt aber auch wie ein Irrer. Bis runter nach Ruropolis soll es gehen. Endlich auf die BR 230, auch Transamazonica genannt. Einzelne Abschnitte sind nicht geteert. Eine Staubpiste bedeckt mit roter Amazonaserde und fiesen, tiefen Schlaglöchern. Die Straße strahlt eine seltsame Ewigkeit aus. Ich

ERSTER CHORUS

bin entzückt. Jeder Hügel, der von unserem klapprigen Kleinwagen gemeistert wird, eröffnet neue Überraschungen. Und neue Panoramen. Ich fotografiere durch die dreckige Windschutzscheibe.

10:40 Uhr

»Die Transamazonica ist einfach zu trampen«, hatte mein Kumpel Keith gemeint. Ich denke seit eineinhalb Stunden über diesen Satz nach, während ich aufs nächste Auto warte. Meine Position ist gut, direkt hinter einer Bodenwelle. Die Autos müssen hier abbremsen. Aber niemand hält an. Hinter mir streiten sich Geier um einen Kadaver. Ich kann nicht wirklich erkennen, was es mal war. Vielleicht ein Hase. 10 bis 15 Vögel zerren an dem Fleischklumpen und versuchen, ein Stück für sich abzureißen. Dann taucht plötzlich ein dümmlich dreinblickender Hund auf. Geier sind ein sicherer Indikator für die Existenz von totem Tier. Auch der Hund weiß das. Er wird gewissermaßen zum Schmarotzer. Die Geier kämpfen aufopferungsvoll um ihr Essen, bis der Hund in den Ring tritt und in die schwarze Masse springt. Alle Vögel weichen 2 m zur Seite. Der Hund steht vor seinem Essen. Triumphal glänzt er in der Mitte der missgestalteten Vögel, die immer wieder vorsichtig an den Kadaver herantreten, bis er wieder einen Satz nach vorne macht und alle verscheucht. Er hat Spaß. Auch ich amüsiere mich.

13:44 Uhr

Vier Lifts bisher. Wartezeiten: zuerst 91 Minuten; dann 20 Minuten; 105 Minuten und 50 Minuten. Nun hält schon nach drei Minuten ein Volvo-Kleinlaster an. Ich springe auf die Ladefläche. Keine Ahnung, wie weit sie fahren. Was folgt, ist der wahrscheinlich beste Lift meines Lebens auf einer der schönsten Straßen, die ich bisher befahren habe. Die Transamazonica ist, wenn es regnet, teilweise unbefahrbar. Besonders in bergigem Gelände. Sie ist wie ein deutscher Feldweg, der zweimal durchgepflügt, mit extragroßen Steinen versehen und mit staubiger roter Erde bedeckt

DAS WAHRE ABENTEUER BEGINNT

wurde. Bei Regen wandelt sie sich zu einer Art Rutsche. Nur ohne Wasser. Ein besonderes Spektakel. Jeder Hügel wird zur Bewährungsprobe. Es bilden sich Staus. Die Leute beobachten große moderne Fernreisebusse, die sich durchs unwegsame Gelände kämpfen. Stecken gebliebene Busse machen sich insbesondere bezahlt, wenn das eigene Fahrzeug mal wieder nicht den Berg hochkommt. Dann muss nämlich geschoben werden. Mit möglichst vielen Leuten. Es kann immer nur ein Fahrzeug an den steilen Passagen hoch. Die anderen Businsassen warten und schauen sich den Kampf an. Es wird gelacht und gescherzt, geraucht und geglotzt. Sobald ein Fahrzeug hängen bleibt, geht das Standardprocedere los. Erst mal weiterprobieren lassen. Nach einer Weile wird akzeptiert, dass da jemand nicht mehr weiterkommt. Die meisten sind mittlerweile aus dem Bus ausgestiegen. Keiner hat Lust auf das, was kommt. Aber alle wissen, dass es getan werden muss. Langsam setzt sich der Mob in Bewegung. Immer in der Hoffnung, dass die durchdrehenden Reifen wider Erwarten doch noch Grip finden und das Fahrzeug den Anstieg schafft. Einige haben Flip-Flops an. Es wird gedrückt, geschoben, gerüttelt, gezogen. Einige stehen noch am Rand und sehen schließlich ein, dass auch sie helfen müssen. Gemeinschaftsarbeit im Matsch. Das Fahrzeug droht in den Graben zu gleiten. Es wird geschrien. Leute rennen um das Auto herum. Die Busreisenden stemmen sich mit ihrer bisher sauberen Kleidung gegen das Fahrzeug. Irgendwie kommt es den steilen Hang hoch. Dann das gleiche Spiel von vorn. Mit unserem Kleinlaster.

Auf unserer fünfstündigen Fahrt mussten wir insgesamt dreimal schieben. Die Fahrt war eine Tortur. Selbst als Mitfahrer äußerst anstrengend. Ich saß auf der Ladefläche, versuchte, mich festzuhalten, während die Straße mich von links nach rechts und oben nach unten durchschüttelte. Schlaglöcher, Felsbrocken, Matsch,

ERSTER CHORUS

Staub und immer wieder diese Erschütterungen. Ich hatte bis dahin gedacht, Bootstouren auf dem Amazonas wären die Hölle. Aber mehrere Stunden auf einem solchen Kleinlaster sind auch nicht ohne. Irgendwann halten wir an. Ich kaufe mir ein riesiges Stück Schokoladenkuchen, Kaffee und Wasser. Der beste Kuchen, den ich in meinem Leben gegessen habe.

Nun kann ich die Fahrt wieder mehr genießen. Ringsherum sieht es aus wie flacher Regenwald, dabei ist einfach nur alles abgeholzt, wie ein Großteil der Gebiete in Straßennähe. Die Sonne geht unter. Wir laden zwischendurch zwei Frauen ein und passieren das staubigste Stück der ganzen Strecke. Wir können teilweise kaum noch sehen, stehen auf der Pritsche und halten uns an der Fahrerkabine fest. Als die Frauen aussteigen, sind sie mit braunem Puder paniert und wissen wohl selbst nicht so genau, ob dieser Lift eine gute Idee war. Aber ich bin noch viel dreckiger. Mein Bart erweist sich als guter Staubfänger.

19:19 Uhr

Die Fahrt ist zu Ende. Es ist schon dunkel. Ich verharre kurz und lasse das Erlebte auf mich wirken. Eigentlich will ich sofort weiter, aber beim Blick in den Spiegel sehe ich, dass eine Dusche dringend notwendig ist. Also dusche ich, gehe abendessen und gönne mir ein Bierchen. Um 21:01 Uhr stehe ich wieder an der Straße. Vor mir liegen immer noch 550 km bis nach Maraba. Ein Fernreisebus fährt an mir vorbei. Der Nachtbus nach Maraba. Ich gebe kein Trampzeichen und lass ihn vorbeifahren. Plötzlich hält er an, legt den Rückwärtsgang ein und signalisiert mir, dass ich mitfahren kann. Wirklich? Ich kann es nicht glauben. Adrenalin mal wieder. Euphorie und Wahnsinn liegen sich heulend in den Armen. »Schneller, immer schneller! Auf nach Uruguay!«, schreien sie gemeinsam. Ich steige ein. Was folgt, ist die beschissenste Nacht dieser Route.

DAS WAHRE ABENTEUER BEGINNT

14.1.2015, 2:30 Uhr
Vielleicht sollte ich kurz beschreiben, wie meine letzten fünf Stunden ausgesehen haben. Ich saß im Bus und dachte, wir fahren nun die ganze Nacht ins 600 km entfernte Maraba. Der Busfahrer sah das aber anders und machte mir an der Busstation verständlich, dass ich nun aussteigen soll. Weit weg von meiner Straße. Nachts durch die Stadt laufen müssen und keine Orientierung haben: alles Dinge, die ich zum Kotzen finde. Ich irrte fünf Stunden rum. Leider hatte ich meine Orientierungspunkte schlecht gewählt. Ich suchte eine Brücke, die nur in meinem Kopf existierte. So zog ich lange Zeit durch irgendwelche Favelas entlang der Transamazonica, die aber bald einspurig wurde und letztlich von Straßenbarrikaden unterbrochen war. Alles sehr suspekt. Ständig nervende Menschen, die mit ihren Autos an mir vorbeifuhren und hupten oder irgendwas riefen. Permanente Angst, im nächsten Moment ausgeraubt zu werden. Ich versuchte, die Leute zu ignorieren. Das funktionierte auch, bis mich ein netter Alki einsammelte, um mir den Weg aus der Stadt zu zeigen. Die Tour endete am örtlichen Kiosk. Auf einmal sollte ich ihm eine Schnapsflasche bezahlen. Vor lauter Verunsicherung traute ich mich nicht, das nicht zu tun. Abgezockt. Keine schöne Nacht. Und wo es zur Straße ging, wusste ich immer noch nicht. Irgendjemand schickte mich dann in die richtige Richtung. Ich lief an einer Promenade am Amazonas entlang. Eine Gruppe Brasilianer war am Feiern. Ich weiß nicht mehr, wie wir ins Gespräch kamen, aber letztlich blieb ich hängen, und wir tranken für den Rest der Nacht, waren bis 10 Uhr morgens feiern und beendeten den Tag mit Schwimmen im Amazonas. Danach bekam ich ein Bett und nach dem Aufwachen ein Mittagessen. Immer wenn es scheiße läuft, kommt das süße Leben um die Ecke und nimmt einen an die Hand.

ERSTER CHORUS

16:40 Uhr
Ich stehe mit einer Tüte Pfirsichsaft an der Stadtgrenze. Es wird bald dunkel, und ich hoffe auf meinen ersten Lift.

18:41 Uhr
Trampen in der Nacht lief bisher ziemlich gut. Ein Mofa hält an, wir fahren 20 Minuten; ich ohne Helm hinten drauf. Sehr erfrischend. Nächster Halt: Fähre.

19:05 Uhr
Irgendwie hat mir mein Mofafahrer einen Bus klargemacht, der mich nach Maraba mitnimmt. Nun heißt es, erst mal die ganze Nacht durchzufahren. Morgen früh geht es raus aus dem Amazonasgebiet und hoffentlich wieder auf geteerten Straßen weiter.

15.1.2015, 16:00 Uhr
Die letzten elf Stunden waren typisch Brasilien. Lange warten, kaum Verkehr und viel laufen. Jetzt wieder auf einer Fähre. Da treffe ich diesen sonderbaren Menschen. Er hat strahlend blaue Augen und braune Haare, sieht wie ein Außerirdischer aus. Er ist Brasilianer, spricht aber Deutsch, und zwar mit einem überaus lustigen Akzent. Endlich mal jemand, mit dem ich mich austauschen kann. Ich erfahre, dass ich den ganzen Tag auf der falschen Straße getrampt bin.

18:15 Uhr
Endlich auf der Autobahn, die mich mehrere tausend Kilometer nach Süden begleiten soll. Ich treffe den ersten Brasilianer mit gutem Englisch und lasse mir mein Handwerkszeug beibringen. Zwei portugiesische Sätze – »Wo fahren Sie hin?« und »Können Sie mich mitnehmen?« –, die mir ab jetzt mein Leben erleichtern werden.

16.1.2015, 1:14 Uhr
Auto-Posto-Stationen in Brasilien. Die sind vergleichbar mit Deluxe-Raststätten. Ich esse was, nehme eine Dusche und lege

mich anschließend schlafen. Die Brasilianer haben einen Hang zum Waschzwang. Deswegen kann man an fast jeder Tankstelle kostenlos duschen.
4:47 Uhr
Bin zu spät aufgewacht. Die ersten Trucks fahren schon los. Schnell zusammenpacken. Arbeit ruft.
6:14 Uhr
Da war dieser Truck. Er transportierte Autos. Ich hab den Fahrer gefragt, ob ich mitfahren kann. Er meinte, dass es nicht geht. Hab nicht viel verstanden. Aber seine Körpersprache sah so uneindeutig aus. Daher bin ich einfach mal stehen geblieben und habe weiter mit ihm geredet. Sein Name war Marcus, und ich hatte das Gefühl: Da geht doch noch was. Letztlich durfte ich in einem der Autos auf der Ladefläche mitfahren. Mein eigenes Auto. Ha! Später hat er mich nach vorne in die Kabine geholt. Mit Marcus bin ich 37 Stunden unterwegs. 1582 km. Ich falle am nächsten Tag in Santa Barbara aus dem Truck. Völlig zufrieden mit meiner zurückgelegten Strecke. Erst mal wieder duschen, essen und sich freuen.

17.1.2015, 20:37 Uhr
Pablo nimmt mich mit. Ein Dozent für internationale Beziehungen an der Uni in São Paulo. Bei einer Fahrtunterbrechung zündet er sich einen Joint an. Wir kiffen. Mein letzter Fahrer, Marcus, war auch schon die ganze Zeit am Kiffen; er hatte eine Genehmigung für medizinisches Marihuana. Gibt es wohl in Brasilien. Als wir an einer Polizeistation vorbeifahren, bremst Pablo plötzlich. Mitten auf der Autobahn. Er will kurz nach dem Weg fragen. Wir sind beide total bekifft. Nach kurzem Zureden sieht er ein, dass wir besser keinen Fuß in die Polizeistation setzen, wenn wir keine kostenlose Übernachtung wollen. Schnell wieder beschleunigen, als sei nichts gewesen, und weiter gehts.

ERSTER CHORUS

20:56 Uhr

Die erste Raststätte hinter dem Autobahnkreuz von São Paulo ist eigentlich eine normale Tankstelle, leuchtet aber wie ein Ufo. Wir halten an. Überall stehen Jugendliche mit ihren Autos, trinken, quatschen und tanken gelegentlich auch. Eben Samstagabend in São Paulo. Gerade ist auch Bandenkrieg im Norden, und es gibt heftige Auseinandersetzungen mit der Polizei. Das läuft schon seit Tagen im Fernsehen. Ich bin mäßig motiviert, aus dem Auto auszusteigen und ins Nachtleben von São Paulo zu kommen.

»Oh, so many … locals … here«, meine ich zu Pablo. Das soll ein Hinweis sein, dass ich hier verdammt noch mal nicht wegkommen werde und auch nicht aussteigen will. »Yes, I will leave you here«, meint er fröhlich gestimmt. Ich muss erst lachen. Aber dann erkenne ich, dass er es ernst meint. Ich kann die Katastrophe gerade noch abwenden, und wir fahren eine Tankstelle weiter. Wobei an der ersten Tankstelle wenigstens noch Jugendliche unterwegs waren. Eine Tankstelle weiter ist nur noch: niemand.

22:00 Uhr

São Paulo bei Nacht also. Ich hab Angst vor den verrückten Menschen in Städten. Als »kranke Stadt mit verrückten Leuten« hat Pablo mir São Paulo beschrieben. Kein Auto in Sicht. Autobahn sieht ganz nett aus. Ich beschließe, direkt auf der Autobahn zu laufen. Kann ja nicht schlimmer werden.

22:10 Uhr

Neben mir erscheint ein großer Club mit vielen betrunkenen Leuten. Hier wollte ich schon immer mal nicht vorbeikommen. An den Bäumen sind Pferde angebunden. Ich laufe weiter und versuche, kein Aufsehen zu erregen. Immer weiter in die Dunkelheit und entlang der Autobahn. Da ist wenigstens niemand.

DAS WAHRE ABENTEUER BEGINNT

22:15 Uhr
Mir kommt ein hagerer Typ entgegen, der anscheinend auch schon gut am Feiern war. Fuck, wieso laufen hier Menschen auf der Autobahn? Als mir dann auch noch ein verliebtes Pärchen händchenhaltend den Weg kreuzt, wird mir klar, dass die Autobahn hier so etwas wie ein erweiterter Bürgersteig ist. Ich gehe weiter, entdecke einen Kiosk und hole mir erst mal Wasser. Und ein Bier. Anders halte ich das nicht aus. Der Besitzer und sein Stammkunde sind ausgesprochen freundlich. Quatschen mich auf Portugiesisch voll, und ich verstehe kein Wort. Irgendwann erscheint ein anderer hagerer Typ. Sieht aus wie ein Fußball-Assi. Trainingsanzug. Rot unterlaufene Augen. Frustrierter Gesichtsausdruck. Er verwickelt mich in ein Gespräch und fragt, wo ich herkomme. »Alemanha?« Spätestens bei Deutschland kommen alle immer auf Fußball. Er ist Paulista, also aus der Gegend, und natürlich Anhänger des FC São Paulo. Jedenfalls hat er mehrere Schichten Ehre an sich haften, die sich alle aus dem Fußball herleiten. Und auf einmal steht da Samstagabend ein Deutscher vor seiner Nase. Das Land, das die brasilianische Nationalmannschaft vor kurzem beispiellos gedemütigt hat. Meine Sympathiepunkte verflüchtigen sich. In seinem Gesicht flackert Hass auf. Er belegt mich mit einigen Schimpfwörtern und ist sichtlich aggressiv. Seiner Körpersprache nach zu urteilen, sagt er so etwas wie: »Ihr verdammten Penner habt uns bei der WM abgezogen, scheiß Arschlöcher …!« Ich rechne jeden Moment damit, dass er mir eine reinhaut. Aber dann lächle ich ihn an und tue das, was ich bisher immer gemacht habe, wenn Brasilianer mich auf das 1:7 gegen Deutschland angesprochen haben: »Sooooorrryyy!« Das versteht er auch. Am Ende mag er mich wieder. Ich ihn aber nicht.

18.1.2015, 2:02 Uhr
Nächste Raststätte. Bin hier schon ne Weile. Der Tankwart kam auf mich zu, als ich über die Autobahn lief. Wirkte sofort

ERSTER CHORUS

einladend. Er scheint alles unter Kontrolle zu haben. Kennt hier jeden. Eine Prostituierte steigt mit ihrem Freier aus einem Truck. Der Trucker wäscht sich mit Wasser an den Zapfsäulen. Zwei weitere kommen dazu. Tankwart, Prostituierte und drei Trucker unterhalten sich angeregt. Die Stimmung ist entspannt. Im Gegensatz zu meinen letzten vier Stunden Fußmarsch ist es hier richtig familiär.

7:14 Uhr
Stehe am Autobahnkreuz südlich von Curitiba. Die Morgensonne scheint unerbittlich. Es ist nun nicht mehr weit nach Uruguay.

11:29 Uhr
Im schönen Florianopolis. Die Sonne scheint noch unerbittlicher als am Morgen. Ich schätze, es sind über 40°, aber in jedem Fall ist es sehr schwül.

19:48 Uhr
Ich hab in den letzten 101 Stunden 4000 km durch Brasilien zurückgelegt. Nun stehe ich hinter einer Mautstation südlich von Porto Alegre. Es ist bereits seit zwei Stunden dunkel. Überall Mücken. Ich kann nicht stehen bleiben, muss mich bewegen, sonst stechen sie mich tot.

20:21 Uhr
Schon wieder ein Fahrer, der Deutsch spricht. Ein Demeterbauer aus dem Umland. Bietet mir einen Schlafplatz an. Wieso nicht, nach dieser irren Tour? Päuschen machen und morgen die letzten 700 km durchziehen.

19.1.2015, 14:14 Uhr
Bin etwas zu spät auf der Straße gewesen, laut Log um ca. 10:30 Uhr. Und nun … Pelotas. 250 km entfernt von der Grenze. Ich stehe seit zwei Stunden und warte auf ein Auto. Wieder mal Zeit zu laufen. Meine Stimmung ist im Keller. So kurz vorm Ziel …

DAS WAHRE ABENTEUER BEGINNT

15:14 Uhr
Das Militär hat Erbarmen und nimmt mich in einem Pick-up mit. Sie lassen mich an einer Geschwindigkeitskontrolle raus.
15:50 Uhr
Erstes Auto hält an. Ab Richtung Chuy. Läuft. Der Fahrer ist alt und tattrig, fährt aber schneller als alle anderen. Mit 180 km/h durch Brasilien.
17:00 Uhr
Mein letzter Lift im Lande. Ein Surfer mit VW-Bus. Chuy ist eine geteilte Stadt. Die Grenze verläuft mitten durch. Als wir an der brasilianischen Ausreisekontrolle vorbeifahren, frage ich noch, ob ich nicht einen Stempel brauche. Mein Fahrer meint nein. Okay. Ich frage noch mal. Er ist sich sicher: Stempel brauch ich nicht.
17:24 Uhr
Aussteigen in Chuy. Auf gehts zur uruguayischen Grenze. Ich bin bester Laune.
17:56 Uhr
Ankunft an der Grenze. Es ist noch hell und Verkehr. Perfekt für die letzten 200 km. Die Grenze ist nett gestaltet, niemand trägt Waffen oder Uniformen. Stattdessen werde ich von Menschen in Anzug und Schlips empfangen. Bei der Passkontrolle spricht man mich mit Vornamen an. Der Mann erklärt mir, dass ich ohne den brasilianischen Ausreisestempel nicht einreisen kann. Hätte ich mir auch denken können.
19:51 Uhr
Also 5 km zurück und wieder an die Grenze. Ich bin mittelmäßig angepisst. Dieser dumme Fehler hat mich zwei Stunden Zeit gekostet. Schlimmer noch: Ich hab den Feierabendverkehr verpasst. Tramperregel Nummer eins wurde ignoriert: Vertraue nie auf das, was der Fahrer dir sagt.

ERSTER CHORUS

Ich werde die nächsten 9 Stunden und 54 Minuten an der Grenze warten, bis mich am Morgen das nächste Auto mitnimmt. Wobei die Grenze in Chuy ein wenig wie der Rasthof Berlin-Grunewald ist. Immer was los. In den zehn Stunden hab ich sechs andere Tramper getroffen. Eigentlich will man auch nicht so richtig weg. Trotzdem hab ich auf den ersten Lift in Uruguay länger gewartet als je zuvor.

4
Uruguay – alles tranquilo

Am nächsten Tag kam ich nach exakt drei Monaten und 18 000 km bei meinem Kumpel Ralf an. Es war nun erst mal Zeit für eine längere Pause. Einmal fragte mich ein Uruguayer: »Wie lange bist du denn schon hier?« »Vier Wochen.« »Vier Wochen? Und dir ist noch nicht langweilig?« In der Tat: Nach sechs Wochen hatte ich fast alle Ecken des Landes erkundet, und das mit der Langeweile konnte ich dann auch verstehen. Was aber nicht negativ gemeint ist, denn ich befand mich in einem der entspanntesten Länder, die ich je betreten habe.

Uruguay. Das Belgien Südamerikas. Nichts funktioniert. Das scheint aber auch niemanden zu kümmern. Wo die Deutschen eifrig dem Kapitalismus zuarbeiten, zucken die Uruguayer mit den Achseln und schlürfen an ihrer Mate. Sie werden auch »Volk der Einarmigen« genannt, weil ein Arm meist durch die obligatorische Thermoskanne (mit heißem Wasser für die Mate) blockiert ist. Vielleicht ist auch die Mate schuld, dass die Uruguayer so gleichgültig sind. Eine sonderbare Mischung aus Anarchie und Spießertum beherrscht das Land. Übrigens das erste Land der Welt, das Cannabis komplett legalisiert hat. Was allerdings nicht heißt, dass man dort nun überall Kiffe kaufen kann. Seit Jahren versucht die

URUGUAY – ALLES TRANQUILO

Regierung, den Anbau und Verkauf zu organisieren. Bisher erfolglos. Keiner weiß warum. Unter den Einwohnern wird gemunkelt, dass die Armee einfach alles selber wegrauscht. Auf mich hat das Land einen lässigen Eindruck gemacht. *Tranquilo*. Wäre Uruguay ein Beruf, es würde sich als Eisverkäufer an einem Karibikstrand verdingen.

Ralf und ich hatten uns in den Kopf gesetzt, dass wir die einzig verbliebene Zuglinie im Land trampen wollten. Es war nur eine von vielen kleineren Aufgaben, die wir uns selber stellten, als wir etwas Zeit zusammen hatten. Nach mehreren Tagen trampen kamen wir am Bahnhof an, von dem unser Zug starten sollte. Wir mussten erst mal einen Beamten finden und wollten die Sache direkt angehen. Am Tag vorher hatten wir uns eine Strategie überlegt. Wir erzählten, dass wir zwei Eisenbahnbegeisterte aus Deutschland wären und uns für die uruguayischen Züge interessieren. Und deswegen wollten wir mal fragen, ob wir mit der Lok mitfahren könnten. Man stelle sich vor, wie jemand mit einem solchen Anliegen zu einem Verwaltungsfachangestellten der Deutschen Bahn kommt. Der urugayische Bahnangestellte zuckte einfach nur mit der Schulter: »Tja, warum nicht? Müsst ihr einfach mal fragen.« Leider konnte er uns selber nicht helfen, weil von seinem Bahnhof keine Züge mehr fuhren. Aber im Süden, da gab es wohl noch eine intakte Strecke.

Als wir dort ankamen, ging das Spiel von vorne los. Zwei Deutsche, bahnbegeistert … »Ja, warum nicht? Aber ich bin dafür der Falsche. Da müsst ihr meinen Vorgesetzten fragen.« So wurden wir über mehrere Stationen weitergeleitet. Niemand schien ernsthaft überrascht oder uns unser Vorgehen ausreden zu wollen. Aber es wollte auch keiner verantwortlich sein. Letztlich standen wir eines Abends am Bahnsteig, und vor uns dampfte einer der wenigen verbliebenen Züge in Uruguay. Die Lok war gerade eingefahren und

ERSTER CHORUS

noch betriebswarm. Eine schöne blaue Lok mit gelben Streifen und ca. 30 Waggons mit allerlei Transportgut hinten dran. Es war schon dunkel. Ralf und ich waren aufgeregt. Nachdem wir stets durchgereicht worden waren, kam nun der Moment der Wahrheit. Gleich sollte der Lokführerwechsel vollzogen werden, und wir warteten auf die neue Besatzung. Einfach fragen. Kurzer Dienstweg. Ein alter und ein junger Lokführer kamen daher. Der alte ignorierte uns gekonnt und ohne Mühe, wie das nur ein Uruguayer hinkriegt, und stieg direkt in die Lok. Der junge musste es also regeln. »Hallo, wir, zwei Bahnbegeisterte aus Deutschland …« Achselzucken. »Ja, warum nicht? Aber ihr müsst mit uns in die Lok kommen. Wir können euch nicht auf den Waggons mitfahren lassen!« Sie luden uns ins Führerhaus ein. Wir durften auf dem Boden sitzen und die ganze Nacht mitfahren. Wir haben zwar nichts gesehen, aber Hauptsache, mal einen Zug getrampt.

Insgesamt blieb ich drei Monate in Uruguay. Ralfs Frau kam irgendwann auf mich zu und meinte: »Stefan, es ist schön, dass du da bist, aber es wär auch schön, wenn du mal wieder gehen würdest.« Die Zeit verging so schnell, und ich hatte mich so wohlgefühlt. Oder wie Ralf es später formulierte: Ich hätte mich auf die Couch gesetzt und wäre einfach nicht mehr aufgestanden. Aber es gab natürlich auch einen Grund, weshalb ich so lange dort war: eine Uruguayerin.

5
Liebe auf Reisen – Wendepunkte

Manchmal verliebt man sich. Einfach so. Man trifft diese Menschen, die so ganz besonders erscheinen. Manchmal verlieben sich auch *zwei* Menschen ineinander. Das ist dann etwas Besonderes.

LIEBE AUF REISEN — WENDEPUNKTE

Ich hatte diese junge Dame kennengelernt. Ana. Wir waren verliebt. Ineinander. Ich glaube, seit meiner Schulzeit war ich nicht mehr so verliebt. Alles fing ganz unerwartet an. Und es war auch voll süß. »Voll de Honich«, wie wir in Hessen sagen würden. Wir redeten über die Zukunft. Es gab Blumengeschenke, Valentinstag, romantische Nächte mit Blick aufs Meer, den schönsten Kuss meines Lebens. Die ganze Affäre war wunderbar, verzaubernd – und endete in einem Desaster. Unerwartet und plötzlich, wie sich das für Südamerika gehört. Mit Karacho an die Wand fahren. Wie zwei Teenager, die, eng ineinander verschlungen, einen Tandem-Fallschirmsprung machen. Nackt.

Unsere ersten und gleichzeitig letzten intimen Stunden verlebten wir in einem romantischen Strandhaus. Eigentlich wollten wir das ganze Wochenende dortbleiben. Aber etwas passierte. Ich kann es bis heute nicht erklären. Es war ein Moment, als wir schweigend am Esstisch saßen. Aber auf einmal war das nicht mehr das Schweigen von Menschen, denen das Essen besonders gut schmeckt. Eher das Schweigen des großen Dramas, das auf einmal wie eine dicke schwarze Wolke über unseren Köpfen hing. Irgendwann ließ Ana ihr Essen aus der Hand fallen und eine dramatische Diskussion begann. Ich würde sie an ihren Exfreund erinnern. Sie könne das nicht mehr. Es gab keinen richtigen Auslöser. Ich gab ihr etwas Zeit für sich alleine und setzte mich an den Strand, um nachzudenken. Es war ein regnerischer Tag, jedoch ohne ungemütlich zu sein. Das Meer brandete hart gegen die Küste. Mir war klar, dass unsere kleine Romanze hier nicht mehr weitergehen würde. Mir wurde klar, dass Liebe auf Reisen etwas Undankbares ist. Ein hoffnungsloses Unterfangen. Als ich zurück im Strandhaus war, versuchte ich, noch einmal mit ihr zu reden. Sie konnte aber immer noch keinen klaren Gedanken

ERSTER CHORUS

fassen. Also musste ich für mich selber sorgen. Ich packte meine Sachen, und was vor einer Stunde noch nach Zauberei und Glückseligkeit aussah, war nun ein Scherbenhaufen. Sie stand an der Tür und sah mir nach. Als ich ihr den Rücken zuwandte und Richtung Straße lief, brach ein Regenschauer über mich herein, als ob in den Wolken jemand saß, der für die passende Dramatik sorgen wollte. Ich drehte mich nicht mehr um. Auch ich war verletzt. Die Straße geht sowieso immer nach vorne. Und die Straße versprach Heilung.

Ich verließ das Land noch am selben Tag. Aber die Bekanntschaft mit Ana sollte sich als Wendepunkt meiner Expedition erweisen. In meiner Verliebtheitsphase hatte ich bereits beschlossen, die Route zu komprimieren – um im nächsten Jahr mit Ana eine Familie gründen zu können. In Deutschland. Das machte für mich Sinn. Wir hatten schon über ein gemeinsames Waldhaus mit Atelier und deutsch-uruguayischen Kindern phantasiert. Wenn ich das so schreibe, muss ich gerade über mich selbst lachen. Träumen ist ne schöne Sache. Aber wäre ich nicht so verträumt gewesen, wären mir ein paar Sachen nicht bewusstgeworden. Ich verstand auf einmal, was es bedeutete, dass ich zurück nach Deutschland wollte. Dass ich dort meinen Lebensmittelpunkt sah. Als ich losgezogen war, hatte ich keine Erwartungen mit dieser Reise verknüpft. Ich dachte, ich kann 3 bis 4 Jahre in die Welt ziehen und einen Job annehmen, wenn es mir irgendwo gefällt. Vielleicht sogar ein neues Zuhause aufbauen, wenn ich einen tollen Menschen treffe. Und dann verliebe ich mich in Uruguay und glaube, meine Traumfrau gefunden zu haben, aber alles, was durch meinen Kopf geht, ist die Frage, wie ich diese Frau nach Deutschland kriege. Wenn ich selbst unter diesen Bedingungen nicht im Ausland leben wollte, wann denn dann? In

LIEBE AUF REISEN – WENDEPUNKTE

dieser Zeit war schon das erste Heimweh in mir aufgekommen. Können wir jetzt einpacken und nach Hause fahren? Da ist es doch so schön! Ein Heimweh, das mich nun die nächsten einein- halb Jahre begleiten sollte.

ZWEITER CHORUS

Ziel: Panama

Wartezeit: 11 559 Minuten

Anzahl der Lifts: 435

Kilometer getrampt: 36 968

1
Trampen ist Lifestyle

Was wirklich mein Ding ist, das sind die Straßen. Und das Trampen. Die Bewegung. Einen riesigen Roadtrip leben und die Welt durchqueren. Weil ich wissen will, wie weit ich kommen kann und wie schnell ich das bewerkstelligt kriege. Weil mich all die Probleme unterwegs fordern und ich immer wieder neue Lösungen finden muss. Weil ich wunderbare Menschen treffe und durch tolle Landschaften fahre. Jeder dreht anders durch. Meine Tramptouren sind die Zeit, für die ich lebe. Vielleicht musste ich mich erst in eine Uruguayerin verlieben, damit mir das bewusstwerden konnte; damit ich verstehen konnte, wieso ich trotz Heimweh und Plänen auf meiner Route bleiben musste. Weil es das war, was ich liebte. Ich hatte fortan einen Plan. Ich wollte einmal um die Welt trampen. Nicht einfach mit dem Flugzeug zurück, sondern die komplette Runde machen. Über das Darién Gap nach Nordamerika und dann im Winter die Beringstraße überqueren, um nach Russland zu kommen. Ganz nach dem Vorbild meiner russischen Sporttramper-Freunde, die schon 1991 eine ähnliche Tour gemacht hatten. Aber bevor ich diese Passage anging, wollte ich noch zur Südspitze von Südamerika.

Mein Fokus lag seit jeher vor allem auf dem Langstreckentrampen. Als Langstrecken bezeichnen wir Tramprouten, die zwischen 2500 km und 15 000 km lang sind. Man fragt sich wahrscheinlich, warum ein Mensch sich so was freiwillig antun möchte? Es liegt wahrscheinlich daran, wie ich ins Trampen hineingewachsen war. Am Anfang meines Studiums hatte

ZWEITER CHORUS

ein Kommilitone zu mir gemeint: »Probier das mal aus, das ist cool!« Er sprach vom Trampen. Also probierte ich es aus. Ich wollte von Leipzig nach Dresden trampen, was etwas mehr als eine Stunde Fahrtzeit bedeutet. Ich stand an der Auffahrt, die Sonne ging schon fast unter, und ich dachte mir nur: »Was soll der Scheiß? Das funktioniert ja eh nicht.« Fast wäre ich nach Hause gegangen. Aber es hielt doch noch eine Frau. Sie fuhr nicht direkt nach Dresden, machte für mich aber einen Umweg in die Stadt. Als ich ausstieg, fragte sie mich, ob ich Geld für die Bahn hätte. Ich winkte ab: »Nee, hab kein Geld eingesteckt, aber ich hab eine Bankkarte und geh gleich zum Automaten.« Als ich meinen Rucksack schon ausgeladen hatte, griff sie in ihre Tasche, holte einen Zehn-Euro-Schein heraus und hielt ihn mir hin: »Hier.« Ich war erst perplex und wollte das Geld nicht annehmen, weil ich es ja nicht brauchte. Aber sie meinte nur: »Komm, meinem Sohn hätte ich es auch gegeben.«

Einer meiner ersten größeren Trips war nach Dänemark. Damals war das für mich eine Herausforderung. Ausland. 800 km trampen. Hui. Ich weiß noch, dass ich an diesem Abend in Hamburg saß und mich in einem Tramperchat über einen guten Punkt zum Raustrampen informieren wollte. Online war auch: Ralf. »Ich fahr am nächsten Tag mit dem Auto nach Dänemark und kann dich mitnehmen«, schrieb er mir. So haben wir uns kennengelernt. Nach Dänemark folgte Barcelona. Nach Barcelona die Nordspitze von Norwegen, Portugal und schließlich Syrien und der Libanon. Letzteres war Ralfs Idee. Als wir zusammen im Auto saßen, erzählte er mir von seinen Plänen, nach Syrien zu trampen. Ich wollte eigentlich einmal um die Ostsee, fand Syrien aber einen würdigen Alternativplan. So trampten wir beide unabhängig voneinander dorthin. Wir wussten voneinander, weder wann wir losfuhren noch wo wir

TRAMPEN IST LIFESTYLE

waren. In Aleppo hatte ich einen französischen Couchsurfer. Als ich dort das Wohnzimmer betrat, saß da: Ralf. Halbe Stunde vorher angekommen. Magische Zufälle.

In den folgenden Jahren wurde das Trampen für mich zur Lebensart. Wir gründeten die Deutsche Trampsport Gemeinschaft. Den ersten westeuropäischen Sporttramper-Club. Fortan trampte ich immer und überall. Obwohl ich ein Auto hatte. Selbst zu Vorstellungsgesprächen bin ich getrampt. Natürlich pünktlich. Trampen war für mich immer eine planbare Fortbewegungsart. Es war alles eine Frage der Technik.

Und so sammelte ich in all den Jahren zweifellos einen unglaublichen Schatz an Erfahrungen, der mir von den herzlichen Menschen, die mich mitgenommen hatten, geschenkt worden war. Sei es durch Einblicke in mir ferne Lebenswelten, durch Freundlichkeiten, die mich nicht mehr am Guten des Menschen zweifeln ließen, oder durch all diese verrückten Dinge, die passierten, wenn man unterwegs war. Das gehörte für mich immer zum Trampen dazu. Und nach einiger Zeit beschränkte sich das nicht mehr nur auf die Situation im Auto, sondern auf meinen gesamten Alltag.

Wenn nun aber solche Begegnungen auch einfach so passierten, weshalb nahm mich das Trampen dann weiter so gefangen? Ich glaube, es war die grenzenlose Mobilität. Dass ich überall zu jeder Tageszeit hinkonnte. Und irgendwann war die Frage nicht mehr, ob das möglich wäre, sondern nur noch: wie schnell? Ich wollte schauen, wo das Limit ist. Mein Limit und das Limit meiner Leidenschaft. Wie schnell kann ich trampen? Wie weit kann ich es pushen? Was ist möglich? Das war mein *Mindset*. Gleichzeitig hatte ich einen Mordsspaß dabei. Die Straße wurde mein Zuhause. Egal wo. *Traffic exists. Hitchhiking possible.*

2
Die argentinische Post

Vorspiel: Ich hatte mir in Deutschland eine Kamera gekauft und nach Argentinien schicken lassen. Großer Fehler. Hätte ich gewusst, was folgt, wäre ich lieber über den Atlantik zurückgetrampt, um das gute Stück abzuholen. Im Internet gekauft, erfolgreich verschickt, und sogar das *Tracking* funktionierte bis Argentinien. Die Kamera kam am 18.3.2015 in Buenos Aires an. So weit, so gut. Mein Fehler war, dass ich sie nicht an eine Adresse mit meinem Namen schicken ließ, sondern an eine argentinische Bekannte.

Erster Akt: Wir warten auf eine Benachrichtigung. Die erhalten wir aber nicht. Zum Abholen wird eine Vollmacht benötigt. Die lasse ich mir ausstellen und mache mich das erste Mal auf den Weg zur Post. Ich muss zu meiner Schande gestehen, dass ich das falsche Postzentrum recherchiert hatte. Ergebnis: Ich fahre sechs Stunden durch Buenos Aires, stehe 16:18 Uhr endlich vor der richtigen Post – die aber seit 18 Minuten geschlossen hat. Auch das wäre nicht weiter schlimm, wenn wir nicht Gründonnerstag hätten. Die nächsten beiden Tage sind Feiertage. Das bedeutet, dass ich am Wochenende in Argentinien auf der Straße stehe.

Zweiter Akt: Montag. Ich habe eigentlich nur überlebt, weil ich am Abend vorher auf einer Tangosession war und mir eine Frau dort einen Schlafplatz angeboten hat. Ich verlasse das Haus meiner Gastgeberin frühmorgens, um die Kamera abzuholen und nach Ushuaia zu trampen. Aber Montag ist immer noch Feiertag. Verschlossene Tür. Ich bin schon wieder obdachlos.

Nächster Morgen: Etwas verkatert nach vier Stunden Schlaf um 8:45 Uhr vor der Post. Ca. 30 Leute stehen schon da. Anstehen, reingehen und gesagt bekommen, dass meine Vollmacht nicht gültig ist, weil – bla, bla, bla. Ich trampe trotzdem los, starte mitten in Buenos Aires, etwas planlos zugegeben, stoppe ein paar Autos und arbeite mich in Richtung Autobahn vor. Ich bin allerdings spät dran, und ich kann so am ersten Tag nur ca. 200 km hinter mich bringen. Also erst mal zelten. Am nächsten Tag geht es dann richtig los:

8.4.2015, 9:04 Uhr
Aufstehen, losmachen. 16 Minuten bis zum ersten Lift. Der Tag beginnt gut. Komme von Las Flores nach Azul. Da steht ein Schild: Ushuaia 2856 km.
12:10 Uhr
Ein Gaucho sammelt mich auf und spricht sofort Englisch. Netter Kerl. Hätte ich am Anfang gewusst, dass er nur durch den Ort fahren wird, wäre ich wahrscheinlich nicht eingestiegen. Wir machen kurz halt in seiner Fabrik. Er macht irgendwas mit Eisen. Fragt mich, ob ich schon gegessen habe. Habe ich nicht. Mit dieser Information zieht er direkt rechts raus, und wir finden uns in einem typischen Grillrestaurant wieder. Es gibt Schweinekeule und unglaublich leckere Pommes. Danach Abstecher zur örtlichen Zementfabrik, wo er noch versucht, einen Truck für mich zu finden.
15:08 Uhr
Ein Chevrolet sammelt mich auf. Wirft mich 16:21 Uhr in Pringles (heißt wirklich so!) raus und sammelt mich 17:09 erneut auf. Das wird mir die nächsten Tage noch öfter passieren. Scheint eine argentinische Eigenart zu sein.
18:40 Uhr
Große Raststätte bei Bahia Blanca. Ich spreche schon viel besser Spanisch. Zum Trampen auf jeden Fall gut genug. Die erste große Raste in Argentinien für mich. Bin mir jetzt sicher, eine gute Nacht vor mir zu haben. Treffe einen anderen Tramper: Argentinier,

ZWEITER CHORUS

17 Jahre, reist halb illegal (weil nicht volljährig) nach Bariloche; hat kein Geld und geht ab und zu in der Fußgängerzone betteln. Ansonsten aber sehr gepflegt. Er ist auch recht schnell weg.

20:20 Uhr
Kriege einen Lift mit einem VW. Es gibt Mate. Ein Ehepaar. Pickup. Er heizt wie blöde. Guter Fortschritt. Leider nehmen sie mich (aus mir unerkenntlichen Gründen) nur die halbe Strecke mit.

21:50 Uhr
Colorado. Treffe meinen argentinischen Freund wieder. Er lädt mich auf ein Bier ein. Wir schauen Fußball (Copa Libertadores gegen River Plate) und essen ein Sandwich. Ich will die Nacht nutzen, um voranzukommen, und ziehe los. Nach 30 Minuten habe ich einen Lift. 40 km in die Pampa rein zu einem Autobahnkreuz. Der Fahrer wirkt erstaunt und betont mehrmals, dass da absolut nichts ist. »Nada!« Jaja, weiß ich. Find ich gut. Endlich Nachttrampen.

9.4.2015, 0:48 Uhr
Aussteigen. Hier ist ja wirklich nichts! Noch nicht mal Licht. Gefällt mir. Oh, da kommt auch schon ein Transporter, der abbiegt. Ich renne zur Trampstelle.

0:50 Uhr
Bäm! Lift. Er fährt mehr als 200 km Richtung Süden. Medikamententransport. Ich bin zufrieden.

3:05 Uhr
Fahrerwechsel. Die beiden Medikamententransport-Fahrer tauschen ihre Fahrzeuge. Der eine fährt nach Norden zurück und der andere nach Süden. Ich darf sitzen bleiben. Mein neuer Fahrer ist ein freundlicher, zurückhaltender und geordneter Mensch. Redet nicht mit mir und lässt mich schlafen. Hört einen grandiosen Remix aus 90er Jahre Bravo-Hits wie Dr. Alban, Haddaway, Culture Beat und anderen Klassikern.

DIE ARGENTINISCHE POST

7:30 Uhr
Sonnenaufgang in Trelew. Sieht schon ein bisschen nach Antarktis aus. Keine Bäume mehr. Mondlandschaft. Schön kalt. Und dabei ist das noch nicht mal die halbe Strecke.
8:47 Uhr
Trampe mit einem Chevrolet. Der Fahrer transportiert Gokarts. An der ersten Polizeikontrolle wollen die Beamten wissen, ob ich professioneller Gokart-Fahrer bin. Wegen meines Anzugs. Ansonsten ist die Fahrt etwas anstrengend. Der Fahrer mag nicht, dass ich immer wieder einschlafe. Ich verstehe nicht warum, aber wahrscheinlich, weil er selber hundemüde ist. Immer wenn ich hinüberdämmere, fängt er an, mit mir zu reden, haut gegen das Autodach oder dreht die Musik auf. Da im Süden die Straßen oft Hunderte Kilometer stur geradeaus gehen, wird wohl ein professioneller Beifahrer erwartet.
14:50 Uhr
Markus sammelt mich auf. Ein Anwalt. Gutes Gespräch mit ihm auf Spanisch. Er ist sehr interessiert, fährt nur total langsam. Wir machen Pause. Er lässt mich im Auto schlafen. Nach einer Stunde geht es weiter. Ich bin ungeduldig und zeige es ihm auch. Die Nacht bricht an, und ich will noch ein paar Meter machen.
20:43 Uhr
Markus schon wieder. Wir knallen nach Rio Gallegos. Ankunft 23:53 Uhr. In den letzten 38 Stunden und 49 Minuten habe ich 2532 km hinter mich gebracht. Mein persönlicher Geschwindigkeitsrekord. Weiter gehts diese Nacht nicht, da die Grenze um 22 Uhr zumacht.

10.4.2015, 0:00 Uhr
Die Szenerie: campieren neben der Polizeistation. Vier junge Polizisten stehen um mich herum. Da mein Zelt immer zwischen zwei Punkten aufgehängt werden muss, kann ich es – in Ermangelung von Bäumen – nur mit Not und einem Besenstiel errichten. Der

ZWEITER CHORUS

Polizeiwachtmeister wird als Baumersatz eingespannt. Die anderen lachen. Alle blicken gebannt auf mich und mein Zelt. Die einhellige Meinung: »Muy dificil.« Dass ich hier gelandet bin, ist auch nur auf Anweisung der Ordnungskräfte geschehen. Ich soll nicht in die Pampa laufen, weil es dort Pumas und Stinktiere gibt. Riecht hier eigentlich genauso. Der Gestank ist sonderbar aggressiv und derb. Aber er macht den Moment einzigartig.

9:17 Uhr

Eis auf meinem Zelt. Hätten mir die Polizisten nicht noch eine alte Decke gegeben, die aussah, als hätte sie die letzten zwei Jahre auf einem verstorbenen Antiquitätenhändler gelegen, ich wäre wohl erfroren.

10:55 Uhr

Erstes Auto nach der chilenischen Grenze hält an. Mehrere hundert Kilometer und fünf Stunden Fahrt liegen noch vor uns.

19:21 Uhr

Ankunft in Ushuaia. Wieder in Argentinien. Jetzt ganz unten. Drei Tage habe ich gebraucht. Bin zufrieden, wenn man bedenkt, dass ich den ersten Tag in Buenos Aires verkackt hatte und dann noch die geschlossene Grenze dazukam. Für die 3159 km war das eine gute Zeit.

Damit hatte ich meinen ersten großen Checkpoint geschafft: die Südspitze von Südamerika. Nun konnte es nur noch nach Norden gehen. Sobald ich den Äquator noch mal überquert hätte, würde ich mich für den Rest meiner Reise ausschließlich in der nördlichen Hemisphäre aufhalten. Aber bevor es nach Chile und Bolivien gehen konnte, hatte ich noch etwas zu tun. Ich musste in Buenos Aires meine Kamera befreien. Also klebte ich einen Sticker – sozusagen meine Reviermarkierung –, schlief eine Nacht und machte mich am nächsten Morgen auf den Rückweg.

DIE ARGENTINISCHE POST

Vier Tage später, gegen vier Uhr nachts, kam ich wieder in Buenos Aires an. Genauer gesagt in Moreno, einem der Vororte, wo man lieber nicht hinwill. Insbesondere nicht samstagnachts, wo alle am Feiern sind. Wir fuhren mit dem Lkw immer tiefer in den Moloch hinein. Die Straßen waren voll mit jungen, betrunkenen und bedrogten Menschen. Alle Mädels sahen aus wie Prostituierte. Ich hatte leichte Kommunikationsprobleme mit meinem Fahrer und wusste nicht, wohin er fährt; konnte daher auch nicht sagen, wann er mich rauslassen soll – das erwartet ja auch niemand, dass man mit einem Riesen-Lkw direkt in die Stadt fährt. Irgendwann musste ich aussteigen, nahe einer Bahnstation. Nach etwas Sucherei fand ich ein unfertiges Haus. Besser gesagt ein Betonskelett. Drei Ebenen, eine Treppe, kein Zaun von der Seite. Ein famoser Schlafplatz. Trocken, über den Köpfen des Nachtvolks, und meine Isomatte lag auf sauberem Grund. Prinzipiell kann man in der Stadt immer eine gemütliche Ecke finden.

Trotzdem war ich nun wieder obdachlos. Am nächsten Tag wurde klar, dass ich noch einen weiteren Tag warten müsste, bis die Post aufmachte. »Schlaf ich eben noch ein bisschen zentraler«, dachte ich. »Gute Idee.« Urbanes Camping. Noch eine Flasche Wasser im Kiosk gekauft und durch Puerto Madero getigert, das Bankenviertel von Buenos Aires. Ich durchquerte einen Park, der voll war mit Grüppchen, die kleine Hügel hoch und runter joggten. Alle brav mit Funktionskleidung ausgestattet. Betriebskolonnen der diversen Banken. Mitten im Park gab es ein Kioskgebäude, das ungenutzt schien. »Super«, dachte ich. »Kann man ja hochklettern.« Ich kletterte ab und zu mal auf Gebäude in der Stadt. Das machte Spaß, und zu irgendwas musste ich meine Boulder-Kenntnisse ja nutzen. Oben angekommen, fand ich ein schönes Flachdach vor. Und da ich die letzten drei Nächte kaum ein Auge zugemacht hatte, wollte ich heute mal früh ins Bett. Es war gegen 20 Uhr. Kurz

ZWEITER CHORUS

vor dem Einschlafen sah ich noch, dass über mir viele Wolken auf die schnelle Art von A nach B unterwegs waren. Kein Dach, na ja, wird schon gut gehen. Irgendwann werde ich von tosendem Wind geweckt. Ich weiß erst gar nicht, was los ist, aber ein Urinstinkt in mir erkennt sofort die Situation. Ich habe zum Glück für eventuelle Regenfälle vorgesorgt und alles in Plastiktüten verpackt. Allerdings bin ich nicht auf diese Apokalypse eingestellt. Meist hab ich eine Einpackzeit von 2 bis 3 Minuten, da mein Rucksack recht gut organisiert ist. Das ist in diesem Fall nicht schnell genug. Erste Äste zerbersten unter den Windböen. Ich ziehe sofort mein Kopfkissen (Tramperanzug) an und stopfe den Schlafsack in den Rucksack. Da fängt es auch schon an zu regnen. Anständig große Tropfen. Als ich auch meine Schuhe anziehen will und von der Isomatte aufstehe, sucht sie erst mal das Weite: getragen vom Wind, wie ein fliegender Teppich, irgendwo vom Gebäudedach runter. Sofort Abstieg. Schnell! Als ich den Rand des Daches erreiche, bin ich schon ordentlich nass. Unten irre ich erst mal durch den Park auf der Suche nach meiner Matte. Als ich sie gefunden habe, laufe ich noch mal zum Kiosk. Eine Minute stehe ich neben dem Gebäude. Da ist zwar kein Vordach, aber die windgeschützte Seite erscheint mir erstrebenswerter, als voll im Regen zu stehen. Außerdem muss ich überlegen. Wo könnte das nächste Dach sein? Aber es gibt keins. Also loslaufen. Hilft ja nichts. Die Rettung ist schließlich einer der vielen Imbisse an der Strandpromenade. Erst mal trockene Klamotten anziehen und eine Zigarette rauchen. Kalt, nass. Irgendwann, nachdem ich mich von Imbiss zu Imbiss vorgearbeitet habe – mit Unterstützung von Getränken und Sandwiches –, wird der Regen schwächer, und ich kann Richtung Stadt laufen. Ich bin kein guter Obdachloser. Das wird mir an diesem Abend klar, als ich auf dem Weg zum Bahnhof bin und die anderen Menschen entdecke, die auf der Straße in Buenos Aires leben.

Sie sitzen gemütlich und trocken auf ihren Pappen in Häuserecken und unterhalten sich mit ihren Kollegen. Ich komme mir vor wie ein Amateur. Aber mir ist auch bewusst, dass ich dieses Dasein jederzeit gegen ein anderes eintauschen kann und die meisten von ihnen dieses Privileg sicher nicht haben.

3
Bolivien, meine Perle

Für mich brach ein neues Kapitel an. Bolivien. Das Land, von dem Ralf meinte, es sei das am schlechtesten zu betrampende Land in Südamerika, und wenn ich da einen Bus nehmen würde, wäre das keine Schande. Und da es ja immer die gut gemeinten Ratschläge anderer Menschen sind, die solide Vorurteile in unseren Köpfen platzieren, hatte ich doch etwas Angst vor Bolivien.

Es zog mich erst mal nach Sucre, um dort Spanisch zu lernen. Sucre war ehemals Hauptstadt der spanischen Besatzungsmacht und ist eine Bilderbuch-Kolonialstadt. Natürlich gibt es dort viele Hostels, Backpacker, ausschweifende Feiern, nächtliche Kokspartys in den Gemeinschaftsschlafsälen mit anschließendem Sex zum Zuhören. Ich wechselte bald das Hostel. Die Einheimischen waren allerdings gut auf die Backpackerhorden eingestellt: Vor allem alternative Handwerke, wie Diebstahl oder Raub, florierten hier. Wir waren vier Leute und schauten uns die Stadt an. Einer meiner Weggefährten hatte sein iPhone in der Fronttasche seines Rucksacks. Es dauerte nicht lange, da hatten irgendwelche Langfinger das iPhone rausgefischt – ohne dass *wir* es merkten. Für mich immer wieder erstaunlich, wie geschickt Menschen sind.

Ich pflegte in Sucre eine Romanze mit einer Schwedin, die ich schon in Chile kennengelernt hatte. Das Ganze stellte sich aber als etwas

ZWEITER CHORUS

kompliziert heraus, was dazu führte, dass ich eines Abends aufgrund von emotionalen Turbulenzen alleine loszog, um mich zu betrinken. Bald durfte ich nette Bekanntschaft mit Hallensern, Leipzigern und einem trinkfesten Schotten machen. Besonders mit dem Schotten verstand ich mich prächtig: Wir hatten eigentlich schon bezahlt und waren am Gehen, aber so richtig fühlte ich mich noch nicht danach. Wie selbstverständlich teilte er sich noch einen Pitcher mit mir. Danach: Heimweg. Sucre ist an sich eine geordnete und saubere Stadt. Mein Hostel war fünf Blocks entfernt. Nicht sehr weit. Ich ging eine Seitenstraße entlang über eine Kreuzung. Rechts von mir tauchten vier Bolivianer auf. Ich überquerte die Kreuzung. Die Situation erschien mir sofort verdächtig. Nach ein paar Metern bemerkte ich, dass die vier sich aufgeteilt hatten und auf beiden Straßenseiten hinter mir herspazierten. Ehrlich gesagt, weiß ich nicht mehr genau, was dann passierte. Mir war aber klar: Die wollen mich ausrauben. Ich, Bart, Gringo, Brustbeutel und nebendran noch meine Kameratasche. Letztere lässt sich schwer abmachen, und in der Regel nehme ich so was nicht auf Sauftouren mit, aber der Abend hatte sehr speziell angefangen – und ich war nun das perfekte Ziel.

Natürlich hatte ich Angst. Aber ich konnte den Gedanken, ausgeraubt zu werden, nicht wirklich zulassen. Mein Unterbewusstsein hatte offensichtlich keine Lust, die neue Kamera zu verlieren. Wahrscheinlich lag es am Alkohol, dass ich die Lage so falsch einschätzte. Ich hatte solche Situationen schon vor so mancher Reise durchgespielt – und immer gedacht, dass ich den Räubern auf jeden Fall alle meine Sachen geben würde, nur damit mir nichts geschähe. Körperliche Unversehrtheit ist so viel kostbarer als materieller Besitz. Ich hätte in dieser Situation einfach nur meine Sachen rausrücken sollen. Hab ich aber nicht getan.

Es blieb nicht viel Zeit zum Nachdenken. Alles ging ganz schnell. Ein Blick über meine Schulter. Ich erkenne die Gefahr. Mein Kopf

BOLIVIEN, MEINE PERLE

aktiviert die Gehirnregionen, die schon seit Jahrtausenden für unser Überleben zuständig sind. Anstatt wegzulaufen oder stehen zu bleiben, drehe ich mich um. Zwei von den Jungs stehen am Straßenrand. Einer zieht sich einen Schal übers Gesicht. Wie ein Hooligan. Als ich das sehe, verliere ich komplett meinen Respekt. Kein Messer, keine Waffen und dann noch diese lächerliche Verkleidung, um eine Drohkulisse aufzubauen. Als ich loslaufe, schreie ich irgendwas. Es kommt ganz tief aus mir selbst. Ein: »Hey, hey, hey!« Alles funktioniert auf Autopilot. Ich laufe um mein Leben. Vollsprint in die beiden hinein und kann sie hinter mir lassen. Ein Dritter versucht, mich zu fassen, aber mit zwei Haken bin ich auch an ihm vorbei. Wo die vierte Person ist, kann ich im Eifer des Gefechts nicht mehr zusammenkriegen. Aber ich bin raus aus der Situation, und die vier laufen weiter, als sei nichts gewesen.

Am nächsten Tag ging es, nach insgesamt mehreren Wochen in Sucre, endlich wieder auf die Straße. Ich stand mit einem Holländer, der im Hostel arbeitete, am Eingang und sprach über meine Route. »Ja«, sagte er, »normalerweise fährt man anders. Deine Straße geht mitten durch die ländliche Gegend.« »Da ist wahrscheinlich wenig Verkehr.« »Ja, aber ist bestimmt schön da.« Wir waren zwei Ahnungslose, die trotzdem eine Meinung hatten. Ich lief also los – sieben Stunden später hatte ich gerade mal 50 km geschafft. Und es wurde nicht besser. Keinerlei Verkehr. Ich stand auf einer Staubpiste. Mit Steinen. Und Flüssen. Ab und zu Lamas oder Schafherden. Bei Sonnenuntergang saß ich auf der Ladefläche eines Lkw. Zusammen mit acht Leuten und einem Schwein, das schwarz und borstig in einer Ecke angebunden war. Es schnupperte interessiert an meinem Schuh. Der Rest der Reisegesellschaft saß am anderen Ende der Ladefläche. Freundliche Versuche des Schweins, Kontakt mit den anderen aufzunehmen, wurden mit Schlägen auf den Kopf quittiert. Irgendwann in der Dunkelheit löste es sich endlich aus

ZWEITER CHORUS

seiner Gefangenschaft und erweiterte seinen Bewegungsradius über die ganze Ladefläche. Sehr zu meiner Freude und zum Ärger der anderen. Immer wieder Kontaktversuche. Immer wieder Zurückweisung. Armes Schwein. Nachdem wir die meisten Leute ausgeladen hatten, war ich alleine mit einem Pärchen, das sich unter einer Decke in eine Ecke kuschelte. Mit dabei: das Schwein. Es kam immer wieder schnuppernd, grunzend und zunehmend penetrant zu dem Pärchen, und der Kerl unter der Decke war nicht sehr geschickt in seiner Zurückweisung. Über uns war glasklarer Sternenhimmel und Sichelmond. Diese Romantik. Die Liebenden, das Schwein und die Sterne.

Nach zwei Stunden wackliger Fahrt war Ende. »Otro lado«, andere Richtung, meinte der Fahrer. Er fragte nach Geld. Nun verstand ich. Er war wohl so etwas wie das lokale Taxi. Ich gab ihm umgerechnet 1,10 €. Und nachdem an dem Tag immerhin so ziemlich alles angehalten hatte, was an mir vorbeigefahren war, war ich zuversichtlich, in der Dunkelheit weiterzukommen. Es war erst gegen acht. Also lief ich weiter ins nächste Dorf. Am Ortsende machte ich Pause. Ich war irgendwo zwischen 3500 und 4000 Höhenmetern angelangt, und der sachte Aufstieg machte mir zu schaffen. Ich sah ein Auto den zurückliegenden Berg runterkommen. Mein nächster Lift. Sollte in zehn Minuten an meiner Position sein. Ich rauchte eine Zigarette und bereitete mich auf die Begegnung vor. Der Wagen kommt um die Kurve, Handzeichen und … er fährt vorbei. Was ist da los? Also wieder: laufen, hinsetzen, Sterne schauen, laufen … usw. Meine Nachtbeschäftigung. Ein zweites Auto kommt und hält auch nicht an. Ein drittes hält zwar, aber nimmt mich nicht mit. Das ist dann auch schon der ganze Verkehr. In dreieinhalb Stunden. Es wird langsam kalt, und ich weiß mittlerweile: Diese Nacht wird sich nicht lohnen. Hinter mir ein paar Lehmhütten von bolivianischen Bauern. Eine Taschenlampe leuchtet auf. Meine Chance! Ich leuchte mit meiner Kopflampe zurück. Keine Reaktion. Ich leuchte noch mal zurück. Nada. Also laufe ich einfach los Richtung Hütte. Nähere mich vorsichtig. Keine Lebenszeichen. Ich versuche zu erahnen, wo der Eingang ist. Plötzlich bewegt sich etwas. Der Bauer traut sich aus seinem Schützengraben und kommt auf mich zugestapft. Er hatte sich vor sein Haus auf die Lauer gelegt und mich die ganze Zeit beobachtet. Seinen agressiv-verteidigend wirkenden Auftritt lächele ich gekonnt weg. Er hat die Backen voller Koka, seine Zähne schimmern schwärzlich, und er ist ungefähr zwei Köpfe kleiner als ich. Ich verstehe kein Wort von dem, was er sagt, erkläre ihm meinerseits, dass ich nicht draußen schlafen will. Ob er Platz hat. Er versteht. Vamos.

Er wohnt mit seiner Familie in einer der fensterlosen Lehmhütten. Die Familie wird sogleich kollektiv aufgeweckt, um mich begutachten zu können. Ich verstehe nicht, was vor sich geht, aber er steht mitten im Schlafraum und brüllt seinen Sohn an. Der zeigt sich resistent und schläft einfach weiter. Der Vater schreit erst recht. Ich bin unangenehm berührt und versuche zu schlichten. Erkläre ihm, dass ich nur wenig Platz auf dem Boden brauche. Denke zuerst, er schmeißt seinen Sohn aus dem Bett, und ich soll darin schlafen. Im Nebenraum steht ein zugerümpeltes Bett. Perfekt. Ich räume eine Seite frei und kriege noch ein paar Decken für meinen Schlafsack. Ich habe eine Flasche Wasser dabei. Irgendwie werde ich oft auf das Wasser angesprochen und verstehe nicht warum. Der Bauer fragt mich, ob er einen Schluck haben kann. Klar, das kann ich nicht abschlagen. Also nimmt er einen kräftigen Schluck mit seinem kokabeschmierten Mund. Als ich anschließend an der Flasche nippe, werden meine Lippen sofort taub.

Ich bin schon halb im Schlafsack, als er noch mal zum Kommunikationsversuch vorbeikommt. Er schiebt meinen Schlafsack zur

ZWEITER CHORUS

Seite und setzt sich in väterlicher Art aufs Bett. Ich verstehe wieder nicht, was er will. Dokumente. Sicherheit. Er gibt mir seinen Pass. Ich rücke meinen Führerschein raus und behalte meinen Reisepass für mich. Aber er will den Führerschein nur seinem Sohn zeigen. Zum Morgengrauen öffnet sich die Tür erneut. Der Bauer kommt rein und steckt sein Handy in die Steckdose. Es ist hell, aber noch keine Sonne da. Die kälteste Zeit des Tages. Ich beschließe, noch etwas im Schlafsack zu bleiben. Das Handy ist alt, und ich werde gefragt, ob ich etwas auf dem kaputten Display sehe. Meine technisch versierten Augen stellen dasselbe fest wie der Bauersmann: nämlich, dass dort nichts zu sehen ist.

Nach einer Zeit schaut er wieder rein und lässt die Tür offen stehen. Wohl ein Zeichen, dass es nun an der Zeit ist zu gehen. Ich lerne noch alle drei Kinder kennen und seine Frau, die gerade Wäsche aufhängt. Frühstück brauche ich keins. Ich laufe direkt los, und mein neuer Freund begleitet mich noch ein Stück. Ein frischer Morgen im Hochland. Die Sonne ist gerade aufgegangen. Auf der Straße sind die ersten Menschen. Verkehr gibts auch, allerdings nur in die falsche Richtung. Ein paar Lastwagen. Einer davon rauscht so schnell an mir vorbei, dass ich mich vor der ankommenden Staubwolke in Sicherheit bringen muss. Unmöglich schnell. Wie kann der hier so langheizen? Im nächsten Dorf haben sich die Nachbarn versammelt. »Wie schön«, denke ich. »So was gibts in Deutschland ja nicht mehr.« Ich nähere mich. »Buenos dias.« »Buenos dias.« »Gringo!«, ruft eine der Nachbarinnen, als sie gerade aus dem Haus kommt. Hände werden geschüttelt. Auf der Straße liegen zwei Hühner. Jetzt merke ich erst, dass sie wohl gerade unter die Räder eines der Lkw gekommen sind, und die Nachbarschaft beratschlagt, was zu tun ist. Ob ich nicht ein Huhn wolle? Ich bin doch Gringo und habe Geld. Ich winke ab und gehe weiter. Vor dem Dorfausgang kaufe ich ein Brot mit frittierten Kartoffeln und

BOLIVIEN, MEINE PERLE

Spiegelei. Gutes Frühstück für 40 Cent. Der erste Lkw hält an. Viva Bolivia! Es geht in eine Stadt, die voll ist von Menschen, aber ich laufe weiter. Die Landschaft ist wunderschön. Nach einiger Zeit kommt wieder mal ein Gefährt vorbei. Ein Bagger. Er hält natürlich an, weil in Bolivien einfach alles anhält. Mein erster Baggerlift. 25 Minuten stehe ich an der Seite, und wir fahren durchs hügelige Hochland.

Danach wieder ein Truck. Hinten drauf ne Menge Ziegelsteine, ein Fass mit ungewissem Inhalt und drei Arbeiter. Wir stoppen an einer Baustelle. Der Fahrer steigt aus und geht mit dem Bauleiter was begutachten. Anscheinend soll es erst in zwei Stunden weitergehen. Vor uns sind fünf riesige Bagger und Raupen am Werk und schieben den Berg weg. Bolivianische Straßen sind nur bis zum nächsten Erdrutsch gebaut. Irgendwie gehts dann aber doch nach zehn Minuten weiter.

Ich komme nach Macha. Zeit zum Mittagessen. Auf dem Weg aus der Stadt gerate ich in eine Feier. Drei fröhliche Gitarristen wollen mich unbedingt zum Tanzen bringen. Ringsherum sitzen alte Leute mit Fässern voller selbst gemachtem Alkohol und freuen sich über den tanzenden Gringo und das Spektakel. Ich kriege einen Becher Bier gereicht. Trinke. Danach einen Becher Tumba (irgendeine vergorene Frucht), und als ich das getrunken habe, steht auch schon der Nächste mit selbst gemachtem Wein parat. Alkoholmix zu Mittag. Entsprechend angeschwipst laufe ich weiter meine Straße entlang. Ein Pick-up kommt vorbei und hält an. Zum fünften Mal hintereinander, dass mich das erste vorbeikommende Auto mitnimmt. Ich liebe diese Gegend!

Ein Lkw lässt mich stehen. Meine Gewinnsträhne ist vorüber. Ein paar Käffer weiter lande ich auf der Ladefläche eines Gemüse-Lkw. Kopfschmerzen von der Höhe, vom Alkohol und dem ständigen Geschaukel. Der Fahrer fährt wie die Hölle. Wir kommen zum

ZWEITER CHORUS

ersten bebauten Straßenabschnitten seit eineinhalb Tagen. Die Zivilisation scheint wieder erreichbar. Vielleicht schaffe ich es doch noch nach Oruro, wo sich die Autobahn nach La Paz anschließt.

Ich lifte mit einem Baustellen-Pick-up. Die Jungs sind gut drauf, aber die Ladefläche ist ölverschmiert. Ich versaue mir mein Hosenbein. Das ist hier noch mal eine Nummer ätzender als der ständige Staub und die sonstigen Überraschungen auf Ladeflächen. Aber wenigstens fahren wir auf geteerter Straße oder, besser gesagt, über eine 50 km lange Baustelle, die eine schöne neue Straße durch eine Schlucht pflügt. Meine Jungs scheinen jeden zu kennen. Typen in exorbitant großen Baggern grüßen uns. Um 18:25 Uhr lande ich in einer kleinen Bergarbeiterstadt kurz vor Oruro. Sieht aus wie eine einzige Stahlhütte. Wie gemacht für kleine Zwerge, die tagein, tagaus im Berg arbeiten oder irgendwelche Metalle gießen. Von den Minenschächten erstrecken sich Wellblechdächer bis zum Fluss hinab. Was genau da passiert, möchte man gar nicht wissen. Dazwischen immer wieder Häuser. Alles grau und verstaubt. Der Sonnenuntergang färbt den Ort in mystischen Glanz, und es scheint eine Magie abzustrahlen, wie man sie eher in *Der Herr der Ringe* erwartet.

Dann ist es wieder dunkel. Es wird wieder kalt. Ich habe Kopfschmerzen und bin müde. Zeit für einen Bus, flüstert die Vernunft. Aber so kurz vorm Ziel aufgeben, ist ja nicht Sinn der Sache. Also postiere ich mich an der Ausfahrt einer Tankstelle und warte auf Autos, die gerade losfahren. Es funktioniert. Nach 5 bis 10 Minuten kommt der Erste an und nimmt mich prompt mit. Lift nach Oruro. Geschafft. Hotel und Essen als Belohnung. Einzelzimmer für 3,50 €, Abendessen für 1,10 € und eine heiße Dusche, die ich ca. 30 Minuten beanspruche und währenddessen meine verstaubten Sachen wasche. Zeit zum Schlafen. Am nächsten Tag soll es weiter Richtung Coroico gehen, der Stadt am Anfang der Death

BOLIVIEN, MEINE PERLE

Road. Google Maps empfiehlt, die südliche Route über La Paz zu nehmen. Ich will aber über kleine Straßen fahren anstatt über die Autobahn. Kann ja nicht schlimmer werden, als die 300 km hinter mir.

Am nächsten Morgen lief ich wie immer aus der Stadt raus, kam an einem Bus vorbei, ein paar Menschen standen vor den offenen Gepäckklappen und luden neben Koffern auch tote Schweine aus. 20 Minuten Fußmarsch später kam ich an einem Taxi vorbei, das sogar bis unter die Decke mit toten Schweinen beladen war. War anscheinend »Tag der toten Schweine« in Oruro.

Trampen lief ganz gut. Drei schnelle Lifts zur Polizeikontrolle hinter der Stadt, zwei andere Tramper überholt und dann noch einen Lkw angehalten, der bis zu meiner nächsten Kreuzung fuhr, von wo aus ich wieder auf kleinen Straßen weiterreisen wollte. Zufrieden saß ich im Lkw und beobachtete gedankenversunken die Landschaft. Auf einmal tut es einen riesen Schlag tat. Der Lkw zieht scharf nach links. Mein Fahrer hat Mühe, ihn in der Spur zu halten. Unser linker Vorderreifen ist geplatzt. Wir halten an, steigen aus und starren auf den kaputten Reifen. Mein Fahrer fängt an zu telefonieren. Ich helfe ihm noch, die Reifenteile von der Autobahn zu räumen und laufe dann weiter. Dauert wahrscheinlich, bis der wieder fährt. Das dritte Auto hält an und nimmt mich zu meiner Kreuzung mit. Ich sah mich schon mittags an der Death Road ankommen und abends hinter La Paz sein. Doch dann starb der Verkehr. Ich hatte einen Lift mit einem Lkw auf der Ladefläche. Auf einmal bogen die Jungs ab. Ich musste mich schnell bemerkbar machen, damit ich nicht in die falsche Richtung fuhr. Ich erklomm zu Fuß mehrere Serpentinen, sichtete ein paar Hunde, fragte mich, was sie hier im Nirgendwo fressen, und genoss das Panorama. Nach 28 Minuten zu Fuß hielt ein klappriger Nissan an. Der Fahrer war erst etwas stutzig. Ich verstand mal wieder kein Wort. Irgendwie schaffte ich

ZWEITER CHORUS

es aber doch ins Auto, und wir fuhren los. Ich dachte, er fährt in die nächste Ortschaft. Die Straße führte bergab. Unendliche Serpentinen. Dass dies ein besonderer Streckenabschnitt ist, sollte ich erst später erfahren. Wir kamen vom bolivianischen Altiplano, einer Hochebene, die teilweise über 4000 hoch liegt. Die Straße fiel an dieser Stelle um 2500 m ab. Sie war – ich kann es nicht anders sagen – der Hammer. In säuberlich geteerten Windungen führte sie immer weiter hinunter Richtung Quime. Wir überholten ein paar Busse. Nach einiger Zeit tat sich ein riesiger, nicht enden wollender Abgrund vor uns auf – und wieder die nächsten Serpentinen.

Unten angekommen, fand sich endlich, wunderbar an einem kleinen See gelegen, ein Örtchen mit Alpenfeeling und freundlicher Vegetation: Quime. Ich war ganz entzückt, wie schön es hier war. Auf dem Altiplano hatte karge Landschaft vorgeherrscht. Vegetation war eher Mangelware. Nun waren wir schon mitten im Yungas – einer Gebirgslandschaft, die sich von tropischen 500 m rauf in die über 4000 m hohe Ebene nach La Paz zieht.

Am Ortsende folgten wir einem kleinen Schotterweg und fuhren in Richtung einer Tankstelle. Auf die Frage, wie weit wir noch unterwegs seien, antwortete mein Fahrer: »Noch zwei Stunden.« Bombenlift also. Was mir aber dann erst klarwurde: Der Schotterweg war kein Schleichweg zur Tanke, sondern die Hauptstraße für die nächsten 400 km. Ich hatte vorher schon geahnt, dass diese Route einen Haken haben würde. Und da war er. Ich war wieder zurück auf den Feldwegen Boliviens. Aber wir fuhren in den Yungas, und es sollte eine der schönsten Gegenden sein, die ich bisher in meinem Leben durchtrampt habe. Die Straße verläuft immer oben am Berg, schlängelt sich majestätisch an den Gipfeln entlang. Das bedeutet: Neben der Straße droht oft ein mehrere hundert Meter tiefer Abgrund. Die Aussicht ist atemberaubend. Aber man hat auch immer wieder Todesangst. Drei Stunden kurvt

BOLIVIEN, MEINE PERLE

mein Fahrer mit seinem alten Nissan durch die Berge. Zwischendurch Polizeikontrolle. Die Beamten werden natürlich geschmiert. Kurzer Smalltalk, dann weiter. Eine Oma am Marktplatz, die mitwill, aber abgewimmelt wird. Ein paar Ortschaften später wieder eine Oma am Trampen. Mein Fahrer seufzt, frei nach dem Motto: »Na gut, ruff mit der Alten.« Oma auf die Ladefläche laden und weiterfahren. Als wir am Zielort ankommen, statte ich mich für 60 Cent mit so viel Essen aus, wie ich tragen kann, und laufe mal wieder los durch die Ortschaft und über die nächsten Bergpässe. Dabei fällt mir das erste Mal auf, dass ich hier ja mitten im Dschungel bin. Bananenpflanzen und Orangenbäume am Wegesrand, die zum Pflücken einladen. Seit Monaten nur karges Land und nun so was. Und ich kann hier ja draußen schlafen! Das kriegt selbst mein Sommerschlafsack hin.

Meine Wanderung dauert zweieinhalb Stunden. Aber sie ist ein Genuss. Verkehr gibt es kaum. Vielleicht 4 bis 5 Autos. Irgendwann entdecke ich am Straßenrand ein kleines verlassenes Steinhaus und mache es zu meinem Nachtlager. Ich schreibe noch ein paar Vokabeln ab, rauche eine Zigarette, mache meine Abendtoilette und bin bereit zum Schlafen. Es ist schon dunkel. Da kündigt sich, durch seinen Lichtkegel, ein Auto an. Ich halte die Hand raus. Es hält an. Zwei Menschen schauen mich an. Offensichtlich ein Taxi. Ich erkläre, dass ich kein Geld für den Transport habe. Anscheinend kein Problem für die beiden. Wo gehts denn hin? Da und da. Ist das ein Dorf oder eine Stadt? Ein großes Dorf. Keine Ahnung, wo das liegt, aber auf gehts!

Was jetzt folgt, ist einer dieser Nachtlifts, für die ich das Trampen liebe. Erste Beobachtung: Der Beifahrer ist total dicht. Aber so was von total dicht. Er kann sich kaum auf dem Sitz halten, schwankt wegen der Kurven und Schlaglöcher immer hin und her. Ich sehe

ZWEITER CHORUS

ihn schon ins Auto kotzen und halte mich bereit für solche Eventualitäten. Dann aber erst mal Pinkelpause. Kollege Hackedicht – er wird von Efrain, dem Fahrer, Suffi genannt – muss erst mal scheißen. Ich habe zum Glück Klopapier dabei, zur Freude der gesamten Besatzung. Ich weiß eben, wie man sich Freunde macht. Wir fahren weiter. Suffi versucht, mit mir zu reden: »Ey, Amigo, mi Amigo. Ey!« Ich lächele zurück, und er steckt mir 30 Pesos zu, weil er denkt, ich habe kein Geld. Das ist mir höchst unangenehm. Aber na gut. Aussitzen Stefan, solange das Auto fährt, ist alles gut. Während ich noch über das Geld nachdenke, beginnt die Stimmung zu kippen. Suffi hat mich in sein Haus eingeladen, und Efrain diskutiert aufgeregt mit ihm.

Efrain: »Schau doch mal. Er spricht schlecht Spanisch und versteht nichts. Und du benimmst dich hier wie der Allerletzte, hast eine unschöne Sprache und bist betrunken. Was soll er von uns denken? Da kommt er in unser Land, ist gebildet, war auf der Schule, Universität, und dann trifft er jemanden wie dich.«

Suffi: »Nein! Nein! Das stimmt nicht. Er ist mein Freund.«

Efrain: »Er versteht dich nicht.«

Suffi: »Morgen reden wir! Morgen!«

Nächster Halt in einem Dorf. Tanken. Efrain läuft in ein Haus, kommt mit einem Kanister und einem Stück Gartenschlauch wieder. Anzapfen und laufen lassen. Tanken in Bolivien. Suffi raucht eine Zigarette, die ich ihm gegeben habe, und erklärt mir, dass die Zigaretten sehr stark sind und dass er sich nicht an seinen Namen erinnern kann. Das erklärt auch, wieso er ihn mir nicht verraten konnte, obwohl ich ihn mehrmals danach gefragt hatte. Efrain fordert ihn auf, doch dreimal Huhn für uns zu kaufen, aber Suffi hat kein Geld mehr. Das habe ich. Danach gehts weiter. Wir kommen in den Ort, in dem Suffi wohnt, und da er mich mindestens zehnmal zu sich eingeladen hatte, ist nun die Stunde der Wahrheit. Der Ort ist

BOLIVIEN, MEINE PERLE

höchst unsympathisch. Als Suffi aussteigt und seine Sachen zusammensucht, setze ich zum taktischen Ausweichmanöver an. »Schläfst du hier, oder fährst du wieder zurück?«, frage ich Efrain. »Nein, ich fahre weiter.« »Ach weiter, wohin?« »Irupana.« Zeit, um Suffi mit der Realität zu konfrontieren: »Ähm … hör mal, Amigo … er fährt weiter … vielleicht … besser … wenn ich mitfahre … weil es ja näher an meinem Ziel ist! Weißt du? Nicht böse sein. Danke für deine Gastfreundschaft, aber du brauchst Schlaf, und er fährt ja weiter … ja?« Suffi versteht das, nachdem Efrain noch etwas nachgeholfen hat. Ich nehme vorne Platz, wir fahren los. Die Gesamtstimmung im Auto grenzt an festliche Erleichterung. Auch Efrain ist froh, dass ich nicht mitgegangen bin. »No es muchacho«, meint er nur. Kein guter Typ. Das Erste, was ich versuche, ist, ihm die 30 Pesos anzudrehen. Aber er meint nur, ich soll mir davon Essen kaufen.

Und dann geht die Nacht erst richtig los. Nächste Pinkelpause. Efrain hat noch eine halbe Flasche Whisky und Cola, die mixt er zusammen, versichert mir, dass er gerne ein bisschen trinkt, aber nicht so viel wie der Kollege. Danach erzählt er mir auch die Story seiner Fahrt mit Suffi. Sie waren mehrere Tagen unterwegs gewesen und hatten ein Auto in Arequipa im südlichen Peru verkauft. Aber jetzt: Heimweg! Zigaretten an, Whisky in den Becher und hinter die Binde mit dem Zeug. *Party on*. Los fährt der Spaßexpress. Zu meiner guten Laune trägt auch bei, dass ich endlich verstehe, wo Efrain hinfährt. Nämlich noch zwei Stunden weiter in meine Richtung. Bäääimmm! Am ersten Ort ist der Spaß aber schon vorbei, weil ein Reisebus vor uns versucht, in eine Parklücke zu rangieren. Efrain fährt rechts ran und macht die Lichter aus. Wie zwei Geheimagenten stehen wir am Straßenrand. Ich frage, ob er Feuer will, und er wimmelt mich ab: »Nono … psscht … policia!« Polizeikontrolle. Aus Spaß wird Ernst. Efrain wartet, bis der Bus eingeparkt hat, und fährt los. Anscheinend versucht er, sich durchzumogeln. Leider ist nicht

ZWEITER CHORUS

genug Platz auf der Straße. Wir müssen zurücksetzen und anders fahren. Natürlich werden wir nun schon erwartet. Wir sind gerade am Bus vorbei, als der erste Polizist uns anhält. Efrain, Gringo … Geld. Efrain schmiert draußen die Polizei, aber es ist nicht genug. Er kommt noch mal ins Auto und fragt mich nach den 30 Pesos. Ich gebe sie gern für den guten Zweck. »Listo.« Bereit. Kann weitergehen. Da kommt eine Frau ans Fenster und stellt penetrant irgendwelche Fragen. Offenbar diese Art von Mensch, die immer in alles und überall ihre Nase reinsteckt. Aber sie ist erfolgreich. Auf einmal haben wir eine Frau mit Kind und einen alten Mann hinten drin sitzen. Efrain ist sichtlich gestresst, fährt unruhiger, und wir werden ca. eine Stunde Umweg in Kauf nehmen müssen.

Weiter gehts über die Bergstraßen im Yungas. Wir trinken, um die Nerven zu beruhigen. Kommando an mich: »Whisky.« »Claro.« Einen für Efrain, einen für mich. Beim ersten hatte er noch moniert, es sei zu viel, und danach immer nur kleine Schlückchen Whisky-Cola genommen. Ich hatte mich gezwungen gesehen, mit ihm zu trinken. Zur Sicherheit aller Beteiligten. Aber da die Nacht nun wieder eskaliert, macht sich auch bei mir ein Scheißegal-Gefühl breit. Nach 4 bis 5 Whiskys liefern wir unsere Passagiere zu Hause ab und fahren in trauter Zweisamkeit weiter. Das Problem ist nur, dass Efrain den Weg genauso wenig kennt wie ich.

Pinkelpause. »Whisky.« »Claro.« Ich bin schon leicht beschwipst. Einmal geht das Licht im Auto an, und ich erkenne, dass Efrain schon ordentlich einen sitzen hat. Ob ich fahren kann? Ja klar. Leider bekomme ich das Steuer nie wirklich in die Hand. Ist aber vielleicht auch besser so. Der Wagen setzt regelmäßig auf der schwierigen Straße auf. Es ist staubig und uneben, manchmal kommen auch noch große Steine hinzu. Die steilen Abhänge sind zum Glück wegen der Dunkelheit nicht zu sehen. Der letzte Whisky ist geleert. In irgendeinem Kaff fragen wir nach dem Weg, und Efrain

erkundigt sich nach Polizeikontrollen. Wir haben beide kein Geld mehr. Er erklärt mir, was ich bei der nächsten Kontrolle sagen soll. Ich verstaue meine Kamera. Angespannt fahren wir weiter und erreichen schließlich besagtes großes Dorf. Schweigend halten wir an. Ich schnorre noch eine Zigarette bei Efrain. »Oder soll ich dich noch mitnehmen in mein Dorf?« Klingt nach Schlafplatz. »Wie weit?« »5 km.« »Claro.« Auf dem Weg setzen wir noch mindestens zehnmal auf. Die Straße wird immer schlechter, und erst nach 50 Minuten erreichen wir Efrains Dorf. Zu meiner Überraschung hält er am Marktplatz an und lässt mich raus. Leider keine Einladung. Ich bedanke mich trotzdem herzlich bei ihm und laufe in die Nacht.
Geschlafen hab ich dann einen Ort weiter auf der Terrasse eines kleinen Gemeindehauses. Am Morgen versammelte sich eine Gruppe kleiner Kackbratzen am Straßenrand und machte ordentlich Lärm. Als sie endlich weg waren, kletterte ich übers Geländer – das erste Auto hielt an und nahm mich mit in die nahe gelegene Stadt. Dort war Markt, und ich gönnte mir ein herrliches Frühstück. Dann Lift raus aus der Stadt. Irgendwo in der Peripherie Zähne geputzt. Und losgelaufen. Laufen war hier ganz und gar nicht so toll – wie ich nach 30 Minuten feststellen musste, als ich von oben bis unten zugestaubt war. Die Straße war wieder mal bedeckt mit braunem Puder. Niemand hielt an. Ich lief stundenlang zu Fuß. Immer angetrieben von der Frage, was denn wohl hinter dem nächsten Berg kommt. Nach drei Stunden hatte ich schon zwei Liter Wasser geleert, und meine Vorräte gingen zur Neige. Große und kleine Busse rauschten an mir vorbei und wirbelten noch mehr Staub auf, der überall an mir andockte. Irgendwann erbarmte sich ein Taxi. Alte Leier: Ich bezahl aber dafür nichts! Ja, kannst trotzdem mitkommen. Danach ein kleiner Jeep und ein weiteres Taxi.

ZWEITER CHORUS

Vom nächsten Dorf waren es angeblich noch drei Stunden zu Fuß nach Coroico. »Klingt gut«, dachte ich. »Komm ich heute auf jeden Fall noch an.« Während ich weiterlief, nahm ich mir also vor, ab jetzt alles zu stoppen, was mich dem Ziel näher brächte. Sonst bin ich recht wählerisch mit meinen Lifts. Lastwagen trampe ich nur selten, da sie mir meist zu langsam sind. Motorräder lehne ich auch eher ab. Zu gefährlich. Aber als ich nun in einer Kurve stehe, kommt ein Motorradfahrer in Tarnkleidung von hinten angebrettert. Auf der Staubpiste sieht er aus, als würde er über den Untergrund fliegen. Und er hält an. Yeah. Der Fahrer ist Polizist. Manchmal hab ich eine etwas lange Leitung. Ich hätte schon stutzig werden müssen, als er vom Motorrad steigt, anfängt, mit mir zu reden, und währenddessen gegen sein eigenes Motorrad pisst. Aber wenn man den Lift verhandelt, sieht man über die ein oder andere Kleinigkeit hinweg. Also hinten drauf. Da kommt die zweite komische Situation. Ich soll enger ranrücken und meine Arme um seinen Bauch schlingen. Das ist nicht so homoerotisch, wie es sich anhört. Obwohl sein Name Aris ist. Aber als wir losfahren, steuern wir in Schlangenlinien aufs erste Auto zu. Ein großer gelber Bagger kommt uns entgegen, und wir kollidieren fast mit der Schaufel. Ich checke immer noch nichts. Erst als Aris sich zu mir dreht, wird mir klar, dass er total besoffen ist. Er hat eine Fahne, die mich fast vom Motorrad kippen lässt. Immer wenn er sich zu mir dreht und was sagt, kommt die Maschine vom Kurs ab. Bagger, Busse, Jeeps. Alles, was uns entgegenkommt, wird zum potenziellen Kollisionsobjekt, und rechts geht es auch noch mehrere hundert Meter runter.

»Hoffentlich fährt er nicht so weit«, denke ich. Erste Pause. Wohin gehts denn? Coroico. Scheiße, er fährt echt bis nach Coroico. Wir werden mindestens noch ne Stunde unterwegs sein. Wie erklär ich ihm, dass ich nicht weiter mitfahren will? Aber da geht es

BOLIVIEN, MEINE PERLE

auch schon weiter. Ich habe immer wieder Todesangst. Irgendwie
ist es aber auch lustig. Ich halte mich an ihm fest und denke nur:
»Wenn wir runtergehen, dann zusammen.« Nächste Pause. Er
will ein Selfie machen. Oder möchte vielmehr, dass ich ein Selfie
von *uns* mache. Ich hole meinen Selfiestick aus dem Rucksack
und erzähle, dass ich ihn als Präsent in Argentinien von einem
Fahrer bekommen habe. »Present?« Das versteht er und wird sofort hellhörig. Lebenswelten der bolivianischen Polizei eröffnen
sich. »Nein, Aris, kein Present für dich.« Schnell Selfie gemacht,
wieder alles eingepackt und weitergefahren. Nächste Pause. Das
mit dem Present scheint ihn nicht mehr loszulassen. Er will mir
seine Polizeijacke geben, und ich soll dafür irgendwas mit ihm
tauschen. Ich hab aber nix zum Tauschen. Die Jacke will er mir
trotzdem geben. Dann verstehe ich erst, dass ich ihm einfach
irgendwelchen Kram schicken soll, wenn ich wieder in Deutschland bin. Ich bin aber nicht sicher, wie cool es ist, wenn ich über
die Grenze komme, man meinen Rucksack auseinandernimmt
und darin eine Polizeijacke findet. Das würde zu viele Fragen auf-
werfen, die ich mit meinem gebrochenen Spanisch nur schwer-
lich beantworten könnte.

Immerhin überleben wir die Fahrt. Kommen heile nach Coroico.
Dort stellt Aris sein Motorrad ab, und das Erste, was er sagt, ist:
»Ich hol kurz meine Freundin. Bestell doch da drüben schon mal
ein paar Bier.« Na gut. Meine Hände zittern noch von der Fahrt.
Auch ich brauche dringend ein Bier. Also bestelle ich schon mal,
und wir trinken noch einen zusammen. Da sehe ich ein paar andere Gringos und gehe kurz raus, um mir Infos über die Stadt zu
holen. Während wir uns unterhalten, tut es hinter uns einen Schlag.
Aris' Motorrad ist auf den Bordstein gefallen. Ich erschrecke, aber
er kommt gleich raus und winkt ab. Kein Problem, »Government
Equipment!« Alles vom Staat bezahlt. Er fährt mit seiner Freundin

weiter, und ich habe ein schlechtes Gewissen, weil ich ihm noch mehr Alkohol verabreicht habe und der Todesexpress nun weiter in unbekannte Richtung unterwegs ist.

4
Trampen im kollektiven Widerstand

Nach der Tour mit Aris brauchte ich erst mal ein paar Tage Pause und musste meine Nerven wie so oft mit Alkohol und Zigaretten betäuben. Die Death Road, die mein eigentliches Ziel gewesen war, wurde zum Tagestrip. Ein Taxi nahm mich mit, das bis nach La Paz durchfuhr. Die Straße selbst ist sogar noch schöner, älter und atmosphärischer als die Yungas-Straßen. Prinzipiell aber ähnlich. 200 bis 300 m tiefe Abhänge und ständig Todesgefahr. La Paz durchquerte ich in einer einzigen großen »Ich esse alles Streetfood, an dem ich vorbeikomme, weil ich noch so viele Bolivianos habe«-Wanderung, liftete einen Lkw, dem wieder mal ein Reifen platzte, und landete letztlich mit einem Ehepaar in Copacabana, Bolivien.

Bis zur peruanischen Grenze war es nun nicht weit. Am nächsten Tag hielt wieder mal das erste Auto an, und ich war auch schon da. Danke, Bolivien!

Passkontrolle, neues Visum, das ist also Peru, nicht viel los, dann laufe ich eben. Eine Gruppe Taxifahrer fragt, wo ich hinwill. »Puno.« »Nicht möglich. Heute kein Verkehr.« »Wieso?« »Straße gesperrt, soziale Konflikte.« »Aha. Okay, danke für die Info.« Davon wollte ich mich natürlich nicht aufhalten lassen. Ich musste nur zur Straßensperre kommen, drüberlaufen und auf der anderen Seite weitertrampen. Ich hatte nur ca. 150 km vor mir. Konnte ja nicht so schwer sein. Das erste Taxi kam und gab mir einen

TRAMPEN IM KOLLEKTIVEN WIDERSTAND

Lift in die nächste Stadt. Und auf meinem Fußmarsch aus der Stadt heraus nahm mich ein netter Typ mit seinem chinesischen Auto mit. Nun bekam ich auch mit, was eigentlich los war. Die Regierung hatte vor, einen Teil des Landes um den Titicaca-See zu privatisieren. Und da die Menschen das nicht wollten, hatten sie beschlossen, einmal 24 Stunden die komplette Straße von Bolivien nach Lima zu sperren. Dass an diesem Tag einer der größten sozialen Konflikte der letzten Jahre seinen landesweiten Höhepunkt erreichte, konnte ich nicht ahnen. Obwohl es erste Anzeichen schon direkt nach Verlassen des Ortes gab. Steine und Glasscherben waren auf den Straßen verteilt, sodass wir nur Zickzack fahren konnten. Als Warnung an alle, die an diesem Tag unterwegs waren.

Wir überholten einen Bus. Ich hatte soeben Strategien für den Tramptag mit meinem Fahrer besprochen, da meinte er ganz aufgeregt: »Hier, der Bus fährt direkt nach Puno. Fahr doch mit. Ist viel einfacher!« »Ja, sorry, hab aber kein Geld«, was auch den Tatsachen entsprach und diesmal keine Trampausrede war. Ich hatte an der Grenze bewusst kein Geld abgehoben, sondern wollte den Tag mal ohne etwas in der Tasche beginnen. Mein Fahrer war aber in solch freudiger Erregung, dass er mir 10 Sol (ca. 2,50 €) in die Hand drückte. Er schien so glücklich. Ich konnte ihm diese Geste nicht ausschlagen. Freudestrahlend bremste er den Bus aus, damit ich einsteigen konnte. Nun befand ich mich mitten in einer Reisegesellschaft von Peruanerinnen, mit denen ich ein und dasselbe Schicksal teilen sollte. Der Bus fuhr nicht nach Puno. So viel war bald klar. Sondern lediglich 40 km weiter. Dort gäbe es aber wohl Transport nach Puno. Wir umkurvten ein paar weitere Steinbarrikaden. Aber schon im nächsten Dorf erhob sich vor uns eine Stacheldrahtbarrikade, während eine enthusiastische Dorfgemeinschaft im Hintergrund eine Straßenlaterne (Typ

ZWEITER CHORUS

Zement) mit Stricken und vereinten Kräften zu Fall brachte. Alle zogen wie verrückt an den Seilen, und die Laterne neigte sich immer mehr Richtung Boden. Der *Lynchmob* war los! Heute wude in Peru blockiert und zerstört. Ich wartete innerlich schon auf den ersten Privatisierungsbefürworter, der in Stücke gerissen würde. Während ich aber noch das Spektakel betrachtete, machten sich zwei engagierte Frauen aus unserem Bus daran, den Stacheldraht zu demontieren. Mit Erfolg. Alle hüpften wieder rein. Ich selbst war sowieso dringeblieben, da ich nicht abschätzen konnte, wie ein Gringo in dieser Situation ankommen würde, und mir die anderen Mitfahrerinnen eine sichere Zuflucht zu sein schienen. Wir fuhren durch die Barrikade. Allerdings schafften wir es nicht weit, weil die Dorfgemeinschaft mittlerweile die Betonsäule auf die Straße gezerrt hatte und unserem Fluchtversuch nicht positiv gegenüberstand. Endstation. Kurze Diskussion. Streit. Definitiv kein Durchkommen. Rückwärtsgang. Müssen wir eben einen Umweg über die Berge fahren.

Nun ging es über kleine Straßen und Dörfer, weit weg von der Fernverkehrsstraße. Im Bus herrschte Empörung. »Die haben dazu keine Genehmigung!« Wörter wie »denunzieren« fielen. Die Streikenden hatten umso mehr meine Sympathie. Schließlich machten sie das alles für einen guten Zweck. Kämpften für ihre Rechte. Auch wenn sie vielleicht übers Ziel hinausschossen. Aber wo gehobelt wird, fällt auch mal eine Laterne. Und so hingen wir im nächsten Dorf schon wieder fest. Vor uns ein Schutthaufen und dahinter eine aufgerissene Straße. Nächste Blockade. Sah aus wie eine stillgelegte Baustelle. Wieder Diskussion. Am Ende leitet uns ein Bauer über noch viel schlechtere Straßen und Felder um die Barrikade herum. Irgendwann müssen wir alle aussteigen, um einen Graben mit Steinen zuzuschütten, damit der Bus passieren kann. Aber wenigstens kommen wir so wieder auf die Straße. Es geht voran. Bis

TRAMPEN IM KOLLEKTIVEN WIDERSTAND

zum nächsten Dorf. Dort hat die Dorfgemeinschaft ebenfalls die Blockade ausgerufen. Polizei ist schon da und am Diskutieren. Wieder gleiches Spiel. Umweg fahren. Neuen Weg suchen. Mittlerweile fahren wir in einer Kolonne aus vier Fahrzeugen, inklusive eines Krankenwagens. Trotzdem schaffen wir es durchzukommen. Der Krankenwagen fährt sich allerdings fest, und wir müssen ihn mit vereinten Kräften aus einem Acker schieben, um danach wieder Gräben mit Steinen aufzufüllen. Und so weiter.

Schließlich kamen wir an unserem Ziel an. Ich beschloss, erst mal zur Bank zu gehen und mir etwas zu essen zu kaufen. Das war nach dem ganzen Trubel auch bitter nötig. Es war herrlich sonnig. Ich freute mich schon auf die letzten 70 km nach Puno. Auf dem Weg aus der Stadt traf ich zwei alte Peruanerinnen, die in traditionellem Dress gekleidet waren. Ein älterer Mann war auch dabei, und die drei nahmen mich in ihrem Auto mit. Ich hatte schon geahnt, dass sie Geld wollen würden. Als ich ausstieg, hielt der alte Mann seine Hand auf, und ich gab ihm mein letztes Kleingeld. Fürs Trampen bezahlen ist normal in Peru. Was die Situation für mich etwas delikat machte. Nun hatte ich aber kein Kleingeld mehr. Wäre das auch geschafft. Gibt es wenigstens keine Diskussionen mehr.
Als Nächstes stand ich daneben, als ein Mototaxi (mit drei Rädern und kleiner Kabine, Typ Alberto-Pizza-Mobil) gerade eine alte Frau aufsammelte. Ich wurde von ihr freundlichst aufgefordert einzusteigen. Es ging in die nächste Stadt. Ich wollte nicht mit und betonte auch mehrmals, dass ich kein Geld hatte. Aber die alte Dame hatte den Unterton eines Oberbefehlshabers. Ein Nein schien in ihrer Welt nicht zu existieren. Nach Ankunft meinte sie prompt: »So, und jetzt bezahlen!« Aber ich hab doch kein … ah doch, hier noch ein paar Münzen. Zwar aus Bolivien, aber der Fahrer ist zufrieden.

ZWEITER CHORUS

Wieder Stadt. Wieder durchlaufen. Mit einem Motorradfahrer getrampt. Extra gefragt, wo er hinfährt. Er fährt einfach weiter. Noch mal gefragt, wo er hinwill. Er fährt mich mitten in die Pampa zur nächsten Straßensperre. Beim Absteigen fragt er nach Geld. Schon wieder. Verdammt. Aber ich hab doch keins (nur noch große Scheine von der Bank von vorhin) … ah doch … hier noch eine Münze. Ich gebe ihm 5 Sol. Das ist zehnmal so viel, wie er will. Für das Geld hätte ich wohl ein Taxi bis nach Puno bekommen.

Ich habe nun wirklich kein Kleingeld mehr übrig. Das erste Fahrzeug – ein Motorrad – hält an. Ich diskutiere mit dem Fahrer, erkläre ihm, dass ich kein Geld habe. Er meint, er braucht Gasolina. »5 km weiter?«, frage ich. »Nee, 1 km weiter.« Auch okay für mich. Am Ende lässt er mich wortlos stehen. Come on! Noch nicht mal einen Kilometer ins nächste Dorf? Kein Geld mehr heute, ihr Pisser! Wobei die meisten Peruaner nicht direkt Geld fordern, sondern eher Mitleid heischend auf ihren Tank zeigen und den Hundeblick aufsetzen.

Noch zwei Motorräder. Einer hats verstanden. Der Zweite nicht. »Sorry, Kollege, hab echt kein Geld für dich.« Münzen waren alle, und ich musste beim Trampen nun mal meinen Prinzipien treu bleiben. War auch kein Problem. Ich laufe ja auch gerne. Wieder Straßensperre, Leute nett gegrüßt. »Wieso ist hier heute nur so wenig Verkehr?« Allgemeines Gelächter. »Nee, weiß schon. Späßchen. Viel Glück euch allen!« Und dann kam mein Lieblingslift des Tages. Wieder ein Motorradfahrer. Er fuhr recht weit. Hielt an und meinte nur: »Spring auf«, als ich ihm gesagt hatte, dass ich kein Geld habe.

Als wir auf seine Heimatstadt zuhielten, war da die bisher größte Ansammlung von Protestierern. Ca. 50 Leute. Zwei Drittel davon saßen im Feld rum, der Rest stand an der Straßensperre. Sie gingen natürlich sofort steil, als sie mich auf dem Motorrad sitzen sahen. »Amerikanski«, schrien sie. »No, aleman«, versuchte ich klarzustellen. Anschließend musste ich ein paar Hände schütteln. Wie ein junger Präsident. Guter Beginn eigentlich. Aber nun eskalierte die Situation langsam. Nicht für mich, sondern für meinen Fahrer. Sie dachten, er wäre ein Taxi und würde aus ihrem Protest Profit schlagen. Ich sah mir das eine Minute mit an und stieg dann ab. Wurde echt sauer. Denn das ging gar nicht, dass dieser nette Kerl sich von 3 bis 4 aufgebrachten Alltags-Hitlern irgendeinen Scheiß anhören musste. Ich versuchte zu erklären, was los war. Auf mich hörte aber niemand. Ich glaube, sie verstanden durchaus, dass er mich gratis mitgenommen hatte. Aber das passte nicht ins Bild. Immer mehr Menschen versammelten sich um uns herum, zerrten am Motorrad rum. Kleinere Handgreiflichkeiten begannen. Und im Hintergrund stand eine gehässige kleine Frau, die alles noch weiter anstachelte. Sie schimpfte wie ein Rohrspatz. Inzwischen waren fast alle Menschen vom Feld zu uns rübergekommen. Ein Haufen Frauen fing an, mit der gehässigen Kleinen herumzudiskutieren. Die Situation wurde unübersichtlich. Ich versuchte immer noch, den Leuten zu erklären, dass mein Fahrer kein Taxi ist. Irgendwann meinte jemand, dass ich ja ruhig durchkann, aber das Motorrad nicht. Auf einmal hatte die gehässige Kleine einen fast unwirklich großen Felsbrocken in der Hand und drohte nun, ihn auf einen älteren Herrn zu schmeißen, der unbeteiligt an ihrer Seite stand. Ich hatte keine Ahnung, was los war. Sie warf den Stein tatsächlich auf den älteren Herrn und nahm anschließend gleich den nächsten. Einer der anderen Protestierer ging blockwartmäßig dazwischen. Die beiden fingen an, sich zu kloppen. Und die Feldgemeinschaft war nun auch voll involviert. Schreien, Applaus, Sprechchöre, wie bei einem Hinterhofboxkampf. Alle schauten zu. Mir wurde es nun zu blöd. Mein Fahrer setzte gerade seinen Helm auf. Ich bedankte

ZWEITER CHORUS

und entschuldigte mich noch mal bei ihm. Sodass es alle sehen konnten. Dann drehte ich der ganzen Szene den Rücken zu und lief angepisst weiter. Meine Solidarität mit den Protestierern hatte einen Knick bekommen. Aber schon 150 m weiter war ich wieder versöhnt. Nächste Blockade. Da waren ca. 15 Leute, die sich gerade zum Völkerball aufgestellt hatten. Sie strahlten so viel Freude aus, dass ich mich auch gleich besser fühlte. Weiter so, Muchachos!

Nach der nächsten Motorradfahrt stand ich 27 km vor Puno. Erreichbar bis zur Dunkelheit, wenn ich gelaufen wäre. Allerdings war ich schon 4 bis 5 Stunden zu Fuß unterwegs gewesen und war müde. Und dann kam der Arschlochlift des Tages. Ein Taxi. »Wo gehts hin?«, frage ich den Fahrer. »Puno. Komm, steig ein.« »Moment. Ich hab kein Geld!« »Wie, kein Geld?« »Ja, kein Geld. Kann ich trotzdem mit?« Er klopft auf seinen Sitz, als ob er einem Hund »Platz« signalisieren möchte. Wir fahren los, sehr langsam. Er ist noch nicht überzeugt von meiner Kein-Geld-Story. »10 Sol nach Puno.« »Nee, Kollege, kein Geld. Ich laufe und trampe.« Dass trampen auch bedeutet, für die Fahrt nicht zu bezahlen, versteht hier keiner so recht. Er weiß nicht, was er mit mir anfangen soll. Widerwillig fährt er weiter. Wir laden drei Männer ein. »Fährst du nach Puno?« »Ja, Puno. 3 Sol.« Verdammter Betrüger. Mir wollte er 10 Sol abnehmen. Vielleicht sah man mir an, was ich dachte, vielleicht wollte er mich auch testen. »Willst du laufen, willst du laufen?«, fragte er mich immer wieder provokativ. Und da ich ja an sich wirklich kein Problem mit Laufen habe, stieg ich aus dem Auto und setzte meinen Weg zu Fuß fort. Müde war ich. Aber das war mir egal. Nur noch ca. 20 km. Ein Auto fuhr vorbei, ein Taxi wollte mich nicht mitnehmen. Das war alles, was innerhalb der nächsten 45 Minuten passierte. Letztlich nahmen mich zwei nette Peruaner in einem weiteren chinesischen Auto mit und stellten

TRAMPEN IM KOLLEKTIVEN WIDERSTAND

meinen Glauben an die Menschheit wieder her. Puno, da war ich also. Morgen früh ging es noch 50 km nach Norden, nach Juliaca, wo ich eine ganz besondere Operation plante. Ich wollte das erste Mal in meinem Leben einen Güterzug *hoppen.*

Ich hatte das noch nie zuvor gemacht, aber Kontakt zu einem Amerikaner geknüpft, der genau die Strecke schon gehoppt war. Nun konnte ich seit einer Woche an nichts anderes mehr denken, als auf diesen vorbeifahrenden Güterzug aufzuspringen. Ich durchquerte also Puno, deckte mich in einer Bäckerei noch mit süßen Sachen ein ... Aber wieso waren hier schon wieder so wenige Autos? Und da standen wieder Leute an der Straße. »He, ist das ne Blockade?« »Ja, dauert bis heute Nacht um 12.« Na super. Aber ist ja nicht weit. Erstes Auto: ein Pick-up voller Gringos. Sie halten sofort an. Vier Amis die nach Cusco fahren. Das liegt sogar 250 km *hinter* meinem Ziel. Gelungener Tramptag! Ich sitze hinten auf der Ladefläche und genieße die Landschaft. Ansonsten keine Blockaden bis Juliaca. Nur im Ort selbst vereinzelt kleine Feuerchen, eine Demonstration, gesperrte Hauptstraße und ansonsten recht viel Polizei. Meine Zuginformationen beziehen sich auf die Kleinstadt Ayaviri, die 90 km nördlich von Juliaca liegt. »Kann ich auch dahin fahren«, denke ich.

Als ich in Ayaviri ankomme, kann ich mich fast nicht mehr halten vor Adrenalin. Aber es ist noch Zeit. Also erst mal ins Internetcafé, Mittagessen und Streckenobservation. Wo sind gute Punkte zum Aufspringen, wo hängen Leute ab, wo könnte ich mich verstecken? Ich kaufe noch eine Daunenweste, da es in der Nacht minus 5° werden soll. Es ist nun gegen 4 Uhr. Der Zug soll frühestens um acht kommen. Spätestens um halb elf.

19:55 Uhr. Fünf Minuten vor der Zeit ist des Soldaten Pünktlichkeit. Jetzt muss nur noch der Zug kommen. Am Bahnhof ist niemand. Ich setze mich auf meinen Rucksack und rauche eine

ZWEITER CHORUS

Zigarette. Vorher habe ich noch mein gesamtes Equipment umgepackt. Den Laptop mitten in den Rucksack, nicht wie sonst oben drauf. Dunkle Klamotten angezogen. Jetzt muss ich nur noch warten. Mit jedem Auto, das in der Ferne hupt, schrecke ich auf. Ist das der Zug? Ich bin dermaßen auf 180! Mit zunehmendem Abendverlauf wird es sehr kalt. Ich friere erbärmlich und bekomme ernsthafte Bedenken, ob ein fahrender Zug bei solchen Temperaturen eine gute Idee ist. Insbesondere weil es in Peru keine geschlossenen Wagen gibt. Die Fahrt geschieht unter freiem Himmel. Damit ich warm werde, mache ich Schattenboxen. Aber was genauso hilft ist – hupen. Immer wenn ich friere und sich vermeintlich ein Zug ankündigt, ist mein Körper sofort in Alarmbereitschaft. Adrenalinstoß. Ich friere plötzlich nicht mehr. Interessante Erfahrung.

20:30 Uhr. In einer anderen Ecke des Bahnhofs herrscht Bewegung. Drei Menschen überqueren die Gleise, ca. 100 m rechts von mir. Sie bleiben stehen. Sehen mich. Flüstern. Drehen um und gehen einen anderen Weg. Was ist da los? Auf jeden Fall nicht mein Bier, wenn die da was Krummes drehen wollen. Ich nehme meinen Rucksack und gehe weg. Sofort drehen sich die drei um und wenden sich wieder ihrem ursprünglichen Objekt der Begierde zu. Was auch immer das ist. Sehr mysteriös.

Als ich von meiner Runde zurückkomme, steht ein Mann auf den Gleisen. Ohne Regung. Ich bleibe stehen. Auch ohne Regung. Na gut, wenn er für die Jungs scoutet, während die ihr Ding drehen, muss ich eben warten. Rauchen, ihn anschauen. Keine Kommunikation. Weiter warten. Irgendwann läuft eine Frau an mir vorbei. Aha, also kein Schmierestehen, sondern ein Liebespaar, das sich am Bahnhof trifft. Ich schrecke an dem Abend noch mindestens drei Pärchen durch meine Anwesenheit ab. Immer das gleiche Spiel. Ein verstohlener Blick um die Ecke: »Oh, da ist ja jemand«, und plötzlich drehen sie um und gehen weg. Aber das ist *meine* Nacht. Ich will einen Güterzug hoppen. Hier ist kein Platz für eure Liebe.

21:30 Uhr. Immer noch kein Zug. Dafür aber neue Freunde. Zwei Menschen in gelben Jacken kommen langsam auf mich zu. Sie schälen sich aus der Dunkelheit. Plötzlich eine Trillerpfeife. Ich bleibe unbeeindruckt stehen. Polizei. Super, kann ich genau jetzt gebrauchen. Sie kommen auf meine Höhe, machen aber keine Anstalten, mit mir zu reden. »Buenas noches«, sage ich. »Hallo«, erwidert einer, »was machst du denn hier?« Ah, Scheiße … brauch ne Ausrede … »Na ja … will den Zug sehen!« (Stimmt ja auch.) »Und … äh … treffe mich noch mit einer Freundin.« Das zieht halbwegs. Wieso ich denn im Dunkeln stehe. Ich soll doch lieber ins Licht gehen, weil hier schlechte Menschen rumlaufen. Ob mir etwas aufgefallen ist. »Ah ja, da waren drei Menschen, die haben irgendwas gemacht.« »Ja, schlechte Menschen … Delincuentes.« Dann verschwinden sie. Reden noch etwas Unverständliches von 20 Minuten. Ich weiß aber nicht, ob sie in 20 Minuten wiederkommen … Was mach ich, wenn der Zug kommt und sie gerade da sind? Trotzdem aufspringen?

23:20 Uhr. Mittlerweile bitterkalt. Ich bin in der dritten Runde Schattenboxen. Mein Gegner und ich sind noch frisch, aber es gibt Momente, in denen ich bei mir ein Schwindelgefühl feststelle. Im Hintergrund höre ich immer wieder Trillerpfeifen, die mal näher und mal weiter weg ertönen. Offensichtlich sind mehrere Streifen unterwegs.

23:35 Uhr. Ich höre Leute die Straße runterkommen. Es trillert. Ich stehe im Licht und schaffe es nicht mehr rechtzeitig zu meinem Schattenplatz. Die Leute sehen mich. Diesmal sind es nicht die beiden gelben Jacken, sondern zwei ponchotragende Menschen mit Basecaps. Sie sehen aus wie zwei Kegel, die lustig bemalt sind,

ZWEITER CHORUS

um Touristen zu erfreuen. Die beiden bleiben stehen. Starren mich an. Keine Regung. Kein Wort. Ich laufe langsam im Kreis und versuche, mich nicht aus der Ruhe bringen zu lassen. Meine Gedanken drehen sich nur um eines: Was, wenn jetzt der Zug kommt? Ich kann an nichts anderes denken. Ein weiterer Pfiff. Darauf wieder regungsloses Starren. Plötzlich stürmen drei Hunde auf mich zu. Zwei sind feige Pisser, einer aber ziemlich aggressiv, läuft um mich herum, zähnefletschend. »Ja, ruhig, is ja gut mein Kleiner, was ist denn los?« Die Kegel bleiben regungslos stehen und starren, als ob sie ihr ganzes Leben nichts anderes gemacht hätten. Die Hunde sehen aus wie kleine plüschige Bettvorleger. Eher was zum Knuddeln als Polizeihunde. Aber nervig. Ich laufe weiter im Kreis. Die Kegel setzen sich auf eine Bank und beobachten mich. Flüstern manchmal. Zeigen ansonsten keine Regung. Regungslose Kegel mit drei Plüschhunden und ein Gringo mit einer Zigarette in der Hand, der stoisch im Kreis läuft. Nächtliche Bahnhofsszenen in Peru.

Irgendwann haben auch die Kegel genug von meiner Kreisbewegung und machen sich mit ihren Tölen auf den Weg zu neuen Abenteuern. Ich friere mittlerweile bitterlich. 23:50 Uhr. Zeit zum Aufgeben … Ein Hupen … Adrenalin … Zug … Nee, doch kein Zug. Eine letzte Zigarette und dann ab in die Stadt. Was für eine Enttäuschung. Ich finde ein Hotelzimmer für 2,20 € und ziehe die Decke über den Kopf, weil ich so durchgefroren bin. Vielleicht eine glückliche Fügung, dass der Zug nicht gekommen ist. Temperaturtechnisch wäre es unerträglich geworden. Aber ich fasse den Entschluss, das Abenteuer in den USA nachzuholen.

Am nächsten Morgen packe ich meinen Rucksack. Aber da ist noch diese Daunenweste. An sich ne schöne Weste. Hat 30 Sol (ca. 7 €) gekostet. Allerdings bringt sie meine Packtechnik durcheinander. Ich kann mit neuem Equipment nichts anfangen, da meine bestehende Ordnung sich verändert und ich meinen Rucksack nicht mehr zukriege. Außerdem bin ich ein Gewohnheitstier. Gleiches gilt, wenn ich Gegenstände verliere oder Sachen kaputtgehen. An meiner Stomaticum-Zahnpasta drücke ich nun schon seit über einem Monat die letzten Reste raus. Diese kleine, effiziente Zahnpasta gibt es in Südamerika nicht zu kaufen, und ich sträube mich, eine andere zu nutzen. Aber auch sie wird irgendwann vollends leer sein. Dem muss ich mich stellen.

Aber erst mal diese Weste. 30 Sol. Zu geizig, um darauf zu scheißen. Und was macht man in einer solchen Situation am besten? Zurück zum Markt gehen, um die Weste wieder zu verkaufen. Nach einigen Gesprächen finde ich zwei Kunden. 20 Sol. Guter Preis? Ja, guter Preis, pflichten mir auch die beiden Damen an den Ständen bei. Deal. Beim Trampen das erste Auto gestoppt. Leider in die falsche Richtung gefahren. 150 m später steht der gleiche Typ an der Tankstelle. Fängt an, mit mir zu reden, und ähnlich wie mein Lift am Blockadetag zückt er mit offensichtlicher Vorfreude und Nächstenliebe 10 Sol und hält sie mir hin. Nee, brauch ich nicht. Doch, kauf dir Essen davon. Na gut, danke! Wenn Menschen mir Geld schenken wollen, ist Widerstand zwecklos. Und sie freuen sich auch immer so. Letztlich waren alle zufrieden, und ich hatte meinen Westenverlust kompensiert.

Auf dem Weg aus Ayaviri an diesem Morgen machte ich noch eine verstörende Entdeckung. Ich überquerte den Fluss und sah etwas im Wasser schwimmen. Im ersten Moment wirkte es wie ein Biber. Ich blieb stehen und sah, dass es ein Hund war. Ein toter Hund. An sich nichts Besonderes. Bei näherer Betrachtung sah ich allerdings einen Strick um seinen Hals, und an dem Strick hing ein Stein. Der Hund bewegte sich im Strom des Flusses nach links und rechts. Mir schoss alles Mögliche durch den Kopf. Vor allem wurde ich ziemlich traurig. Wieso machen Menschen so was? Auf meinem weiteren Weg nach Cusco beobachtete ich noch zweimal

ZWEITER CHORUS

am Straßenrand, wie Leute ihre Tiere (Schafe, Lamas) traten und schlugen, weil die sich nicht bewegen wollten. Ein aufwühlender Tag. Ansonsten trampte ich ohne größere Ereignisse ans Ziel. Eigentlich wollte ich weiter nördlich in Huaraz klettern gehen, aber durch die gescheiterte Operation »Güterzug hoppen« war ich innerlich unruhig. Ich brauchte eine Abwechslung. Ich würde die 4000 km nach Bogotá, Kolumbien, ohne Pause trampen und mir da ein Fahrrad zulegen, um das Land zu durchqueren. Plan: Ich such mir irgendeine rostige Möhre für 20 €, kauf mir ein paar Radtaschen und knall dann die 800 km zur Küste hoch. Und wenn ich müde werde, kann ich auch mit Fahrrad trampen. Bin ja schließlich Tramper und kein Radfahrer.

5
Lima. So lebendig wie ein Stück Käse an einem heißen Tag

Ich startete an einem Dienstag, gemütlich gegen Mittag. Die 4000 km bis Bogotá sollten in drei Tagen mit einem guten Run drin sein. Der Routenplan ist durchkalkuliert. Ich habe eine gute Karte, hole mir noch ein Käse-Spiegelei-Sandwich auf dem örtlichen Markt und komme mit einem meiner unzähligen Taxilifts ans Stadtende. Netter Kerl. Er spricht etwas Englisch, und wir verstehen uns gut. Seit Bolivien mache ich zwischen den Verkehrsmitteln keinen Unterschied mehr und trampe einfach alles, was sich anbietet. Mein nächster Lift ist in einem Lkw mit einem Fahrer Namens William. Er erklärt mir, dass es in Peru verboten sei, nachts Tramper mitzunehmen. Das wusste ich bisher nicht. Wir sammeln eine junge Tramperin auf. Die Kleine ist gerade mal 15, sitzt am Straßenrand und winkt unmotiviert mit der Hand. Wir bringen sie

LIMA

zu ihrer Mutter, die am Straßenrand gegrillten Mais verkauft. Genannt Choclo. William kauft zwei Choclo und ein Stück Käse, und wir fahren weiter. Die Straße ist langsam und schlängelt sich um die Berge. Kenn ich ja schon. Die Karte zeigt mir, dass das die nächsten 600 km so bleiben wird.

Gegen Dämmerung lande ich an einer Tanke. Mein Ziel in dieser Nacht ist Nasca; 600 km entfernt und der Zugang zur großen Autobahn Richtung Lima. Die folgenden Stunden bringen aber nur einen einzigen Lift. Mit einem Truck. Ansonsten kaum Verkehr. Kurz nach zehn finde ich mich ein weiteres Mal bei einem Nachtspaziergang wieder. Es ist heller Vollmond, und die Straße schlängelt sich entlang eines Flusses durch ein Tal. Nach eineinhalb Stunden versuche ich, einen Lkw zu trampen. Helle Kleidung, Reflektoren, alles dran. Er hat gute Sicht. Als er an mir vorbeifährt, fängt er auf einmal an, maximal aggressiv zu hupen, als würde ihm ein halber Kinderspielplatz vor den Lkw laufen. Diese Art von Hupen, das dir mit beiden Beinen ins Trommelfell springt. Ich bin erschrocken. Dann wütend. Aber das Hupen erschreckt nicht nur mich, sondern auch ein paar Hunde, die bei einem Haus 100 m weiter leben. Als ich vorbeilaufe, drehen sie regelrecht durch. Ich laufe unbeeindruckt weiter. Mach ich immer so. Hunde werden am besten ignoriert. Nach zwei Minuten denkt sich der Besitzer offenbar: »Lass ich sie mal gucken, was los ist«, und öffnet das Tor. Ich bin schon ein gutes Stück weiter, als ich die Straße zurückblicke und diese Hunde auf mich zulaufen sehe. Nächtliche Treibjagd? Boah, verzieht euch! Was soll ich machen? Weglaufen ist zwecklos, weil sie sowieso schneller sind als ich. Also hilft nur die übliche psychologische Trickkiste. Hunde laufen so lange auf dich zu, bis du sie anschaust. Sobald sie Augenkontakt haben, werden sie langsamer oder bleiben stehen. Weil es verdammte Schisser sind. So auch in diesem Fall. Trotzdem liegen meine Nerven blank. 500 m

ZWEITER CHORUS

weiter dasselbe Spiel. Diesmal ist es nur ein Hund. Der ist jedoch groß. Wirklich groß. Zum Glück will er nur sein Revier verteidigen und kommt nicht zu mir auf die Straße. *Fair enough.* Ich hab aber langsam die Schnauze voll von meinem Nachtspaziergang. Bin schon wieder zugepumpt mit Adrenalin und brauche eine Pause. Zum Glück kommt plötzlich eine Polizeikontrolle. Mitten im Nirgendwo. Hell erleuchtet! Sehr geil zum Trampen! Der Wachmann begutachtet mich erst mal kritisch, fragt mich aus und will meinen Pass sehen. Ich erkläre ihm alles und zeige am Ende sogar mein Logbuch. Er ist amüsiert von der ganzen Geschichte. Und da weiterhin wenig Verkehr herrscht und ich langsam müde werde, setze ich mich einfach in sein Häuschen auf seinen Bürostuhl. Ich muss vorher noch seine Taschenlampe auf den Boden legen. Der Stuhl ist gemütlich, und ich kann ein wenig die Augen schließen. Vielleicht ist es diese Dreistigkeit, aber der Wachmann gibt mir gegen 1:30 Uhr zu erkennen, dass ich noch eine Stunde hierbleiben kann, aber dann weiterlaufen muss. Ich schlafe wieder ein, wache aber wenig später wieder auf. Erste Wahrnehmung: ein Lkw in meine Richtung. Der Tramperreflex aktiviert sich, sofort aufstehen, zum Seitenfenster laufen, fragen, ob sie Platz für mich haben. Ich denke gar nicht weiter darüber nach. Zum Glück spricht mein Unterbewusstsein in der richtigen Sprache, und sie haben Platz. Nachtlift nach Nasca, so wie es von Anfang an mein Plan war.

Die beiden Jungs fuhren einen Kleinlaster, und der Beifahrer war so etwas wie der Copilot bei einer Rallye. Vor jeder Kurve kam von seiner Seite ein »Curva«, um den Fahrer wach zu halten. Die beiden hatten die Backen voller Koka, und zwischendurch schmierten sie sich noch irgendein Zeug in die Nase. Gegen 5 Uhr morgens – wir waren mittlerweile auf dem riesigen Hochplateau von Nasca – hielten wir an. Jeder bekam ein Deckchen, und es gab eine Stunde Schlaf im Autositz. Der Rest der Nachtfahrt war wunderschön.

LIMA

Der Mond erleuchtete die bergige Umgebung. Dicke Nebelfelder zogen auf und hüllten das Plateau in einen weißen Schleier, der nur von einzelnen Bergspitzen durchbrochen wurde. Hinter jedem Hügel erwartete uns ein neues Panorama, bevor wir in die weißen Wolkenfelder tauchten, um das nächste Tal zu durchqueren. Wir fuhren recht schnell, schienen uns aber trotzdem recht langsam zu bewegen. Morgens gegen 7:30 hielten wir an, um zu frühstücken. 150 km vor Nasca. Ich hatte sieben Stunden in dem Auto gesessen, und trotzdem waren wir noch drei Stunden von Nasca entfernt. Eine weitere Ernüchterung kam an der nächsten Baustelle. Alles stand still. Wann kanns weitergehen? In zwei Stunden, hab ich das richtig gehört? Na gut. Erst mal in der Morgensonne warten.

In der Warteschlange machte ich mir den nächsten Lift klar. Ein schneller komfortabler Nissan-Pick-up mit einem Feuerwehrmann aus Lima. Luiz der Bombero. Luiz war ein feiner Kerl, fuhr wie ein junger Gott und hatte noch zwei Bauern hinten drin, die wir innerhalb der wiederum ewig langen Baustelle rausließen. Wir machten uns auf den Weg in die Küstenregion. Weg von diesen elendig langsamen Bergstraßen. Auf dem Weg sammelten wir den nächsten Bauern ein. Er hatte einige Plastikeimer dabei und gestikulierte wild schimpfend, als wir anhielten. Machte für mich keinen Sinn, aber er stand wohl schon eine Weile und war entsprechend frustriert. Als er einstieg, durchzog sofort ein Geruch von sauren Gurken das Auto. Zwischendurch kamen dicke Joghurtwolken dazu. Oder nicht wirklich Joghurt. Eher Schaf. Schaf, das in einem Joghurtfass verendet ist, einen Tag in der Sonne gestanden hat und anschließend in dein Gesicht geschmiert wird.

Als er ausstieg, sorgte das umgehend für eine Verbesserung des Klimas. Während aus dem Radio »November Rain« von Guns n' Roses schmalzte, fuhren wir endlich auf die Autobahn. Eine richtige ebene Autobahn. Luiz war so nett, sogar noch kurz bei den

ZWEITER CHORUS

berühmten Las Lineas de Nazca anzuhalten. Das sind jahrtausendealte Steinformationen in der Wüste, von denen niemand mehr so genau weiß, wie sie entstanden sind. Dargestellt sind Affen, Wale, Menschen oder auch schnurgerade Linien, die bis zu 20 km lang durch die Wüste führen. 18:19 Uhr sollten wir in Lima sein. Eine gute Zeit, so kurz vor der Nacht. Mein Plan: Irgendwie durch Lima durchkommen und mich mit dem abgehenden Stadtverkehr nach Norden spülen lassen. An der Tankstelle frage ich gerade mal bei zwei Autos nach. Nummer zwei: ein argentinisches Pärchen. »Fahrt ihr nach Norden durch Lima?« »Ja.« »Habt ihr Platz?« »Ja.« »Echt, kann ich mitfahren?« »Ja klar.« Bäm! Nächster Lift. Genau den, den ich gebraucht habe!

Die Autobahn rund um Lima ist dreispurig, gut ausgebaut, toller Zustand. Das einzige Problem: Alle fahren links. Das hat zur Folge, dass die Leute von allen Seiten überholen und ein ziemliches Chaos entsteht – das dann im Stadtverkehr noch mal exponenziell eskaliert und in absoluter Anarchie mündet. Wir überquerten jede Ampelkreuzung grundsätzlich hupend und rücksichtslos, immer in der Hoffnung, nicht in den nächsten Zusammenstoß verwickelt zu sein. Lkw versuchten, uns auf der sowieso schon viel zu engen Straße abzudrängen. Meine Mitfahrer schrien unentwegt »Puta« aus dem Fenster. Hure. Lima war so lebendig wie ein Käse an einem heißen Tag.

Die größten Kreuzungen wurden von Polizei auf Podesten dirigiert. Die meist weiblichen Beamten standen mit Mundschutz und LED-Leuchtstäben auf ihren unwirklich scheinenden Emporen und winkten den fünfspurigen Verkehr durch. Untermalt wurde dieser Tanz von den aggressiven Lauten ihrer Trillerpfeifen, mit denen sie versuchten, die Verkehrsmassen halbwegs einzuschüchtern. Die Gestik blieb dabei klar und bestimmt. Dieser Anblick

LIMA

hat mich wohl am meisten beeindruckt, in dieser vor Erstaunlichkeiten strotzenden Stadt. Ampeln schienen hier nicht mehr als Dekoration. Verkehr bedeutete Apokalypse. Aber irgendwie funktionierte es. Während wir an den Ampeln standen, konnten wir von fliegenden Straßenhändlern alles kaufen, was man in der Rushhour brauchte. Essen, Trinken, Süßigkeiten … nur leider keine Waffen. Was mir noch auffiel: Lima roch recht stark. Mal nach Scheiße, mal nach Essen, aber es roch. Immer. So stelle ich mir ein Ankh-Morpork der Gegenwart vor.

Ich fragte mich nur irgendwann, was wir hier eigentlich machten. Luiz der Bombero hatte doch gemeint, die Autobahn zöge sich durch die ganze Stadt. Wir waren aber nicht auf der Autobahn. Wir hatten uns verfahren. Hingen mittendrin im Moloch. Jede Ampel wurde nun genutzt, um die Fahrer neben uns nach dem Weg zu fragen, was ein Running Gag zwischen uns wurde. »Taxi fragen?«, wurde vor jeder Ampel rhetorisch in die Runde geworfen. Klar, frag mal! Dabei traten die Unterschiede der spanischen Sprache zutage. Was ziemlich lustig war. Die beiden fragten nach dem Weg, bekamen eine Antwort und schauten sich anschließend ratlos an: »Hast du ihn verstanden?« »Nee, du?« Arme Argentinos. Keiner versteht ihren Dialekt, und sie verstehen auch niemanden. Unser Grundproblem war, dass die beiden nach der falschen Richtung fragten und wir letztlich in einem Vorort von Lima landeten, der wahrscheinlich so groß wie Berlin ist. Und der lag leider überhaupt nicht auf unserer Strecke. Also mussten wir wieder zurück. Noch mal komplett durch die ganze Stadt. Einmal Hölle und zurück. Ich übernahm die Orientierungsarbeit und entdeckte, dass in meiner Straßenkarte ja auch eine Lima-Karte enthalten war. Zweieinhalb Stunden später waren wir zurück auf der Autobahn. Lima-Rushhour überlebt. Schön wars. Auf seine eigene Art und Weise.

ZWEITER CHORUS

23:52 Uhr stand ich an der Mautstation hinter Lima und fing einen Lkw ab. 30 km zur nächsten Mautkontrolle? Claro. Bewegung ist Bewegung. Ich schlief irgendwann unfreiwillig ein und wachte eine Stunde später auf, als wir am Ziel waren. Ich vermute, wir sind mehr als 30 km gefahren. Aus dem Lkw gefallen. Neu positioniert. Es war nach 1 Uhr nachts. Planmäßig musste ich nun meinen Nachtlift Richtung Norden kriegen. Da kam Lucho, der eigentlich ebenfalls Luiz hieß. Er fuhr an mir vorbei, sah mich und machte erst mal eine etwas unverständliche Geste. Aber er hielt an. Es folgte ein kurzes Gespräch, wir verhandeln den Lift, er sagt, er fährt 500 km nördlich, hat aber keinen Platz. Ich wiederhole noch mal mit extra ungläubigem Erstaunen: »500 km?« Eine riesige Distanz für die langsamen Straßen und die Gegend. Meine Taktik zieht. Er willigt ein und nimmt mich mit. Mein Nachtlift war da, yay! Er musste sein Auto kurz aufräumen und Platz für mich machen. Ich sollte die nächsten zehn Stunden mit ihm verbringen. Das sind genau die Nachtfahrten, die ich suche und total genieße.

Lucho war verrückt. Sein Auto war zugerümpelt mit Umzugskram und auf dem Beifahrersitz alles voll mit Hemden. Er selbst schaute mich mit einer Mischung aus Begeisterung und Wahnsinn an. Die Augenbrauen schienen stetig seine Stirn zu erforschen, er hatte ein etwas heimtückisch wirkendes Lachen, und er redete viel. Bei alldem hing ihm ein weißes Handtuch um den Hals, wie bei einem Boxer in der Ringpause. Er arbeitete für ein chinesisches Unternehmen, war Ingenieur und zuständig für Bohrungen. Ich verstand sein Spanisch zwar nur mäßig, aber es wurde schnell klar, dass er ein überaus scharfsinniger und intelligenter Mensch war. Er hielt mir zum Beispiel einen Vortrag über die verschiedenen Sprachfamilien des Spanischen und wie diese sich kulturell entwickelt hatten. Außerdem spielte er mir unglaublich viel verschiedene Musik vor. Jede Kleinigkeit weckte sein Interesse. Er war aber

LIMA

insgesamt auch etwas beängstigend. Weil er zugleich so freakig und geistig hellwach war. Seine Fragen waren präzise, und er ließ nicht locker, ehe man nicht ebenso präzise antwortete.

Wir fuhren nachts durch trockene Küstenregionen. Am Straßenrand waren überall kleine Lehmhäuser mit Laternen im Eingangsbereich. Illegale Tankstellen, erklärte er mir. Die Laterne sei ein Zeichen, dass es hier Sprit gab. Leider fuhren wir dort nie tanken. Es wurde eine lange Nacht. Irgendwann schlief ich ein. Die Art von Schlaf, die einen von jetzt auf gleich übermannt und ins Reich der Bewusstlosigkeit führt. Der Kopf klappt nach vorne, und man fängt an, sich selber vollzusabbern. Das ist der einzige Schlaf, den ich auf so einer großen Tour kriege. Gegen Morgengrauen, wieder halbwegs bei Bewusstsein, fragt mich Lucho, ob ich hungrig sei. Wir steuern ein kleines Restaurant an der Straße an, und es gibt erst mal leckeren Fisch mit Reis. Lucho lädt mich ein und erzählt mir nebenbei, dass er diese Nacht zweimal am Steuer eingeschlafen war. Ich beschließe, ab jetzt wach zu bleiben.

Seine Mischung aus Wahn- und Scharfsinn zeigte sich auch, als er für uns etwas zu trinken bestellte. Es gab in dem kleinen Restaurant nicht das, was er wollte, und außerdem dauerte es etwas länger mit dem Service. Lucho triezte die Bedienung unablässig. Ich vermutete, in ihm steckte ein kleiner Sadist. Nächste Situation: Tankstelle. Die Tankstellenfrau hatte kein Wechselgeld und brauchte Zeit, um es aufzutreiben. Wieder gleiches Spiel. Er schreit sie an, was das denn für ein Scheißservice wäre und wieso es kein Wasser auf den Toiletten gäbe. Anschließend erzählt er mir fast entschuldigend, dass die gute Frau 200 $ im Monat verdient. Er hat sie anscheinend nach ihrem Verdienst gefragt. Danach war er etwas milder. Schließlich wuschen wir uns an einem Wasserhahn am Gebäude unsere Hände und Gesichter. Morgentoilette. Vom Dach

ZWEITER CHORUS

schrie ein Bauarbeiter etwas, das ich nicht verstand. Lucho schrie irgendwas mit »Für deine Mutter« zurück. Der Bauarbeiter tobte. Lucho lächelte arrogant, und wir stiegen wieder ins Auto ein.

Um 12:39 Uhr erreichten wir in Chicuaya, Nordperu. Eine unterhaltsame Nachtfahrt, durch die ich noch dazu einen großen Sprung gemacht hatte, fand ihr Ende. Acht Minuten später hielt ein Kleinlaster an und nahm mich zwei Stunden weiter Richtung Norden mit, auf einer Straße, die 200 km ohne Kurven oder menschliche Ansiedlungen – nur mit einer einzigen Kreuzung auf halbem Wege – durch die Wüste führte. Einfach nur geradeaus durchs Nichts. An besagter Kreuzung ließ er mich raus. In einem kleinen Restaurant konnte ich mich mit Wasser, Zigaretten und Snacks eindecken. Mit mir an der Kreuzung saßen Frauen, die Plastikkisten mit Essen dabeihatten und von Reisebussen aufgesammelt wurden. Offenbar sorgten sie für das inoffizielle Catering. Sonst gab es um mich herum nur Sand und Müll. Einmal stieg eine Frau aus einem Bus aus, setzte sich auf ihre Plastikbox und leerte erst mal ihre Taschen von allem Müll, der sich darin angesammelt hatte. Sie schmiss den Kram einfach auf den Boden. Ein paar Plastiktüten bewegten sich tanzend über die Straße, wurden vom Wind in die Wüste getragen und werden dort wahrscheinlich für die nächsten 500 Jahre an einem Wüstenstrauch hängen bleiben.

Nach und nach kam ich nun von der Wüste in den Dschungel. Die Luft wurde schwül, Autos hielten kaum noch an. Ich schwitzte wie seit Brasilien nicht mehr und lief wieder sehr viel. Gegen sechs Uhr abends erwischte ich meinen Abendlift; einen Kleinlaster nach Tumbes, einer großen Stadt nur ein paar Kilometer vor der ecuadorianischen Grenze. Wieder lief alles nach Plan. Wir sollten fünfeinhalb Stunden unterwegs sein. Zwischendurch gab es noch mal Abendessen. Wieder Fisch und dazu gekühltes Wasser. Mein

LIMA

Fahrer war so freundlich, mich einzuladen. Ich hatte sowieso nur noch knapp 8 € dabei und hatte seit mehr als 24 Stunden kein Geld mehr ausgegeben.

Der peruanische Norden wirkte auf mich gefährlich. Die Menschen schienen auch die ganze Zeit besorgt zu sein. Ich kam halb zwölf in Tumbes an und wollte ans andere Ende laufen, um dort zu trampen. Angeblich ein weiter Weg. Na gut. Ich hatte schon zwei Nächte ohne Schlaf hinter mir. Die dritte machte mir nun zu schaffen. Vernunft und Prinzip führten wieder mal eine wilde Diskussion. Sollte ich einfach ein Taxi nehmen? Innerorts wäre das ja okay. Das könnte ich mit meinen Prinzipien vereinbaren. Na gut. Allerdings lehnte der erste Taxifahrer ab, weil es ihm in den Außenbezirken zu gefährlich war. Das Tuk-Tuk wollte zu viel Geld. Letztlich gönnte ich mir für 1,30 € ein Sammeltaxi, das in die eigentliche Grenzstadt fuhr. Als die Kreuzung zur Grenze kam, wollte ich aussteigen und laufen. Man ließ mich aber nicht. Es sei ja so gefährlich, und in der Stadt wäre ja auch ein Grenzübergang. Mas facil, viel einfacher. Jaja. Letztlich landete ich an einer Brücke, Stadtmitte, mit einem schlafenden Beamten, konnte unbehelligt nach Ecuador laufen, aber bekam dort keinen verfickten Stempel in meinen Reisepass. Den gabs nur an der anderen Grenze. Klassischer Fehler. Ich hatte mal wieder auf meine Fahrer gehört. Noch dazu hatte ich im letzten Fischrestaurant meine Landkarte liegenlassen. Es gab also nur die Option, noch mal ein Taxi (innerorts!) zu nehmen. Ich handelte einen billigen Preis aus, weil ich noch 3 $ für Essen behalten wollte. Freitag 0:55 Uhr war ich dann endlich auf ecuadorianischem Boden. Die Nacht lag vor mir. Nicht mehr weit nach Quito und dann nur noch 1100 km nach Bogotá. Klingt vielleicht nicht so, war aber motivierend für mich.

Der erste Lift in Ecuador war mit der Polizei. Eine Streife nahm mich zur nächsten Kontrolle mit. Dort fragte ich Fahrer und Fahrkartenfrau eines Reisebusses, ob sie mich auch ohne Geld

ZWEITER CHORUS

mitnähmen. Ich ließ meinen ganzen Charme spielen, und sie willigten schließlich ein. Ich verstand zwar nicht, wohin es genau ging, aber bekam einen Platz; Straße Richtung Bogotá, geht klar, Fahrt dauert vier Stunden. Auch in dieser Nacht hatte ich also wieder meinen Nachtlift erwischt und schlief die ganze Zeit über auf meinem Bussitz. Man glaubt nicht, wie komfortabel das sein kann. Kurz nach Abfahrt Augen zu und im Morgengrauen aufgewacht. Was wiederum zur Folge hatte, dass ich völlig verstört aus dem Bus fiel, mit 3 $ in der Tasche und ohne Karte. Ich wusste weder, wo ich war, noch, wo ich hinmusste. Es war schon hell. Perfekt zum Weitertrampen. Erst mal checken, wo wir sind. Die erste Karte, die ich fand, zeigte mir: Guayaquil, Westküste Ecuadors. Scheiße! Falsche Richtung. Noch 600 km nach Quito. Letztlich fand ich aber heraus, dass der Fehler nicht ganz so schlimm war, weil ich so nicht den direkten Weg durch die Berge nehmen musste, sondern übers Flachland nach Quito fahren konnte.

Ecuador ist wie ein südlicher Außenposten der USA. Ganz anders als die Länder zuvor. Überall amerikanische Autos, Dollar als Währung und gut ausgebaute Highways, die über klassische Auffahrten zu betrampen sind. Einige schnelle Lifts, ein bisschen laufen, und gegen acht Uhr morgens stand ich an der Ausfallstraße einer Stadt mit schöner Trampstelle. Kurze Pause, da gab es Streetfood. Musste ich ausprobieren. 1,50 $ für eine Schüssel voll Reis mit einer Art Curry-Gulasch. Erschien mir im Preis-Energie-Verhältnis lohnenswert. Die Leute waren skeptisch. »Willst du wirklich hier essen und nicht lieber da drüben?«, fragten sie und deuteten auf ein Restaurant am anderen Ende der Straße. *Natürlich* will ich hier essen! Hier in eurem kleinen Kabuff, und für 1,50 € dieses räudige Essen in mich reinschaufeln! Und es war tatsächlich räudig. Zumindest räudiger, als ich es erwartet hatte. Der alte Küchenchef schnappte sich ein Schälchen, das mit anderen Schälchen in einem Wasserbad stand und noch Essenreste von kurz zuvor enthielt. Bisschen abgespült mit Wasser. Richtig sauber wurde es nicht; der Reis sollte das überdecken. Darüber gab es eine undefinierbare Soße mit fleischähnlichem Inhalt. Ich ließ mich zum Essen nieder. Irgendwas war komisch an diesem Gericht. Eine der Zutaten war sehr zäh. Ich dachte erst, es wäre fettiges Fleisch, aber bald fand ich heraus, dass alle Fleischstücke so zäh waren und nach Gummisohle schmeckten. Wirklich sonderbar. Da war kein genießbares Stück dabei. Aber gegessen hab ich trotzdem alles. Ich habs ja schließlich bezahlt und brauchte die Energie zum Trampen.

Ein weiteres Ortsende. Jeep mit zwei Frauen fährt vorbei. Sie schauen mich an. Zwei Minuten später kehren sie um und laden mich ein. Manche Leute brauchen etwas länger, um sich zu entscheiden. Speziell mit Frauen passiert so was ab und zu mal. Die beiden sind sehr herzlich. Ich verstehe zwar nur die eine, aber zumindest mit ihr habe ich eine gute Konversation auf Spanisch. Ob ich denn schon was gegessen habe? Es ist Mittag. Seit dem Streetfood habe ich nichts mehr gehabt und jetzt auch nur noch 1,50 $ in der Tasche. Irgendwie gefällt es mir, nach drei schlaflosen Nächten und dieser ätzend langsamen und langen Route den Schwierigkeitsgrad noch durch Armut zu erhöhen. Dadurch, dass ich so schnell durch Länder hindurchkomme, lohnt es sich oft nicht, Geld abzuheben oder zu wechseln. So beschließe ich, bis nach Kolumbien ohne Geld zu reisen. Ich frage aber nie nach Essen. Man wird zu einem Bettelmönch, der nimmt, was einem angeboten wird. Die beiden Damen zögern auch nicht lange und biegen am nächsten KFC ab. Es gibt erst mal ein großes Chicken-Menü. Da sag ich natürlich nicht nein. Ich bin derart hungrig: Den viel zu großen Softdrink kann ich gar nicht schnell genug leeren und bekomme auch den Nachtisch von allen drei Menüs. Essen schmeckt sowieso am besten, wenn man hungrig ist und nicht weiß, wann es das nächste gibt. Wir fahren

ZWEITER CHORUS

nach Quito. Ich versuche, wieder etwas zu schlafen, aber meine Fahrerin rast dermaßen aggressiv die Serpentinen zur Stadt hoch, dass ich kaum zur Ruhe komme. Auf meiner verlorenen Karte war Quito nur ein langer gelber Fleck gewesen. Ich hatte schon Angst vor der Durchfahrt und war deshalb froh, noch vor der Dunkelheit anzukommen. Die beiden verstanden auch meinen Plan und ließen mich an der Autobahn im nördlichen Teil raus. Super für mich. Letztlich aber auch halb so wild, weil die Autobahn oberhalb der Stadt verlief. Mich erwartete also nicht dasselbe Chaos wie in Lima. Ich fragte bei einer Tankstelle, ob sie mir meine Wasserflasche auffüllen könnten. Wasser? Ja, haben wir hier im Kühlschrank. Nee, Kollega, ich hab kein Geld. Er verwies mich auf den Wasserhahn am Klo. Das Wasser war so verchlort, dass es milchig wurde. Also kein Wasser. Es gab noch ein zweites Klo außen, da war dasselbe Problem. Der Chef des zugehörigen Restaurants hatte aber anscheinend alles gesehen und pfiff plötzlich wie nach einem Hund nach mir. Ich drehte mich um und fragte, was los sei. Ich solle kommen. Dann gab es eine Flasche mit kühlem Sprudel für mich. Direkt aus dem Cola-Automaten gezapft. Leckaschmatzifakus!

Sodann lief ich auf der Stadtautobahn Richtung nächste Ampel. Taxi, mal wieder. Lange Diskussion. Keine Kohle. Wie, keine Kohle? Ja, ich hab keine Kohle; kannst mich mitnehmen oder stehenlassen. Keine Kohle? Nee, nada, amigo, no tengo. Er ließ mich einsteigen. Dieses Gespräch setzte sich die gesamte Fahrt fort. Er begriff es einfach nicht; bot mir die Fahrt für ein paar Dollar an. Ich hatte noch immer die 1,50 $, die ich aber auf keinen Fall durch irgendein Taxi-Missverständnis loswerden wollte. Meine Kommunikation war außerdem klar: Entweder er nimmt mich mit oder nicht. Jetzt wurde er etwas sauer. Ich solle ihm doch ein bisschen Geld geben. Ja, hab aber keins. Hab Zigaretten. Nee, er raucht

nicht. Na gut. Am Ende nahm er trotzdem eine Kippe, und ich konnte ohne Zwischenfälle aussteigen. Standort: kurz vorm Flughafen Quito an einer Mautstation.
Da war dieser Opa mit seinem rostigen Chevrolet. Ich hatte ihn schon an der Tanke gesehen und rannte nun, um ihn vorm Bezahlen abzupassen. Ich war etwas überrascht von mir selbst, aber die Tramperinstinkte gingen mal wieder mit mir durch. Ich schrie regelrecht in sein offenes Fenster: »Permiso, fahren Sie Richtung Norden?« Er zeigte mir an, ich solle einsteigen. Der Opa war megaputzig. Sprach mich immer mit Señor an. Das gefiel mir. Als ich ihm von meiner Reise erzählte, lachte er immer wieder herzlich. Das sind Wohlfühllifts, die ich immer mal wieder brauche. Er ließ mich anschließend an einer super Position raus. Ein schöner Kreisel, der an meiner Ausfahrt von einigen Menschen besetzt war, die dort alles anhielten, was vorbeikam. Busse, Autos, Taxis. Wirklich recht viele Leute. Große Konkurrenz also. Ich ging 50 m weiter nach hinten, zog meine Reflektoren an, zog noch eine warme Schicht unter meinen Anzug und trampte von da weiter. Mittlerweile setzten erste Verschleißerscheinungen ein. Die vierte Nacht auf der Straße brach an, und mein Körper gab mir zu erkennen, dass sich meine Energiereserven dem Ende zuneigten. Ich fing an zu frieren und hatte Kopfschmerzen. Bald bekam ich meinen Lift. Es war ein guter Lift. 200 km weiter nach Norden, in Schlagdistanz zur Grenze. Allerdings machte sich immer mehr ein fiebriges Gefühl in mir breit. Mir war heiß, und ich fühlte mich schwach. Durch das Rumgekurve wurde es nicht besser. Wasser trinken. Dunkelheit. Da war es also: mein Limit. Hatte mich schon gefragt, wie lange ich durchhalte.
Mein Lift war vielleicht der erste Mensch, den ich 100 % auf Spanisch verstand. Ob das Fieber dafür verantwortlich war? Er fuhr schnell, hatte ein gutes Auto, und wir sammelten noch irgendwo

ZWEITER CHORUS

seine Frau ein, bevor er mich dankenswerterweise an einem Ortsende bei einer großen Tankstelle rausließ. Danach musste ich mich
erst mal sammeln. Es war 20:15 Uhr. Mir ging es recht schlecht,
aber die Zeit drängte, da ich ja noch zur Grenze gelangen wollte
und dann einen Nachtlift ins Landesinnere von Kolumbien anpeil-
te. Ich fragte einige Leute. Wenn sie mich auf Busse verwiesen, erklärte ich, dass ich kein Geld habe, was ja den Tatsachen entsprach.
Ein junges Pärchen drückte mir ungefragt ein paar Groschen in
die Hand. Danke. Irgendwann ein Pick-up mit einem Haufen Menschen. Wo gehts hin? Ach, in meine Richtung? Habt ihr noch was
frei? Sie warteten anscheinend auf eine weitere Person, und wenn
die nicht kommen sollte, könnte ich mitfahren. Die Person kam
letztlich doch, aber mitgenommen wurde ich trotzdem. Keine Ahnung wieso. Wir zwängten uns zu viert auf die Rückbank, und los
ging die Fahrt. Angenehmer Nebeneffekt: Man schien mir keinerlei
Beachtung zu schenken, was mir in meiner aktuellen Schwächepha-
se sehr recht war. Ich konnte entspannen, während alle angeregt
diskutierten, lachten und offensichtlich eine Menge Spaß hatten. Es
war ja auch Freitagabend, und sie fuhren wohl auf eine Party.
Ich landete in einem kleinen Dorf 80 km vor der Grenze, fragte
kurz nach der Position und stellte mich wieder an die Straße. Es
war ein bisschen Verkehr, aber nicht viel. War auch nicht anders zu
erwarten. Richtung Grenze dünnt es sich immer etwas aus. 17 Minuten sollte ich warten, bis mich ein Vater mit seinem rostigen
Auto, einer überaus hübschen Tochter sowie seinem Sohn, der
auf der Rückbank schlief, mitnahm. Letztlich brachten sie mich
bis zum Grenzposten. Es war 23:55 Uhr, und ich verließ Ecuador.
Willkommen in Kolumbien.
Und was das für ein Willkommen war! Am Grenzposten stand
schon eine Schlange mit vielen lustigen Menschen. Ich kam sofort
ins Gespräch, Fotos wurden mit mir gemacht, dann ein Gruppen-

LIMA

foto, es wurde gelacht und gescherzt. Die Leute waren unglaublich herzlich und freundlich. Ich fühlte mich sofort wohl. Mein fiebriges Gefühl verflüchtigte sich. An der Grenze hing ein Plakat, dass bei Schmerzen oder sonstigen Beschwerden der Arzt aufgesucht werden sollte, da in Ecuador irgendeine Tropenkrankheit umginge. Ich hatte maximal 1 bis 2 Mückenstiche und schob meine Beschwerden auf die Strapazen des Trampens. Andernfalls lief ich nun als Bazillenherd durch die Gegend.

Um 0:25 Uhr fing ich an, in Kolumbien zu trampen. Das erste Auto hielt an. Es war ein Pärchen, das in den Grenzort fuhr und mich ungünstigerweise mitten hinein in diese kleine dreckige Grenzstadt brachte, um mich am Busterminal rauszulassen. Alles mit dem Hinweis, dass ich mich da nicht wegbewegen solle, weil es so gefährlich wäre. Auf dem Weg fuhren wir noch an einem Haufen Polizisten vorbei, die offenbar gerade eine Razzia machten. Am Terminal gab es einen Bus, der mich aber ohne Geld nicht mitnehmen wollte. Die beiden Busmenschen bestätigten noch mal, dass hier sehr viele »Ratten« rumliefen, ich aber am Terminal sicher wäre. Fakt war aber, dass die beiden selber aussahen wie Ratten. Einer war ein kleiner verschlagener Typ, der vorgab, mich nicht zu verstehen, und ein offensichtliches »I don't give a shit about you«-Gesicht aufsetzte. Ich fragte ihn nach dem Weg, aber er hörte mir gar nicht zu. Der andere war ein großer schlaksiger Kerl. Während er redete, schimmerten seine Vorderzähne silbern im Licht der Straßenlaterne. Die beiden sahen aus wie das perfekte Verbrecherduo. Und irgendwie ließen mich diese ganzen Geschichten zögern. War es wirklich so gefährlich hier? Sollte ich mich wirklich nicht hier wegbewegen? Nach einigem Überlegen lief ich dann doch los. Nicht ohne ein mulmiges Gefühl. Nachdem allerdings die ersten vorbeikommenden Autos allesamt anhielten und die Fahrer mir bereitwillig Auskunft über den Weg gaben, war ich doch beruhigt.

ZWEITER CHORUS

Niemand wunderte sich, dass ich da mitten in der Nacht rumlief. Niemand sagte, dass ich schnell in ein Hotel sollte oder aufpassen müsste. »Wird schon passen«, dachte ich.

Ich fand die Panamericana. Lief erst mal in die falsche Richtung, bemerkte meinen Fehler und bekam in der anderen Richtung sofort einen Lift nach Pasto, dem Knotenpunkt hinter der Grenze, wo alle Busse abfahren. Mein Fahrer war ein Physiotherapeut, der Krankenhausmanagement studierte, kein Lied zu Ende hören konnte und für mich inmitten eines Bergdorfes anhielt, um mir einen echten kolumbianischen Kaffee zu spendieren. Und zwar mit Käse. Keine Ahnung, wieso es da Kaffee mit Käse gab. War aber anscheinend eine übliche Kombination, und da ich seit einem halben Tag nichts mehr gegessen hatte, nahm ich die Einladung gerne an.

Wir brauchten eine Stunde nach Pasto, und mein Lift ließ mich an einer wunderbar ausgebauten Straßenkreuzung zur Umgehungsstraße raus. Ich fühlte mich gut und bereit, die letzte Nacht durchzutrampen. Alles wirkte sehr sicher. Es war 2:49 Uhr. Ich hatte zwar vier Tage kaum geschlafen, aber den geplanten Nachtlift hatte ich bereits gekriegt, und wenn ich nun noch was nach Norden finden würde, wäre ich zufrieden. Ich freute mich so auf das Land, das da vor mir lag. Auf die letzten 900 km durch Südamerika. Bogotá in Reichweite. Jetzt ein letztes Mal durchziehen. Leider hielt keines der wenigen Autos an, die an mir vorbeifuhren. Nach zwei Stunden lief ich los und versuchte, die andere Seite der Stadt zu erreichen. Ein alter Lkw gab mir einen Lift zur nächsten Kreuzung. Dort sollte ich noch mal eine Stunde stehen, bis ich wieder eine Kreuzung weiter mitgenommen wurde und um 6:12 Uhr endlich hinter Pasto stand. »Keine erfolgreiche Nacht«, dachte ich, »aber jetzt kann es doch losgehen.« Zwei Lifts später fand ich mich in einem kleinen Bergdorf wieder. Die Straßen in diesem Gebiet

LIMA

waren sehr eng und noch viel steiler. Schwierig zu trampen. Allerdings war es ein wirklich schöner Morgen. Die Umgebung hatte was von Urlaub. Leider konnte ich mir nichts zu essen kaufen, da ich ja kein Geld bei mir hatte. Ich lief ca. eine Stunde bergab und trampte nebenbei. Irgendwann stellte ich fest, dass hier anscheinend nichts anhielt. In den letzten fünf Stunden hatte ich kaum Fortschritte gemacht. Für mich war an diesem Morgen die Grenze erreicht. 8:05 Uhr: Ich versuchte ein letztes Mal, etwas anzuhalten, und legte mich dann einfach auf den Boden neben die Straße, schob meinen Rucksack unter den Kopf und fiel für zweieinhalb Stunden in einen komatösen Schlaf. Ich war einfach weg.

Als ich wieder aufwachte, war es sehr warm. Die Sonne schien erbarmungslos auf meinen Anzug. Kein Schatten. Nach einem Moment der Orientierungslosigkeit fiel mir wieder ein, dass ich in Kolumbien war. Es gab keine Wahl, ich musste weitertrampen. Also lief ich die Straße entlang. Aber auch in der nächsten Stunde hielt nichts an. Ich musste eine andere Lösung finden. Ein Lkw stand am Straßenrand. Der Fahrer machte gerade etwas am Motor. Ich fragte, wo er hinfuhr und ob er Platz hätte. Zwar verstand ich ihn nicht so ganz, aber er nahm mich mit. Bald stellte sich heraus, dass er auf dem Weg nach Medellin war, was noch hinter Bogotá liegt. Perfekt. Wir fuhren bis zur Abenddämmerung durch den von Guerillas heimgesuchten Süden. Zwischendurch hielten wir immer mal wieder an. Ein Bier trinken. Batterien mit destilliertem Wasser auffüllen. Der Fahrer kaufte mir eine Papaya, und ich aß sie an einem Stück. Die beste Papaya, die ich in meinem Leben gegessen hatte. Es war ein wirklich angenehmer Lift, bis auf die Tatsache, dass die Autobatterien beim Auffüllen nach fauligen Eiern rochen. Dann Zeit zum Abendessen. Der Fahrer wollte alsbald seine Nachtruhe beginnen, und ich würde weiter in die Nacht hineintrampen. So war es geplant. Aber nun starben uns die

ZWEITER CHORUS

Batterien ausgerechnet während des Abendessens. Irgendwie gab es noch ein Automechaniker-Team, das uns half, den Lkw wieder flottzukriegen. Aber jetzt durfte der Motor nicht mehr ausgeschaltet werden; was für meinen Fahrer hieß, dass er die 20 Stunden nach Medellín durchfahren musste, ohne zusätzlichen Schlaf. Für mich natürlich ein Glücksfall, da ich so bis zur letzten Abzweigung Richtung Bogotá mitfahren konnte. Bogotá war von dort nur noch 300 km entfernt. Ein Kinderspiel.

Es war nun Nacht Nummer fünf. Als ich hinter einer Mautstation stand, wurde ich von drei Jungs mitgenommen. Es gab Minibananen und Gras. Mein Sitznachbar griff in eine Tüte, deutete mir an, meine Hand aufzuhalten, und drückte mir eine ordentliche Ladung »Flores« in die Hand. »Nun gut«, dachte ich, »das hätte schlimmer kommen können.« Völlig entspannt stieg ich aus dem Auto, fand mich an einem schönen Kreisel wieder, die Taschen voller Gras und neben mir ein Geldautomat. Für alles war gesorgt. So richtig Lust zum Weitertrampen hatte ich nicht mehr. Es war auch wieder eine Nacht mit wenig Verkehr. Neben der Straße saß ein Security-Mensch namens Franz, mit dem ich mich eine Zeit lang unterhielt. Netter Kerl. Etwas jünger als ich, und er sprach ein verständliches Spanisch. Irgendwann während des Gesprächs fuhr ich mit meiner Hand über meine Mütze und bemerkte, dass an meiner Stirn die ganze Zeit eine Blüte Gras geklebt hatte. Ich entfernte sie unauffällig und musste mich zusammenreißen, meinen inneren Lachanfall nicht nach außen zu tragen. Mein Tag war danach auch endgültig gelaufen. Vor mir lag die grünste Verkehrsinsel, die ich je gesehen hatte. Ich breitete meine Isomatte aus, holte den Schlafsack raus, setzte meine Schlafbrille auf und schlief vier Stunden bis in den Morgen unter einer Palme.

Der Kreisel hatte den weiteren Vorteil, dass es, neben schönen Bäumen und dem Geldautomaten, auch eine Bäckerei gab, die ich nach dem Aufstehen als Erstes aufsuchte. Kaffee und was zum

LIMA

Frühstück. Während ich das Angebot inspizierte, fragte mich einer der Menschen, wo ich herkomme und ob ich aus Deutschland sei. Sein Name war Ralf. Er war ebenfalls Deutscher und einer der Besitzer der Bäckerei. Wir hatten eine angeregte Diskussion. Er gab mir einen Kaffee und zwei gefüllte Blätterteigtaschen aus. Ich holte mir noch Wasser im angrenzenden Supermarkt und machte mich gestärkt wieder an die Arbeit.

Es hielt aber kaum etwas an. Ich hatte echt zu kämpfen. Am besten funktionierte das Trampen hinter Armeekontrollpunkten. Ansonsten war Kolumbien so ziemlich der Tiefpunkt meiner Reise. Irgendwann stand ich drei Fahrtstunden vor Bogotá. Meine Position war gut. Es gab Schatten. Ein Bus hielt. Kein Geld, wohin gehts bei euch? Bogotá. Oh, kann ich mit? Sie willigten ein. Ich dachte nun natürlich, ich hätte mein Ziel erreicht. Bis wir in der nächsten Stadt hielten und auf einmal alle ausstiegen. Pause. Klassischer dummer Fehler meinerseits. Ich war ziemlich angesäuert, dass ich so nah am Ziel war und der Bus mich von der Panamericana runtergeholt hatte. Karte hatte ich keine. Was folgte, waren noch mal zwei Stunden laufen. Raus aus dieser dummen Stadt. Immer dasselbe, wenn man trampt. Nichts, aber auch gar nichts hielt an, obwohl so viel Verkehr war. Erst nach zwei Stunden war der Trampergott mir wieder gewogen und belohnte meinen Fußmarsch mit einem Lift in eine der letzten Städte vor Bogotá. Eine Stunde Fahrt bis zum Ziel. Es war bereits dunkel.

Am Ortsende fragte ich an einer Polizeikontrolle nach dem Weg. Ich wollte herausfinden, wie weit die Hauptstraße entfernt sei. Zur gleichen Zeit hielt ein junges Pärchen und fragte nach dem Weg nach Bogotá … nach Bogotá … nach Bogotá … Moment, mein Stichwort! Es kostete mich fünf Minuten Diskussion, um die beiden davon zu überzeugen, mich doch bitte aus dieser Nacht herauszuholen und mit nach Bogotá zu nehmen. Sie willigten

ZWEITER CHORUS

schließlich ein. Am 7. Juni 2015 um 20:45 Uhr erreichte ich Bogotá. Meine Südamerika-Tramptour war geschafft. Es ging nun auf anderen Wegen weiter.

6
Fahrradfahren durch Kolumbien

Einmal eine längere Radtour machen. Das wollte ich ausprobieren. Fahrradreisende haben neben Langstreckenwanderern und Trampern einen besonders respektablen Status in meiner bewertenden Hirnhälfte. Eigentlich wollte ich Mexiko mit dem Fahrrad durchqueren, hatte das aber wieder gestrichen. Victor, der französische Radler, mit dem ich über den Atlantik gesegelt war, meinte dann, dass Kolumbien ein tolles Fahrradreiseland wäre. Ich kaufte mir für 75 € ein passables, gut aussehendes Schrottrad, steckte noch mal 100 € rein, baute ein Do-it-yourself-Fahrradtaschensystem aus zwei Mülleimern dran, und schon konnte es losgehen. Fast.

Das Hauptproblem war die Route. Irgendwie hatte ich im ganzen Fahrradbauwahn vergessen, mir eine Fahrradkarte zu kaufen und mal eine anständige Route auszutüfteln. Im Grunde schaute ich mir bei Google an, wie ich aus Bogotá rauskam, notierte die ersten sechs Orte auf dem Weg, setzte mich aufs Fahrrad und fuhr los. Diese katastrophale Planung kostete mich den kompletten ersten Tag. Nach langem Suchen fand ich zwar doch noch eine Karte, verlor aber gleichzeitig die Orientierung in der Riesenstadt vollends. Als ich die Stadtgrenze erreichte, dämmerte schon der Abend. Also Schlafplatzsuche. Mit Fahrrad ist man zwar beweglicher, kann aber nicht mal eben über einen Zaun klettern. Daran musste ich mich gewöhnen. Nach einiger Zeit fand ich einen Platz

FAHRRADFAHREN DURCH KOLUMBIEN

auf einem Erdhügel direkt neben der Straße. Da ich kein Fahrrad-
schloss hatte, brauchte ich einen besonders geschützten Platz zum
Schlafen, damit niemand meinen roten Renner klaute.

Die erste Nacht war kalt. Ich war immer noch auf über 2500 m. Es
regnete. Der Morgen begrüßte mich mit dicken schwarzen Wolken. Und was ich nicht ahnte: Vor mir lag ein 3 km langer Anstieg. Ohne Frühstück. Ich musste absteigen und schieben. Einige Sportradler zogen an mir vorbei. Die hatten alle kein Gepäck.
Ich wünschte, auch so leicht unterwegs sein zu können. Auf dem
Gipfel befand sich ein kleines Restaurant, und ich gönnte mir erst
mal Spiegeleier, Schokokuchen und Kaffee. Auf einer Radtour
konnte ich mich nicht so kärglich ernähren wie beim Trampen. Ich
brauchte Energie. Danach kam die Abfahrt. Es ging runter und
runter und runter. Insgesamt 40 km! Es hörte gar nicht mehr auf,
bergab zu gehen. Ich schien zum Mittelpunkt der Erde zu rollen.
Erfreut war ich darüber nicht gerade, denn alles was runtergeht,
muss auch wieder raufgehen. Auf dem Weg von Bogotá nach Medellin liegen zwei Gebirgskämme, die überquert werden wollen.
Vom einen runter und auf den anderen rauf. Diese Abfahrt war
allerdings nicht der Von-einem-Gebirgskamm-runter-Rutsch, sondern eher die Zwischendrin-runter-weils-so-schön-ist-Abfahrt mit
anschließendem Marco-Pantani-Gedenkanstieg.

Schon auf der Abfahrt hatte ich die ersten Materialprobleme. Mein
Gepäckträger ächzte unter den 20 kg Gewicht und lockerte sich. Es
war klar, dass ich die nächste Fahrradwerkstatt anfahren musste.
Außerdem wurden meine Felgen durchs viele Bremsen heiß. Ziemlich heiß sogar. Aber ich musste ja bremsen. Also hieß es, zwischendrin immer wieder Pause machen, Felgen abkühlen lassen, um dann
weiterzufahren. Fahrradwerkstatt fand ich irgendwann. Für 2 € Gepäckträger besser fixiert, Luft aufgepumpt und eine Beule aus dem
Vorderreifen entfernt. Ich hatte nämlich diese Beulen in den Reifen.

ZWEITER CHORUS

Man konnte sie auch Unförmigkeiten nennen. Ich kam mir vor, als würde ich auf Eiern fahren. Mein Lenker fühlte sich auf Abfahrten an wie ein Presslufthammer. Beim Vorderreifen konnten wir das Problem lösen. Beim Hinterreifen wars nicht ganz so schlimm. Was für ein Gelumpe! Weiter gings mit der Abfahrt. Der Spaß war irgendwann vollends vorbei. Was vorher leicht nach unten rollte, führte jetzt abartig steil nach oben. Bald war mein Akku leer, und ich fing wieder an zu schieben. Für ungefähr vier Stunden. Ich sah mir das später bei Google an. Der Anstieg ging ca. 20 km weit und überwand 1000 Höhenmeter. Mit meinem Fahrrad unmöglich zu bewältigen. An diesem Punkt dämmerte mir schon, dass ich in Kolumbien eine ordentliche Bergtour vor mir hatte. Mit entspanntem Radfahren würde es hier nichts werden.

Nach dem phänomenalen Anstieg folgte wieder die Abfahrt. 15 km weit. Danach wurde es schon wieder dunkel, und ich musste mir einen Schlafplatz suchen. Ich erspähte eine Wiese erspäht und fragte ein paar Leute, ob ich da schlafen könne. Das ginge wohl klar. Mit meinen letzten 3€ kaufte ich noch etwas Süßes, O-Saft und Wasser und begab mich zur Nachtruhe. Es wurde die wahrscheinlich schlimmste Nacht der ganzen Reise. Mein Zelt war 3 m neben der Hauptverkehrstraße zwischen Medellin und Bogotá an einer Abfahrt. Die Lkw brummten an mir vorbei. Die ganze Nacht. Irgendwann pfriemelte ich mir Klopapier in die Ohren; aber auch das half nur mäßig. Hinzu kam eine sonderbare Entdeckung. Obwohl ich fast zehn Stunden auf dem Fahrrad gesessen hatte, war ich alles andere als erschöpft. Mein ganzer Körper glühte vom heftigen Blutaustausch zwischen Herz und Muskeln. Die Pumpe funktionierte also. Aber entspannen konnte ich mich nicht.

Tag drei brach an. Ich beendete die letzten 5 km Abfahrt und fand mich in einer sonnigen Kolonialstadt namens Guaduas wieder. Urlaubsfeeling lag wieder in der Luft. Mein Entspannungs-Ich

FAHRRADFAHREN DURCH KOLUMBIEN

nutzte die Gelegenheit, um 30 Minuten Frühstückspause heraus-
zuschlagen, ehe Ambition und Nervosität die allgemeine Runde
zur Weiterfahrt überzeugen konnten. Ich hatte nun zwei Weg-
optionen und nutzte die geballte einheimische Erfahrung, um
die fehlende Fahrradkarte auszugleichen. Letztlich entschied ich
mich für die Straße mit weniger Steigung. Eine lange Abfahrt und
zwei mittlere Hügelchen lagen vor mir. Am Ortsausgang wartete
allerdings gleich eine kurze aber heftige Arschlochsteigung. Es war
mittlerweile 11 Uhr. Die Sonne zeigte sich von ihrer besten Seite.
Ich schwitzte mit maximalem Flüssigkeitsausstoß. Zwischendrin
wurde mir derart heiß, dass ich schon wieder anfing zu frieren.
Aber danach ging es ja glücklicherweise runter, und ein wenig
Fahrtwind kam hinzu. Ich war immer noch vorsichtig beim Abfahren, weil ich meinem Fahrrad nicht über den Weg traute. Ich
war auf alles gefasst: Reifenplatzer, Gepäckträgerloslösung mit
anschließender Zerberstung der Hinterradspeichen, Rahmen-
bruch oder klassischer Unfall mit tödlicher Kopfverletzung. Deshalb bremste ich auch jetzt sehr fleißig. Irgendwann tat es einen
Schlag, und mein Hinterreifen verabschiedete sich. Zu meiner
Überraschung blieb das Rad stabil, und ich konnte auf der Felge
abbremsen. Kein Unfall. Noch mal Glück gehabt. Allerdings stand
ich nun mitten im Nirgendwo, mit geplatztem Reifen, zwar sogar
mit Flickzeug, aber ohne Luftpumpe. Vor mir lag ein lang gezoge-
nes Tal. Die Sonne knallte immer noch unablässig herunter. Und
weit und breit kein Haus zu sehen. Also erst mal wieder trampen.
Ich fand schnell einen Pick-up, der mich ins nächste Dorf mitnahm. Von dort wollte ich eigentlich gleich weiter in die Stadt; aber
die Einheimischen meinten, es gäbe da eine Fahrradwerkstatt, die
ich aufsuchen könnte. Okay. Hörte sich gut an. Die Fahrradwerkstatt entpuppte sich als Kompressor. Aber wir wollen uns nicht
beschweren. Besser als nichts. Also versorgte ich den Reifen, zog

ZWEITER CHORUS

ihn neu auf, pumpte – und diese exorbitant große Hinterradbeule war wieder da. Sogar schlimmer als zuvor. Also Reifen noch mal neu drauf. Beule wieder da. Anderen Schlauch rein. Beule wieder da. Ach, egal. Dann fahr ich eben mit Beule. Also weiterpumpen. Der Kompressor hatte 5,5 bar, zu Hause fahre ich mit 7 bis 7,5 bar. Noch ein bisschen. Noch ein bisschen. Puff! Nun war auch mein neuer Schlauch geplatzt. Okay. Das wars. Kein Fahrrad mehr heute. Ich trampe jetzt. Also lief ich zurück zur Straße. Ich hatte auf dem Weg schon ein nettes Lokal ausgemacht, wo ich mir erst mal ein Bier gönnte. Es wurden zwei. Und zwei Würstchen. Anschließend fand ich mich in einer recht großen Gesprächsrunde wieder. Alle möglichen Fachleute begutachteten mein Fahrrad. Ein Bus fuhr vorbei. Die Schwarmintelligenz schaltete sofort. Der Bus wurde angehalten, und es wurden Verhandlungen aufgenommen. Fahrrad mitnehmen, okay? »Descarga«, auseinanderbauen. Ich konnte kaum »Ja, aber« sagen, da hatten die Leute schon mein Fahrrad halb zerstückelt und luden es in den Bus. Vor lauter Hektik hätte ich fast vergessen, meine Wurst und das Bier zu bezahlen.

Also eben Busfahren zum nächsten Fahrradshop. Aber das Pech sollte mich an diesem Tag verfolgen. Nach ca. 15 Minuten platzte dem Bus ein Reifen. Der Wechsel wurde abenteuerlich, weil irgendein Honk eine Mutter anderer Größe auf eine der Schrauben geknallt hatte und wir keinen passenden Schlüssel hatten. Erst mal einen hilfreichen Trucker angehalten, der das richtige Werkzeug dabeihatte. Danach ging es weiter.

Im Fahrradshop der nahe gelegenen Stadt wechselten die Jungs mir meinen Reifen für 1 €. Auch das Problem mit der Beule konnten wir analysieren. Ich hatte einen Schlag in der Felge. Immerhin fuhr das Rad nun wieder, und ich war im Flachland. Den ersten der beiden Gebirgskämme hatte ich überwunden. Also fuhr ich in der Abendsonne. Mit Rückenwind. Entlang der Autobahn. 10 km,

FAHRRADFAHREN DURCH KOLUMBIEN

20 km … es dämmerte. Ich radelte mich auf dieser flachen schönen Straße geradezu in einen Rausch. »Rückenwind« von Thomas D. erklang in meinem Ohr durch imaginäre Kopfhörer. Es war die absolute Serotoninvöllerei. Ich war so glücklich und so angetrieben. Zufrieden vom In-Bewegung-Sein. Insgesamt sollte ich am Ende dieses Chaostages noch 35 km zurücklegen, ehe ich mich an einer Raststätte wiederfand, dort mit meinem letzten Geld ein opulentes Abendessen bekam und nebenbei Copa Americana (Chile – Uruguay, gutes Spiel, viele Rote Karten und unterhaltsame Eskalation am Ende der Partie) schauen konnte. Im Endeffekt doch ein geiler Tag, an dem ich insgesamt 90 km geradelt war. Nur das mit dem Schlafen sollte wieder nicht so gut klappen. Es war Nacht. Ich war wach. Drei Tage Radfahren und kein Zeichen von Erschöpfung.

Nächster Morgen, mal wieder Geldautomat suchen. Da ich nicht mehr als 20 € mit mir rumtragen wollte, musste ich jeden Tag Geld abheben. Ich startete gegen 8 Uhr. Es war noch angenehm kühl. Das sollte sich bald ändern. Außerdem fuhr ich mitten in den nächsten Gebirgskamm rein. Also wieder: Knackige Anstiege. Und schieben. Viel schieben. Pause machen. Trinken. Weiterschieben. Zwischendrin war ich des Öfteren am Abkotzen (in Gedanken). Während ich so schob, beschloss ich, am nächsten Tag auf jeden Fall in Medellin anzukommen. Egal wie. Und dann erst mal ein paar Tage Pause machen. Nicht noch einen weiteren Tag diese Plackerei. Dann schob ich weiter.

Ich machte Pause in einem kleinen Laden. Im Fernsehen liefen Nachrichten. Jene haben in Kolumbien eigentlich nicht diesen Namen verdient. Das ist eher Realitysoap. Hier ein Raubüberfall, dort ein Drogenboss gefangen. Hier die weinende Mutter mit dem Foto ihrer entführten Tochter und am Ende noch mal alles von vorn. Andere Arten von Nachrichten werden nicht gezeigt. Wenn man

ZWEITER CHORUS

den ganzen Tag mit so einem Brei gefüttert wird, denkt man am Ende natürlich, dieses Land sei total gefährlich. Das Traurige dabei ist nur, dass das so wenig mit der Realität zu tun hat. Gewalt ist zwar allgegenwärtig in Kolumbien, weil auch jeder offen Waffen vor sich herträgt, aber die Menschen empfand ich als überaus freundlich und liebevoll. Während im Fernsehen also mal wieder ein Raubüberfall begann, fragte ich nach dem Weg und dem folgenden Terrain. Es ging anscheinend noch mal 15 Minuten bergauf, dann kurz runter und noch mal hoch, und irgendwann sollte es »eher flach« weitergehen. Ich beschloss also, weiterzuschieben, anschließend die flache Strecke zu genießen und danach zu trampen. Zuversichtlich quälte ich mich die letzten beiden Anstiege hoch und erwartete danach eine Ebene. Eine kurze Abfahrt führte mich zu einer Brücke, die vom örtlichen Militär schwer bewacht wurde. Dort erklärten mir ein paar Arbeiter, dass es hier kein Flachland gäbe. Ich sattelte ab. Aus jetzt. Trampen ist angesagt. Gute Entscheidung. Bei näherer Inspektion meines Fahrrads fiel mir auf, dass die Hinterradbremse sich gelockert hatte. Sie funktionierte zwar, versuchte aber bereits, sich unbemerkt abzusetzen, und hing schon auf halb acht. Es dauerte nur 15 Minuten, da zog ein Pickup rüber. Wohin gehts? Medellin. Trampen mit Fahrrad: Nice and easy in Kolumbien. Er hatte sogar ein spezielles Gewinde für den Fahrradtransport auf der Ladefläche, sodass ich meine Vorderachse festmachen konnte.

Sein Name war Juan, er hatte mehrere Obstfarmen und produzierte hauptsächlich Saft. Ein junger Typ, der gerade zwölf Tage vorher seine erste Tochter bekommen hatte. Er sprach gutes Englisch und zeigte sich beeindruckt von meiner Reise. Ich genoss die Fahrt in der Abendsonne mit der Gewissheit, bald eine Dusche und ein Bett zu haben. Vier Tage Rad fahren, schwitzen, in denselben Klamotten stecken, das war mir zu viel.

FAHRRADFAHREN DURCH KOLUMBIEN

Als wir nach Medellin kamen, fiel mir als Erstes auf, wie groß die Stadt war. Sie lag unten in einem Tal, umringt von Bergen. Wir fuhren wieder mal endlose Serpentinen hinunter. Etliche Sport-radler quälten sich in die entgegengesetzte Richtung. An einem der Abhänge ließ Juan mich raus und erklärte mir, wie ich von hier aus weiterkam. An sich musste ich nur weiter den Berg runterrollen. Das sollte an diesem Abend aber eine besondere Herausforderung werden. Mein Rücklicht hatte ich nach erstem Gebrauch schon in Bogotá verloren. Aber Licht wird überbewertet. Wichtiger sind Bremsen. Davon hatte ich auch nur noch eine. Als mir das einfiel, war meine Freude über die Abfahrt sogleich etwas getrübt.

Mit zwei Pausen, um die Felgen zu kühlen, schaffte ich es dennoch in die Stadt. Zuerst verfuhr ich mich. Dann stellte ich fest, dass ich ja gar keine Ahnung hatte, wo ich eigentlich hinwollte (irgendein Hostel). Die Versuche, ein Internetcafé zu finden, erwiesen sich als zwecklos. Ich gönnte mir einen Burger bei einem Straßengrill und fand in einem Gasthaus über einer Autowerkstatt ein billiges Zimmer. Ich war der einzige Gast; ging da auch nur rein, weil ei-nen Block weiter eine Jazz-Session lief und ich seit neun Monaten keinen Live-Jazz mehr gehört hatte. Ich war völlig fertig von der Tour, aber immer noch nicht müde. Bzw. ich war so müde, dass ich wieder wach war. Da blieb wieder nur noch eins übrig: trinken. Mit Jazz-Untermalung eine langsame Narkotisierung einleiten, um dann ins Bett zu fallen. Ging gut.

In Medellin verbrachte ich einige Nächte und erkundete die Stadt. Es war einer dieser Sommerabende. Das Nachtleben rief mit sü-ßer Stimme. Ihr war euphorisch und vergaß, etwas Anständiges zu essen. Das Bier floss bald in Strömen. Ich tauchte ein in die Schein-welt aus Glanz und Amüsement. Es war einer dieser Abende, an denen man sich sicher sein kann, entweder mit einer jungen Dame nach Hause zu gehen oder beklaut zu werden. Sein Höhepunkt

ZWEITER CHORUS

war schon überschritten, da bekam ich diesen Becher, randvoll mit Jägermeister und einem unbekannten Energiedrink. In der zweifelhaften Hoffnung, den Glanz des Ganzen noch ein wenig zu verlängern, schüttete ich alles in mich rein. Aber nach Jägermeister geht es prinzipiell immer bergab in meinem Leben. Egal, wie viel ich vorher schon getrunken habe. Egal, wo ich bin. Egal, was ich mache. Jägermeister = bergab. Ich trank den Becher mit unbekanntem Inhalt wider besseren Wissens aus. Der Abend ging zwar noch weiter, aber die Zeitbombe war bereits einverleibt und machte sich daran, mich von innen zu zerstören. Ich weiß nicht mehr so richtig, was dann passiert ist oder wie viele Biere ich noch getrunken habe. Wie viele neue Freundschaften ich geschlossen habe. Auf jeden Fall beschloss ich irgendwann, nach Hause zu laufen. Das Nächste, woran ich mich erinnern kann, ist, dass ich mit zwei sitzenden Menschen sprach, vielleicht wegen Feuer, vielleicht um eine Zigarette zu schnorren. Ich hatte eine Bierflasche in der Hand und merkte, wie mir schummerig wurde. Auch das Sitzen ging nicht mehr; was immer ein schlechtes Zeichen ist. Ich wusste, es geht zu Ende. Ich musste mich hinlegen. Ich musste ein ruhiges Plätzchen finden. Ohne Menschen. Das war leichter gesagt als getan in einer solchen Stadt samstagnachts. Ich stand auf, ignorierte den aufkommenden Schwindel und wankte in die einzige Richtung, in der keine Menschen zu sehen waren. Keiner folgte mir. Da ich nicht mehr fähig war, meinen Körper koordiniert nach vorne zu bewegen, brauchte ich einen sicheren Ort, um mich der Qual des Säuferlebens stellen zu können. Meine Wahl fiel auf eine Veranda vor einem Wohnhaus. Dort war ein kleiner Busch, hinter dem ich etwas Schutz fand. Der Busch war allerdings tatsächlich sehr klein, stand in einem Topf und verbarg mich nicht wirklich vor den Menschen, die auf der Straße entlanggingen. In einer unkoordinierten Bewegung schmiss ich mein Bier um und kotzte mir

FAHRRADFAHREN DURCH KOLUMBIEN

selbst auf die Schulter. Nach diesem Malheur ging es mir etwas besser. Ich lag in Bier und Kotze. Fiel in einen seltsamen Halbschlaf. Und dann kam der Dieb. Das Geld war in meiner Hosentasche. Wie viel es war, weiß ich nicht mehr. Der listige Langfinger hatte mich erspäht. Schlangengleich griff er in meine Hosentasche und entwendete meine Scheine. Beim Rausziehen des Geldes erwachte ich und sprang auf, so schnell es mein Zustand erlaubte. Zu meiner Überraschung rannte der Dieb aber nicht weg, sondern postierte sich ängstlich und defensiv an der Hauswand. Ich musste mich kurz sammeln. Konnte ihn nicht anschauen, sondern musste auf den Boden starren, um das Gleichgewicht nicht zu verlieren. So standen wir da. Nur er und ich. Von Angesicht zu Angesicht. Ich schwankte hin und her, fuchtelte planlos mit meinem Zeigefinger herum und maulte ihn an: »Du Assi! Du hast mich beklaut!« Ich sprach auf Deutsch. Er verstand natürlich kein Wort. Einige Sekunden vergingen. Genug Zeit, um mir meiner eigenen, jämmerlichen Existenz bewusstzuwerden. Da stand ich nun vor ihm. Vollgekotzt und immer noch rappelvoll, nach Bier stinkend, *überhaupt* stinkend, und konnte mich kaum auf zwei Beinen halten. Der Moment der Offenbarung. Ein Moment der Nächstenliebe. Ich konnte diesem armen Menschen nicht wirklich böse sein. Was sollte er auch machen? Ich hätte mich wahrscheinlich auch beklaut. Immerhin hatte er mir nichts angetan.

Ich gab auf. Es war mir egal. »Ist okay, du Arschloch!«, entgegnete ich dem Mann, der immer noch ängstlich an der Hauswand lehnte. Mit einer abwinkenden Handbewegung wankte ich in Richtung meines Zuhauses. Zumindest dorthin, wo ich es vermutete. Die Sonne ging auf. Das war des Säufers Stimmung nur recht. Wenigstens ein bisschen Wärme nach dieser einsamen und trostlosen Nacht.

ZWEITER CHORUS

Ein paar Tage später zog es mich in die nahe gelegenen Berge nach Santa Elena. Das ist eine kleine Region östlich von Medellin. Vollgestopft mit Hippies, Ayahuasca-Psychoteetrinkern, Esoterikern und Traumfängern. Ich fand es nett da. Überall Holzhäuser, viel Wald und alle irgendwo zwischen entspannter Naturverbundenheit und Hardcore-Spiritualismus unterwegs. Um aus der Stadt wieder rauszukommen, musste ich trotz Berglage noch ordentlich aufwärtsfahren. Vor allem lag ein 10 km langer Tunnel vor mir. Zwar erzählte mir jeder, dass ich da nicht durchkönnte, aber ich fuhr trotzdem drauflos. Mein Fahrrad hatte ich in Medellin reparieren lassen. Der Gepäckträger war geschweißt und damit endlich stabil und fest. Einen Kilometer vor dem Tunnel – ich fragte mich schon, wie die Durchfahrt wohl werden würde – hörte ich ein metallenes Geräusch. Kam das von mir? Sah alles gut aus. 15 m weiter hing mein Gepäckträger auf halb acht, weil eine der Befestigungsschrauben sich gelöst hatte. Da lass ich es schon schweißen für 1,50 €, und der Herr Schweißer kriegt es nicht hin, die Schraube ordentlich festzuziehen. Ich musste letztlich eine Schraube aus meinen selbst gebauten Fahrradtaschen drehen und den Gepäckträger provisorisch damit festmachen.
Der Tunnel lag immer noch vor mir. Beim Eingang kam ein aufgeregter Security-Mensch Richtung Straße gelaufen. Er dachte wohl, dass ich das »Fahrrad fahren verboten«-Schild nicht gesehen hatte. Keine Durchfahrt möglich. Also musste ich mitsamt dem Fahrrad einen Lkw trampen. Das ging gut. Und ich kam auch einigermaßen heile mit dem Fahrrad den Berg hinunter. Nur zerfiel es jetzt so langsam. Meine improvisierten Fahrradtaschen waren mit umfunktionierten Kleiderhaken am Gepäckträger befestigt. Insgesamt zwei Doppelhaken pro Gepäckbox. Die Hälfte eines der Doppelhaken brach mir schon vorher ab, und die andere verabschiedete sich auf dieser Abfahrt. Ich musste wieder improvisieren. Eine Schnur diente vorerst als Ersatz.

FAHRRADFAHREN DURCH KOLUMBIEN

Nun war ich mal wieder im tropischen Klima angelangt. Während ich bei brütender Hitze aus der nächsten Stadt herausfuhr, überlegte ich noch, ob ich mir etwas zu trinken holen sollte. Ich war aber etwas ungeduldig und beschloss daher, erst mal weiterzufahren und in einem der sicherlich unzähligen Shops entlang der Straße noch mal zu stoppen. Ein großer Fehler. Mein Problem war, dass ich immer noch keine gescheite Fahrradkarte mit Streckenprofil besaß. Sonst hätte ich gewusst, dass vor mir einer der schwierigsten Anstiege der gesamten Route lag. Ich kletterte also mit dem Fahrrad eine Zeit lang bergauf. Es war heiß, und komischerweise gab es hier nichts. Gar nichts. Irgendwann war ich am Ende und schob mein Fahrrad weiter. Langsam wurde mein Mund trocken, die Spucke blieb weg. Nach zwei Stunden zog ich ernsthaft in Erwägung, die vielen am Straßenrand liegenden Becher und Flaschen nach Restinhalten zu prüfen. Es war derart schlimm! Ich hatte noch nie in meinem Leben einen solchen Durst. Ich verzweifelte geradezu. Irgendwann kam ich an einer Tür vorbei, und davor stand ein Moto-Taxi. Dahinter führte ein Weg ins Nichts. Weit und breit war niemand zu sehen. Die Tür war verriegelt. Aber das Moto-Taxi war offen. Ich sah meine Chance, spähte in die Kabine und tatsächlich, da war eine undurchsichtige Plastikflasche. Öffnen, riechen … Chlor … na ja, Wasser riecht in Kolumbien nach Chlor. Könnte also Wasser sein. Ein erster Schluck. Ja, es war Wasser. Lauwarmes Wasser. Ich trank fast die ganze Flasche aus und stellte sie wieder zurück. Die Erlösung. Ich war so froh und so gierig beim Trinken, dass ich mich derbe verschluckte und einen Teil des Wassers wieder in hohem Bogen ausspuckte. Aber mein Körper war derart erfreut über die Flüssigkeitszufuhr. Danach konnte mein Leben weitergehen. Schieben in der Sonne. Der Berg schien immer noch kein Ende zu nehmen. Es wurde langsam dunkel, und ich beschloss, ein Auto anzuhalten, um aus dieser Gegend

ZWEITER CHORUS

herauszukommen. Es ging recht schnell, da hatte ich meinen Pick-up. Wir fuhren noch 10 km bergauf, vorbei an leerer Landschaft. Ich war einfach nur froh, diesen Lift zu haben und diese abartige Steigung nicht schieben zu müssen. Der Fahrer ließ mich in der nächsten Ortschaft raus. Blitze zuckten am Himmel. Ein Gewitter kündigte sich an. Ich kaufte mir zu trinken und checkte dann ins nächstmögliche Hotel ein.

Dort versuchte ich erst mal notdürftig, meine Fahrradtasche zu befestigen. Es gab noch nicht mal einen Schraubenzieher, also musste ich alle Schrauben mit der Hand anziehen. Mit Konter-muttern schien das ganz gut zu gehen. Aber dann wurde die Straße am nächsten Tag sehr schlecht. Noch dazu ausgerechnet auf einer Hochebene vor einer langen Abfahrt. Ich musste höl-lisch aufpassen, nicht in Schlaglöcher zu fahren oder meine Rei-fen durch Steine zu zerstören. Irgendwann auf der Abfahrt, als die Straße schon wieder besser war, fuhr ein Lkw an mir vorbei, und ich hörte das gewohnt klirrende Geräusch. Kam das von mir? Wenig später war klar: Ja, das kam von mir. Auch der zweite Doppelhaken meiner angeschlagenen Gepäckbox hatte sich ver-abschiedet. Wieder improvisieren. Ich hatte noch ein Seil vom Segeln; anschließend war die Box an *beiden* Enden angebunden. Etwas labil, aber es schien zu halten. Letztlich fuhr ich mit die-sem Set-up bis nach Turbo durch. Sah scheiße aus, hat aber funk-tioniert.

4 Uhr nachmittags hielt ich an einem Shop, um etwas zu trinken. Es gab überall in Kolumbien ein Getränk, das Malta hieß. Eine Art Malzbier. Sehr viel Zucker und gute Energiezufuhr. Während ich also mein Malta zu mir nahm, fragte ich die alte Frau im Shop, wie es denn weiterginge. Ob in nächster Zeit noch Steigungen kämen. Nein, nur noch ganz leichte Hügel, ansonsten ebene Straße, 40 km bis zur nächsten Ortschaft. Jemand anderes deutete zwar an, dass

FAHRRADFAHREN DURCH KOLUMBIEN

es noch einmal hochginge … Viel hoch? Nein, versicherte wieder die alte Frau. Plano, bis zum nächsten Ort. Ich war einigermaßen beruhigt, weil Berge genau das waren, was ich an diesem Tag nicht mehr gebrauchen konnte. Es war schon spät, und nach den Strapazen der letzten Tage wollte ich mehr auf mich selbst achten. Also sattelte ich meinen Drahtesel, bezahlte das Malta, und die alte Frau wünschte mir viel Spaß. So kam ich an den wohl steilsten Anstieg zwischen Medellin und Turbo. Es ging hoch auf 2200 m, über einen Bergpass, wie ich später rekonstruieren sollte. Ich glaube, hier war der Moment meiner Fahrradreise, wo ich richtig klettern gelernt habe. Eigentlich sind Berge simpel zu bezwingen. Zwischendurch immer mal Kraft rausnehmen, aber auf jeden Fall im Sattel bleiben. Der Anstieg ging ca. 15 bis 20 km. Und ich zog ihn an einem Stück durch. Irgendwann fuhr ich durch Wolken, und es begann zu regnen. Der Pass schlängelte sich noch ein paar Kilometer auf einer Hochebene entlang, ehe eine lange Abfahrt begann. Es war ein super Gefühl, am höchsten Punkt zu stehen und zu wissen, dass ich jetzt nur noch nach unten rollen musste.

An diesem Tag gönnte ich mir wieder ein Hotelzimmer. Wobei ich wieder mal feststellen musste, dass Nächte in Hotels schrecklich sein können. In den Hotels in Südamerika scheinen die Menschen rund um die Uhr ein und aus zu gehen, mitten in der Nacht klingelt es, die Fernseher dröhnen auf voller Lautstärke … Aber es gab wenigstens Internet. So konnte ich mal wieder meine Route checken und musste erfahren, dass am nächsten Tag noch zwei heftige Berge vor mir lagen und ich noch lange nicht durch die *Cordillera,* die Bergkette, hindurch war. So dachte ich zumindest. War aber nicht so. Die Internetseite, die ich benutzte, war etwas fehlerhaft. Deswegen hatte meine Tour auch immer wieder Überraschungen für mich parat: Am nächsten Tag ging es zwar hügelig weiter, aber den letzten Berg hatte ich schon am Tag zuvor erklommen. Wer

ZWEITER CHORUS

stattdessen mein stetiger Begleiter sein sollte, war der Regen. Es heißt ja nicht umsonst Regenwald. Eigentlich war es kein richtiger Regen, nur Nieselregen. Unablässiger Nieselregen. Erst abends sah ich mich einer gewaltigen Gewitterfront gegenüber, in die ich nicht hineinfahren wollte. Ich entschied mich, an einem Restaurant zu Abend zu essen und anschließend mein Zelt aufzubauen. Glücklicherweise war ein kleiner Holzverschlag mit Dach in der Nähe. Es sollte die ganze Nacht gewittern und regnen, und dieser Verschlag war meine Rettung.

Nun waren es nur noch 100 km bis nach Turbo. Größtenteils flach. Keine Steigungen. Wunderbar. Es machte riesigen Spaß, da durchzuheizen. Auch wenn es wieder die ganze Zeit regnete. Die ersten 40 km machte ich in etwas mehr als zwei Stunden. Dann gab es eine Frühstückspause. Ich landete in einem Restaurant, in dem ich die letzten 40 km einer Tour-de-France-Bergetappe anschauen konnte. Passend. Nachdem der Sieger feststand, setzte ich mich wieder aufs Rad.

Es hätte ein versöhnlicher Abschluss werden können auf meinen letzten Kilometern, aber das wäre zu einfach gewesen. Ca. 25 km vor Turbo verbündete sich eine Reihe von Großbaustellen mit dem Regen, und was folgte, war Matsch. Viel Matsch. Die überholenden Lkw schmissen nur so mit Matsch um sich. Meine Reifen waren voller Matsch. Mein Fahrrad war voller Matsch. Meine Schuhe waren braun vor Matsch. Ich und mein Gesicht waren voll. Mein Rucksack. Einfach alles total eingesaut.

Ich schaffte es trotzdem. Wenn ich so eine Tour noch mal machen sollte, dann auf jeden Fall mit einem stabileren Fahrrad und mehr Equipment. Und ich würde eher entspannt an einem Fluss entlangfahren, anstatt mich durch die Gebirge zu quälen. Es war eine Schinderei! Aber was solls? Oder wie wir in Hessen zu sagen pflegen: »Mund abbutze, weidermache.«

7
Das Darién Gap – Zurück auf dem Wasser

Wir schreiben den 17. Juli 2015. Es ist 4:55 Uhr morgens. Ich bin gerade aufgewacht. Draußen stürmt es. Starker Regen fällt, sodass ich das kleine Fenster über meinem Bett schließen muss. Selbst als es nur einen Spaltbreit offen ist, tropft unablässig Wasser auf mein Bett. Kurz überlege ich, noch mal ein bisschen weiterzuschlafen, aber es sind noch dreieinhalb Stunden, bis mein Boot losfährt, und da ich keinen Wecker habe, bleibe ich lieber wach. Das Boot wird mein letzter Lift auf dem südamerikanischen Kontinent sein.

Ich bin nun also in Turbo, dem letzten Hafen mit Straßenanbindung. Danach gibt es nur noch entlegene Dörfer. Kleine Flecken im Nirgendwo. Das Boot ist wieder eine sogenannte Lancha. Ein kleines Schnellboot mit Außenbordmotoren, wie ich es schon von Trinidad kenne. Es wird mich nach Capurgana bringen, der vorletzten kolumbianischen Ortschaft Richtung Panama. Nach Monaten des Trampens freue ich mich sogar ein wenig darauf, wieder mal aufs Wasser zu kommen. Von Capurgana kann man in zwei Stunden über kleine Pfade durch den Dschungel laufen, um zur sogenannten Grenze zu kommen. Diese scheint nämlich etwas sonderbar zu sein, wie mir ein Franzose gestern versucht hat zu erklären. Sie ist, so sagte er, wie die Grenze zwischen Brasilien und Marokko. Sie existiert quasi nicht. Ich muss mir meinen Ausreisestempel in Capurgana holen und kann dann nach zwei Stunden zu Fuß panamaisches Gebiet betreten. Dort ist aber praktisch nur Strand. Bis zum behördlichen Check-in in Puerto Obaldia werden es noch mal 3 bis 4 Stunden zu Fuß sein. Von dort kann man mit Kleinflugzeugen nach Panama City fliegen, mit Lanchas weiter an der Küsten entlangfahren oder in Hardcore-Manier durch den Dschungel gehen. Es wird auf jeden Fall kompliziert. Ich bin dabei, das Darién

ZWEITER CHORUS

Gap zu überwinden; die Zivilisationslücke zwischen Nord- und Südamerika; das straßenlose Gebiet zwischen Kolumbien und Panama; einen der dichtesten Dschungel der Erde, vollgestopft mit Pumas, Schlangen und allerlei anderen giftigen Freunden. Es gibt dort zwar Dörfer und ein dichtes Wegenetz, aber das wird wohl nur von den lokalen Ureinwohnern so richtig verstanden. Dennoch kreuzt auf diesen Wegen allerlei Verkehr: Militärs, Guerillas, illegale Einwanderer, die Richtung Norden laufen, und natürlich Drogenkuriere. Letztere sind wohl das wirtschaftliche Standbein der Region. Schlecht für den Ruf des Darién Gap waren aber vor allem die zahllosen Entführungen durch die FARC, welche vor 10 bis 20 Jahren stattfanden. Das ist zum Glück nicht mehr aktuell. Heute versenkt die FARC eher Tanker oder attackiert Ölpipelines. Ich bin auf jeden Fall bereit für das Darién Gap. Auch wenn ich eher mit Booten drumherum trampen möchte, anstatt reinzulaufen. Die Speedboat-Station in Turbo ist voll. Es herrscht dichtes Gedrängel. Als ich pünktlich um 8:30 Uhr vor Ort bin, gibt es wieder mal keinerlei Anzeichen, dass hier gleich etwas ablegen wird. Ich kaufe mir ein paar Käse-Schinken-Röllchen, einen Kaffee und beschließe, eine Zigarette zu rauchen. Die Kolumbianer sind nicht so die Raucher. Meine morgendliche Luftverpestung wird sogleich mit theatralischem Scheinhusten und bösen Blicken quittiert.

Nach ca. einer Stunde ging das Boarding los. Für 1000 Pesos (ca. 30 Cent) leistete ich mir noch einen schwarzen Müllsack, mit dem ich meinen Rucksack verpackte. Mein Name wurde aufgerufen, und ich betrat die Zustiegszone. Man nahm meinen Rucksack, wog ihn und wollte auf einmal 10 000 Pesos haben. Ich fragte wieso. Na, weil der schwerer als 10 Kilo ist. Zum Glück war ich schon im Boot. Meine Sitznachbarn gaben mir zu erkennen, dass hier nichts extra bezahlt wird. »No hay plata!«, es gibt kein Geld, sagten

DAS DARIÉN GAP – ZURÜCK AUF DEM WASSER

sie zu mir. Ich hatte meinen Geldbeutel schon fast in der Hand, nahm aber dann unauffällig die Arme runter. Mein Rucksack war schon verladen (so hoffte ich zumindest), und die Forderung nach weiterem Geld ignorierte ich einfach. Hat funktioniert. Tourifalle entkommen.

Das Boot war etwas besser ausgestattet als der Kahn, mit dem ich von Trinidad nach Venezuela gefahren war. Mit gepolsterten Bänken, Rückenlehnen, aber ebenfalls mit drei Außenbordmotoren, richtigen Monstern. Die Fahrt war entsprechend unangenehm. Ständiges Auf- und Abspringen über den Wellen. Immer wieder klatschte der Rumpf des Bootes aufs Wasser. Einziger Unterschied hier: dass jeder harte Aufprall von den Kolumbianern mit Schreien, Lachen und Applaus gefeiert wurde.

Als wir in Capurgana ankamen, war ich mitten im Darién Gap. Von hier aus geht es nach Sapzurro, La Miel und letztendlich Puerto Obaldia. Mein Plan war ja, nach Puerto Obaldia zu laufen. Alle anderen nehmen dazu eine Lancha. Ich wusste, zwischen dem ersten und zweiten Dorf waren es 2 bis 3 Stunden, dann noch mal 30 Minuten über die Grenze nach La Miel und schließlich mehrere Stunden nach Puerto Obaldia; wobei der letzte Teil am unklarsten war. Ihn wollte ich sowieso erst am nächsten Tag angehen. Also erst mal los. Der Pfad war gut ausgebaut, es gab sogar Schilder, aber das Terrain war trotzdem recht matschig. Bald fand ich mich mitten im Dschungel wieder. Dschungel, das hieß in dem Fall: unglaublich feucht, heiß und steil bergauf. Ich hatte lange Hosen an, die komplett nass waren, noch ehe ich die Hälfte des ersten Berges erklommen hatte. Mir wurde klar: Dschungel ist nichts anderes als eine riesige Biosauna. Aber niemand geht in die Sauna mit Klamotten und 15 kg Gepäck auf dem Rücken und läuft anschließend steil bergauf über matschige Pfade. In Sapzurro musste ich erst mal im Meer baden, mein T-Shirt ausziehen und auf kurze Hosen

ZWEITER CHORUS

umsteigen. Danach war alles erträglicher. Noch einen Fisch zu Mittag gegessen, und weiter gings nach La Miel. Nach Panama. Der Weg dorthin war überraschend unspannend. Viele anstrengende Treppenstufen hoch und viele anstrengende Treppenstufen wieder runter. Kurzer Plausch bei einem der insgesamt drei Militärposten, wo man sich vergewisserte, dass ich wiederkäme (was ich nicht vorhatte), und schon war ich in Panama, juchhe! Oh, wie schön ist Panama! Es roch überall nach Bananen.

Na ja, in Wirklichkeit war es gar nicht so schön. La Miel war hässlicher als gedacht, und jeder Schritt wurde vom Militär kontrolliert. Meine Frage nach dem Weg nach Puerto Obaldia quittierte man kurz und knapp mit: »No hay!«, gibts nicht. *Garantiert* gab es den! »Zwei Stunden Fußmarsch«, sagte mir schließlich ein Einheimischer. Für mich dann wahrscheinlich 4 bis 5 Stunden.

Also erkundete ich erst mal die Gegend. La Miel hatte einen Dutyfree-Shop, in dem es vor allem billigen Whisky und andere Spirituosen gab. Ich war schon fast auf dem Weg zum nächsten Strand, um dort mein Zelt aufzuschlagen, als ich plötzlich ein Cargo-Boot entdeckte. Sollte ich sofort wieder trampen? Oder vielleicht doch erst mal am karibischen Meer entspannen? Natürlich sofort wieder trampen! Wenn es eine Möglichkeit zur Bewegung gibt, kann ich die nicht davonziehen lassen! Es war ein rostiges kleines Boot mit mindestens zehn Crew-Mitgliedern an Bord. Ich fragte, wer der Kapitän sei. Ein junger Mensch führte mich zu ihm. Wohin gehts denn? Nach Colon. Oh, mein Gott. Colon, das war ja noch mal doppelt so weit wie zur ersten Straße. Ob sie mich mitnehmen können. Der Kapitän sprach sehr schnell. Ich verstand kein Wort. Nur dass wir morgen früh noch mal reden und ich die Erlaubnis des Militärs brauche. Ich quatschte noch mal mit dem jungen Typen, und er versicherte mir, dass der Kapitän mich zumindest in den nächsten Ort mitnehmen würde.

DAS DARIÉN GAP — ZURÜCK AUF DEM WASSER

Also sprach ich im Militärbüro vor. Von dortiger Seite gab es keine Probleme. Man fragte mich, ob ich den Ausreisestempel hätte. Claro. Ob ich 500 $ hätte? 500 … was? Nein. Kein Geld. Ich bezahl hier nichts. Ach so, die brauch ich für die Einreise. In bar? Das Geld hatte ich nicht. Und wer ist bitte schön so dumm und läuft mit 500 $ durch die Gegend? Tja, und dann ging der Spaß los. Da Soldaten nicht selbst denken dürfen, gingen sie erst mal beim Kommandeur fragen. Natürlich entsprach das alles nicht den Regeln, und daher wurde entschieden, dass ich nicht ausreisen dürfe. Ich müsse zurück nach Kolumbien laufen und dort Geld abheben.

Das war logischerweise ein Dilemma. Nicht zuletzt, weil ich einen möglichen Lift vor Augen hatte. Und das Schlimmste, was man mir antun kann, ist eine Transportmöglichkeit zu sabotieren. Daher gab ich nicht kampflos auf. Ich wusste von Freunden, dass der Kommandeur ein ganz umgänglicher Typ sein sollte und seine Soldaten manchmal etwas blöd und unfähig. Also lief ich direkt ins Kommandozelt, fand ihn in seiner Hängematte sitzend vor und erläuterte ihm die Situation. Er hatte Verständnis, meinte aber etwas von: »Du kannst da schon hin, nur nicht von diesem Ort.« Ich fragte etwas blöd, ob es denn möglich sei. Er nuschelte ein leises … Ja. Das war wohl das inoffizielle Zeichen, dass wir nun die Regeln brechen. Ich ging wieder zu seinen Soldaten und erklärte selbstsicher und triumphierend, dass ich fahren darf. Der Kommandeur kam nach, erklärte es auch noch mal, und schon hatte ich meine offizielle Ausreisegenehmigung.

Nächster Schritt: Rücksprache mit dem Kapitän. Er schien kein Problem zu haben und meinte nur: »Morgen früh.« Für mich ein sicheres Anzeichen, dass noch nicht alles in trockenen Tüchern war. Aber was sollte ich machen? Hilft ja nichts, außer warten

ZWEITER CHORUS

und aufpassen. Ich musste mein Zelt neben dem Militärbüro aufschlagen, da ich ja normalerweise gar nicht in diesem Ort hätte übernachten dürfen.

Vor dem Sandmännchen machte ich noch einen Ausflug zum gegenüberliegenden Strand. La Miel hat zwei Strände. Einen mit dem Duty-free und einen mit Müll. Auf dem Müllstrand standen zwei Häuser. Eines davon gehört Jimmy, einem Amerikaner. Das andere Haus gehört Walter, einem Kolumbianer. Jimmy war nicht da, aber dafür Walter, der dort mit zwei Katzen, einem Hund und einem Pferd lebt; neben einem selbst gegrabenen Fischteich mit 13 Inseln, die jeweils von ein paar Palmen bewachsen sind. Sieht aus wie ein kleiner Sumpf. Dieses Monstrum hat er eigenhändig mit der Schaufel ausgehoben! Ich hing lange bei ihm in der Hängematte rum, und wir unterhielten uns prächtig. Irgendwann holte er Rum raus, machte eine Kokosnuss auf, hackte sich fast mit der Machete den Finger ab, schmierte überall sein Blut hin und zauberte einen Cocktail mit frischer Kokosmilch. Die Sonne ging langsam unter, und es gab gebratene Bananen mit Thunfisch, Mayo und Ketchup. Das klingt komisch, war aber lecker. Danach ging ich zurück in die Ortschaft.

Diese Ecke der Welt ist auf jeden Fall sehr abgelegen, aber schön. Es gab keine Autos, dafür aber abends dröhnende Bässe. Keine Ahnung, ob da mal ein Vertreter für Bass-Systeme vorbeigeschippert war und jedem zweiten Haus eine überdimensionierte Anlage aufgeschwatzt hatte, aber jedes Dorf schien mindestens ein Soundsystem für die Beschallung von 5000 Personen zu haben, das den ganzen Tag voll aufgedreht lief. Jeweils 10 bis 20 Dorfbewohner saßen davor, tranken Bier und hörten ihre Karibikmusik, während im Hintergrund der Stromgenerator lief. Wenn man nicht direkt daneben schlafen muss, ist das recht unterhaltsam. Und ich *musste* direkt daneben schlafen, weil direkt nebenan mein

Immer Richtung Sonnenuntergang. Transatlantiküberquerung.

Mit meiner Schwedencrew in Trinidad.

Transamazonica Highway.

Kleinlaster, auf dem ich fast fünf Stunden verbracht hatte und danach so verdreckt war, dass ich erst mal duschen musste.

In Südamerika nannten sie mich »Forest«. Ich weiß auch nicht warum.

Nachttrampen mit meinem Sporttramper-
kollegen Ralf in Uruguay.

Ralf wartet auf das nächste Auto
auf der wenig befahrenen Ruta 30
in Uruguay. Schwerstarbeit.

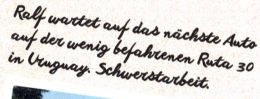

Mein Zuhause. Insgesamt knapp 13 kg.

Probiere meinen neuen Selfie-Stick aus, den mir kurz zuvor ein Fahrer in Ushuaia geschenkt hatte.

Argentinische Pampa.

Sonnenaufgang in den Anden.

Auf dem Weg, meinen ersten 3000er in den Anden zu besteigen.

Zufällige Tramper-bekanntschaften.

Tramperbekanntschaften-gepäck.

Andenstraße.

Hochebene in Chile.

Atacama-Wüste.

Ein bisschen Tourischeiß.

Der bolivianische Bauer, in dessen Lehmhütte ich übernachtet habe.

Trampen durch Bolivien war ein großartiger Spaß.

Morgentoilette an der Straße. Bloß keinen Verkehr verpassen.

Aris. Der betrunkene Motorradpolizist, mit dem ich durch den Yungas getrampt bin.

Hostel in Coroico.

Fahrradfahren durch Kolumbien.

Hübsches Kolonialstädtchen.

Darien Gap.

Kleines Frachtschiff, mit dem ich nach Panama bin.

Gasflaschen-Lieferung an die Küstendörfer im Darien Gap.

Frachtschiff Crew.

Autounfall im Dschungel. Nichts passiert mit Gottes Hilfe.

Pick-up-Lifts sind die Besten!

Mein erster Flugzeug-Lift mit einem ganz besonderen Menschen. Danke, Patrick Falterman. (Patrick war eine meiner Inspirationsquellen für meinen Trip. Im Jahr darauf ist er bei einem Flugzeugabsturz ums Leben gekommen.)

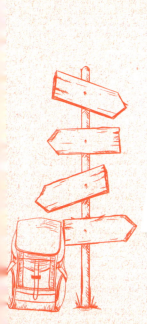

Fliegen mit Patrick.

Challenge accepted.

Trainhopping zwischen den Waggons.

Langer Containerzug auf dem Weg durch die Rocky Mountains.

Gute Stimmung auf meinem Grainer.

Nach einer Weile Trainhopping wird man selbst zum Zug!

Hot-shot.

In der Gondola.
Sei niemals
zwischen der
Ladung und der
Wand des Waggons.

Autounfall in Kanada mit meinem epileptischen Fahrer Ryan.

Winnie-the-Pooh-Denkmal in seinem Geburtstort in Winnipeg.

Tramppause. Grenzübergang »Thousand Islands« Richtung Kanada.

Trampen bei minus 35°. Gar nicht so übel.

Begegnung mit einem Stachelschwein.

Wunderschönes Yukon Territory.

Hauptstraße von Prudhoe Bay. Hier ging sämtlicher Verkehr ein und aus.

Der lebensfeindlichste Ort, den ich bisher besucht habe. Nordspitze von Alaska.

Minus 50° Winchill. Drei Stunden Helligkeit ...

... und Fahrzeuge starten nur mit elektrischer Starthilfe.

Draußen schlafen in Alaska. Mit dem richtigen Equipment sogar ziemlich gemütlich.

Wenn ich ein Schild nutze, dann bin ich sehr verzweifelt. Hier auf dem Weg von San Francisco nach Nordkalifornien.

Eingeladen beim Trampen. Wir verbrachten den Tag in einem traditionellen japanischen Holzhaus.

Kirschblüte in Tokyo.

Premium-Schlafplatz in Hongkong.

Nein, eigentlich war dies hier mein Premium-Schlafplatz in Hongkong. Mit nettem Fabrikpanorama.

Polizeiinteraktion. Das berühmte Foto, welches zu den Glanzleistungen meiner diplomatischen Bemühungen zählt.

Markt in Dali.

Nahe der tibetanischen Grenze.

Auf einer einsamen Straße am Fuße des Himalaja.

Die beiden haben mich durch das chinesische Dorf geführt, in das ich eingeladen wurde.

Bruder Yak. Gefühlt 2,5 m groß.

Kurz nach dem Unfall an der Chinesischen Mauer.

Meine einsame Wanderung über die Mauer.

Reiten durch Kirgisistan.

Polizeiinteraktion.

Kasachstan. Die Jungs mit der Hüpfburg auf dem Dach.

Besteigung meines ersten 4000ers im Iran.

Der liebste Mensch von Bandhar Abbas und mein Freund Noah beim Teetrinken.

Wandern. Auf der Suche nach einer Abkürzung.

Tramperfamilie.

Tja.

Zucchi, the Hitch-hiking Zucchini in Finnland. Meine treue Begleitung auf dem letzten Stück meiner Reise.

DAS DARIÉN GAP – ZURÜCK AUF DEM WASSER

Zwangscampingplatz war. Schlafen gestaltete sich daher schwierig. Aber, da am nächsten Morgen das Cargo-Boot ablegen sollte, war mir alles recht und egal. 6 Uhr wollte ich auf der Matte stehen. Da ich keinen Wecker hatte, musste ich also vor sechs aufwachen und meine Sachen packen.

5:30 Uhr. Irgendwas hat mich zum Aufwachen bewegt, und als ich aus dem Zelt schaue, steht da eine Gruppe von 15 Menschen mit dem Kommandeur des Militärs und bekommt irgendeine Einweisung. Wahrscheinlich Kubaner, die die Grenzorte bevölkern und oft auch illegal nach Nordamerika wandern. Es weht eine leichte Brise, wie schon die ganze Nacht. Obwohl hier dichte Vegetation und ein lebendiges Tierreich existiert, war ich am Abend zuvor positiv überrascht, als mich keine einzige Mücke belästigte. Ich hatte mehrere Minuten ungläubig in meinem Zelt gelegen, mit der Kopflampe in die Dunkelheit gestrahlt und versucht, irgendwelche Insekten zu erspähen. Es gab aber keine. Die Kehrseite zeigte sich jetzt. Während ich das Zelt abbaute, hingen Mückenschwärme an mir wie Bienen an einer Honigwabe.

Aber ich überlebte, stellte mich zum Militärbüro und wartete. Der junge Kerl, mit dem ich mich am Abend zuvor nett unterhalten hatte, kam vorbei. Ich sagte hallo und heftete mich an seine Fersen auf dem Weg Richtung Boot. Dort war die Mannschaft schon bei der Arbeit. Vom Dach des Bootes wurden Schnapskartons, Waschmaschinen, Kühlschränke und anderer Elektrokram heruntergelassen. Das dauerte. Irgendwann ging ich zu einer Gruppe jüngerer Menschen, um etwas zu schnacken. Unter ihnen wieder der junge Kerl von gestern, der aber offenbar gar nicht zum Boot gehörte. Die Konversation war auch etwas unfreundlich. »Habt ihr Feuer? Dauert wohl noch etwas.« »Wo willst du hin?« »Erst mal nach Puerto Obaldia mit dem Cargo-Boot.« »Das ist nicht möglich. Keine Passagiere erlaubt. Du musst eine Lancha nehmen. Hier, der

ZWEITER CHORUS

Kollege kann dich fahren.« Das war natürlich eine dreiste Lüge. Erst recht, weil sowohl Militär als auch Kapitän das schon abgenickt hatten.

Da ich nichts Besseres zu tun hatte, stellte ich mich einfach in die Transportkette und half fortan mehrere Stunden mit, das Boot auszuladen. Dem Kapitän gefiel das gut. Er war sowieso ein sehr netter Zeitgenosse. Immer am Lachen. Ein klischeemäßiger Latino aus Panama City; durch nichts aus der Ruhe zu bringen. Auch nicht von herabfallenden Gaskühlschränken. Er hatte einen gut gepflegten Schnäuzer, kurz geschorene Haare und Segelohren. Eine Mischung aus Ernie von der Sesamstraße und einer jüngeren Ausgabe von Samuel L. Jackson in *Pulp Fiction*. Allerdings sprach er weiterhin sehr schnell und undeutlich. Ich verstand wieder keinen Ton. Leider. Aber ich mochte ihn sehr. Und er hielt sein Wort. Als das Boot ablegte, durfte ich mitfahren.

Nach der Ankunft in Puerto Obaldia wurde mein Rucksack vom Kommandeur komplett auseinandergenommen. Danach wollte ich mir meinen Stempel holen. Das Einreisebüro hatte aber geschlossen, und ich musste 30 Minuten warten, was mir sehr gegen den Strich ging, weil ich hoffte, mit dem Boot weiterfahren zu können. Mit dem fertigen Pass versuchte ich also, schnell wieder aufs Boot zu kommen, was mir nach einigem Hin und Her mit der Armee und dem Kapitän auch gelang. Am Ende stand mein Name auf der Crew-Liste, und ich hatte meinen Lift über das Darién Gap. So einfach geht das. Passage erledigt. Die nächsten Tage war ich Arbeiter auf einem Cargo-Boot, und das war eine angenehme Abwechslung zum Trampen. Die Fahrt sollte knapp eine Woche dauern. Mit »Ernie Jackson« und einer Crew, die größtenteils aus Kuna bestand, den Eingeborenen der San-Blas-Inseln.

Zur ersten Nacht legten wir an einer dieser Inseln an. Nachdem wir das Boot vertäut hatten, ging ich auf eine Erkundungstour.

DAS DARIÉN GAP — ZURÜCK AUF DEM WASSER

Die Insel war nicht größer als drei Fußballfelder, aber bis zum letzten Rand mit Hütten bebaut. Für mich war das hier der erste wirkliche Kulturschock, an den ich mich erinnern kann. Es gab kein einziges Steinhaus auf der Insel, alle Hütten waren traditionell aus Bambus (glaube ich) gebaut. Ich streifte durch die Dorfstraßen, es roch nach Holz, und ich kam mir vor wie in einer Wikingersiedlung. Im großen Haupthaus fand gerade eine Zeremonie statt. Ich setzte mich dazu. In der Mitte des länglichen Gebäudes saßen zwei Männer in Hängematten und sangen traditionelle Kuna-Gesänge. Das hörte sich an wie indische Chants. Ich machte Fotos, und sogleich kamen ein paar Dorfbewohner, baten mich nach draußen und bedrängten mich, die Fotos zu löschen. Es sei nicht erlaubt. Ich entschuldigte mich, weil ich das nicht wusste.

Als ich auf mein Boot zurückkehrte, fand ich die ganze Crew schon relativ angetrunken vor. Es war der letzte Abend. Am nächsten Tag sollten wir auf die Hauptinsel der Kuna fahren, wo ein Großteil der Crew zwei Tage bei ihren Familien sein würde. Aber erst mal war Party angesagt. Die Kuna vertragen nicht allzu viel Alkohol – war so mein Gefühl. Als ich schon im Bett lag, ging der Stress los. Der zweite Kapitän, ein großer abstoßender Typ, der auch bei den Hells Angels nicht aufgefallen wäre, stritt sich mit unserem Schiffskoch Pablo. Pablo hatte ich sehr gern, da er sich rührend um mich kümmerte. Er ging mir bis zum Bauchnabel, hatte einen flusigen Bart, der ihn aussehen ließ wie einen Wels. Die beiden schrien sich an. Ich hatte keine Ahnung, worum es ging, aber der grimmige Kapitän fragte ständig: »Dormiste?« Hast du geschlafen? Irgendwann hörte ich ein dumpfes Klatschen. Da hat dieser Arsch dem armen Koch doch tatsächlich eine verpasst. Pablo hatte am nächsten Morgen ein blaues Auge.

ZWEITER CHORUS

Zweiter Akt: Ich versuchte zu schlafen, aber über mir pendelte in einer Hängematte »der Schnarcher«. Wobei es weniger ein Schnarchen als ein Schnoddern war. An Schnarchen kann man sich ja gewöhnen, sobald man den Rhythmus verinnerlicht hat. Aber nicht an in unregelmäßigen Abständen stattfindendes Zusammenziehen des Schleimes im Rachenraum mit einhergehendem Sprühregen für den, der darunter liegt. Was noch durch Atemaussetzer ergänzt wurde. Manchmal dachte ich, er sei tot. Andere Male entspannte ich mich kurz, weil ich dachte, das Schnoddern sei zu Ende. Aber immer ging es mit einem laut röchelnden Luftschnapper weiter. Ich konnte unmöglich schlafen. So stelle ich mir chinesische Wasserfolter vor. Man weiß nie, wann der nächste Tropfen kommt.

Meine Not hatte kurz ein Ende, als ich mir eine neue Hängematte suchte. Bald aber trugen zwei jüngere Crew-Mitglieder den alten, gebrechlichen und inzwischen ebenfalls total betrunkenen Schiffsmechaniker zu seiner Hängematte. Er lag nun über meiner. Irgendwann öffnete ich die Augen. Was war hier los? Mr. Mechaniker stocherte, unbeholfen wie ein Tattergreis, mit seiner Hand in der Dunkelheit, weit entfernt davon, einen Gegenstand zu fassen zu kriegen. Schließlich versuchte er, aus seiner Hängematte aufzustehen. Ich sah mir das eine Zeit lang mit an und hoffte, er würde irgendeinen Fortschritt machen. Diese Hoffnung erfüllte sich nicht. Letztlich stand ich auf, um ihm zu helfen. Im selben Moment flutschte er so elegant aus seiner Hängematte wie ein neugeborenes Kalb aus der Kuh. Ich half ihm auf. Er zitterte. Ich führte seine Hand an ein in der Nähe stehendes Fass. Er stabilisierte sich – auf einmal fing er an, mitten aufs Deck zu schiffen. Nachdem er sein Geschäft verrichtet hatte, tastete er wieder nach der Hängematte, die ich ihm entgegenhielt, und ebenso geschickt, wie er rausgefallen war, fiel er auch wieder rein und schlief ein.

DAS DARIÉN GAP – ZURÜCK AUF DEM WASSER

Am nächsten Tag legten wir im Kuna-Hauptdorf an und brauchten – kaum verwunderlich – nicht zwei, sondern drei Nächte Pause, um anschließend weiter Richtung Norden zu fahren und die nächsten Tage an unzähligen kleinen Inseln anzulegen und Kühlschränke, Boote, Lebensmittel, Klimaanlagen und jede Menge Gas ein- und auszuladen, bevor wir zur Insel Carti kamen, meinem Zielort. Denn am Festland gegenüber von Carti ging die erste Straße ab.

DRITTER CHORUS

Ziel: Alaska

Wartezeit: 20 799 Minuten

Anzahl der Lifts: 732

Kilometer getrampt: 68 439

1
Zentralamerikanisches Intermezzo

Auf Carti gingen zu meiner Überraschung auch der freundliche Kapitän und einige andere von Bord. Es stand sofort eine Lancha bereit, die uns die 3 km zum Festland bringen sollte. Ich hatte natürlich gehofft, sie wäre umsonst. Dann kostete sie mich aber doch 5 $. Mein Kapitän bezahlte für sich nur 2 $. Ich machte erst einen Aufstand. Wieso denn fünf? Da meinten die Leute von der Lancha knallhart, für Ausländer sei es teurer. Na gut. Wenigstens ehrlich.

Die einzige Straße führte nun erst mal 40 km ins Landesinnere, bevor man in etwas zivilisiertere Gebiete kam. Ich war zu diesem Zeitpunkt bereit, das ganze Stück zu laufen. Es war immer noch heiß und abartig schwül. Auch die Straße war kompromisslos durchs hügelige Dschungelterrain gepflügt. Mit vielen Kurven und noch mehr Steigungen. Offenbar gab es diese Straße erst seit fünf Jahren. Fahrtzeit vorher war zehn Stunden. »Na ja, gelaufen ist das in acht Stunden«, dachte ich zuerst. Nach 2 km war ich heilfroh, ein Auto gefunden zu haben. Ich war total fertig. Alles war nass, obwohl es nicht regnete.

Wir hatten gerade einen der vielen Hügel erklommen, hinter dem eine Kurve den nächsten steilen Abhang einleitete. Wir fuhren nicht schnell, aber auf einmal merkte ich, dass wir anfingen, uns zu drehen. Das Auto brach aus! Mein Fahrer fing an zu schreien: »Deus!«, immer wieder, wie in orgastischer Ekstase. Als wenn das helfen würde. Ich hielt mich am Griff über der Tür fest und erwartete, dass wir uns überschlagen würden, sobald wir quer zur Straße ständen. Das Auto drehte sich jedoch weiter. Erste Erleichterung. Die Straße war nur feucht, verhielt sich aber wie vereist.

DRITTER CHORUS

Wir drifteten auf den Abhang neben der Straße zu. In diesem Moment ahnte ich schon, dass wir keinen schweren Unfall haben würden. Mein Trampergehirn setzte ein: »Hoffentlich können wir weiterfahren.« Unsere Drehung stoppte. Das Auto hing halb über dem Abhang, halb auf der Straße. Wir hatten mega Glück, dass wir nicht die Böschung hinunterfielen. Noch dazu war das Auto größtenteils unbeschädigt. Allerdings steckten wir nun fest. Mitten auf der Dschungelstraße.

Nach wenigen Minuten kam der Kapitän meines Cargo-Boots vorbei und konnte uns mit seinem Pick-up rausziehen. *O captain, my captain.* Und so stand ich bald darauf wieder mal im Ausfahrtbereich einer Bushaltestelle. An der Haltestelle selbst wartete eine Gruppe von Schülern. Sie waren völlig fasziniert von mir und entsandten eine Delegation, um mich ein paar Sachen zu fragen. Irgendwann kam der Schulbus. Oder eher der »Schulbus from Hell«. Er war bunt besprüht, hatte zwei Auspuffe, die senkrecht am Heck angebracht waren und übers Dach hinausragten wie zwei Schornsteine. Als er den Hügel runter auf uns zurollte, blinkte an der Frontseite alles. Die Fenster waren offen. Man hörte den dröhnenden Bass schon von weitem. Ragga-Beats schallten über die Straße. Klang so, als ob Busta Rhymes persönlich diese Schüler nach Hause brächte. Ich musste unwillkürlich mit dem Kopf nicken und auf der Straße tanzen. Auch die Kinder waren sehr erfreut und stiegen so vergnügt in den Bus wie eine Horde Lemminge, die gerade eine Klippe entdeckt hat. Keine Ahnung, was dann passierte. Der Bus bog ab, fuhr 150 m, dann stiegen alle wieder aus und liefen zur Haltestelle zurück. War wohl nicht die richtige Richtung. Aber die Musik hat gefetzt.

In der Dämmerung stand ich bereits hinter Panama City. Ich rauchte gerade eine Zigarette an einer Tankstelle, als dieser kleine

ZENTRALAMERIKANISCHES INTERMEZZO

Toyota-Transporter losfuhr. Ich musste rennen, um ihn noch zu erreichen. Wohin gehts? 400 km Richtung Grenze? Prima. Kann ich mitfahren? Danke! Henry, der Fahrer, meinte nur, er müsse langsam fahren, weil es ein Problem mit den Reifen gäbe. Mit langsam habe ich kein Problem. Ich habe noch nie einen Lift abgelehnt, weil er zu langsam ist. Und so fuhren wir los. Mit 40 km/h. Das war *wirklich* langsam. Die Skurrilität der Geschichte wurde noch gesteigert, als Henry meinte, dass er ins 2500 km entfernte El Salvador fährt und er in fünf Tagen dort ankäme, ich könne mitfahren. 2500 km mit 40 km/h? Muß man sich erst mal durch den Kopf gehen lassen. Aber El Salvador lag genau auf meiner Route. Da hätte ich einen sicheren Lift. Zentralamerika in einem Stück durchquert, entspannt und easy. Ich würde nur etwas Geduld benötigen, was nicht unbedingt zu meinen Stärken zählt.

Bald kamen wir in eine Polizeikontrolle. Ich hatte keinen Gurt angelegt, weil der kaputt war. Der Polizist sah aus wie Kojak und beugte sich ebenso freundlich ins Fenster. Wieso ich denn keinen Gurt hätte. Das sei verboten. Bißchen Palaver folgte. Henry erklärte, dass es keinen Gurt auf dieser Seite gibt. Irgendwann fragende Gesichter. Was machen wir denn jetzt? »Wie wärs denn mit einem Kaffee?«, meinte der Polizist. »Kaffee?«, fragte Henry. »Für einen Dollar?« »Ja, für einen Dollar.« Zustimmendes Nicken. Und so bezahlten wir einen Dollar und fuhren davon. Bestechung in Panama scheint ein lustiges Geschäft zu sein. Später erzählte mir Henry, dass er einmal bei einer Kontrolle für eine Packung Bonbons weiterfahren durfte.

An der Grenze zu Costa Rica entschied meine innere Unruhe dann doch, dass ich keinen Bock hatte, fünf Tage mit 40 km/h zu fahren. Ich ergriff die Chance und trampte ohne Henry weiter. 2 bis 3 Lifts

DRITTER CHORUS

später stand ich irgendwo an der Küste. Es war schwierig. Ein erster Stinkefinger – seit gefühlt Spanien – kam mir unter die Nase. Gezeigt von einem alten Sack. Nachdem ich vorher mit einem pensionierten Amerikaner gefahren war, der in Costa Rica wohnte und seine Zeit mit Surfen zubrachte, dachte ich mir: »Schlimmer als Amerika kann nur ein Land voll mit amerikanischen Rentnern sein. Zumindest zum Trampen.« Nach einiger Zeit kam wieder Henry mit seinen kaputten Reifen angehüpft. Sein kleiner Toyota-Lkw eierte auf mich zu und sammelte mich wieder ein, wie das Safety-Car in der Formel 1.

Wir sollten noch bis spät in die Nacht fahren. Insbesondere die letzten 60 km (zwei Stunden) waren nervenaufreibend. Es war Freitagabend und die Leute nicht sehr begeistert, dass wir da auf der Hauptstraße vor ihnen herkrochen. Eine Schlange hatte sich hinter uns gebildet. Henry schaffte es oft schon deswegen nicht, die Spur zu wechseln, weil alle uns rechts überholten. Viel Geschrei, noch mehr Geschimpfe, zumal Henry streckenweise auf 30 bis 35 km/h abbremste, um die Autos »vorbeizulassen«. Als wenn sie nicht von alleine überholen könnten. Er war ein netter Kerl, aber mir wurde zunehmend klar: Ich muss aus diesem Auto aussteigen. Was ich dann auch tat.

Nun hatte ich aber in den zwei Tagen mit Henry nicht viel gegessen. Nachdem ich durch das kleine Land einfach durchheizen wollte, hatte ich mal wieder nichts gewechselt. Hatte auch kaum was getrunken. Mein Zustand war desolat, aber daran war ich auch selbst schuld. Das Einzige, was ich hatte, waren Zigaretten. Gegen den Hunger und für die Nerven. Ich fragte bei einem Lkw; die waren aber voll. Und als ich da so wartete, kam einer der drei Jungs von diesem Lkw und drückte mir umgerechnet 3 $ in die Hand. Ich war hocherfreut, weil ich mir davon Wasser kaufen konnte. Eine

ZENTRALAMERIKANISCHES INTERMEZZO

Minute später kam er noch mal an und drückte mir eine ganze Packung Schokokekse in die Hand. Wow. Essen. Einfach so. Ich hatte noch nicht mal gefragt.

Genauso gings weiter. Ich trampte an einer Baustelleneinfahrt unter einem sehr hellen Licht (es war schon Nacht). Ein Chauffeur hielt mit seiner Limousine und nahm mich mit in die nächste Stadt. Als ich beim Aussteigen die Tür schon fast zugeschmissen hatte, fragte er, ob ich Wasser wolle? Claro, genau, was ich brauche. Er gab mir drei Flaschen Wasser. Taschengeld, Essen und Wasser. So stand ich dann am Ortsende und war zufrieden. Fast. Denn nun kam die Krönung. Es wehte ein starker Wind. Die Straße war abermals hell erleuchtet von den Strahlern einer Baustelle. Und da stand die Erfüllung meines letzten Wunsches. Ein Dixi-Klo. Die Tür stand weit offen und schlackerte im Wind, als würde das Klo sagen wollen: »Komm her und scheiß mich zu. Ich bin nur für dich da.« Es war die Offenbarung. Das Paradies hatte sich mir eröffnet. Auch sonst lief die Nacht super. Ich würde wie geplant an der nicaraguanischen Grenze ankommen und sogar Zeit für ein Nickerchen haben, da sie erst zwei Stunden später öffnete. Als ich aber dort ankam, standen, saßen und schliefen da schon mindestens 100 Menschen. Aus zwei Stunden schlafen wurden letztlich drei Stunden, ehe ich an der Reihe war. Nun muss man aber in Zentralamerika offenbar an fast jeder Grenze eine Bearbeitungsgebühr von etwa 10 $ bezahlen. Der Grenzbeamte hatte gerade alles fertig gemacht, meinen Pass gestempelt, und bevor er ihn mir zurückgab, wollte er plötzlich 12 $. »Wie? 12 $? Ja, nee, hab ich nicht.« Erst mal dumm gestellt. Das funktioniert oft.

Daraufhin geriet er ziemlich in Rage, stand auf, lief in ein Hinterzimmer, kam raus und lief ins nächste. Letztlich kam er zurück und annullierte mein Visum! Das amüsierte mich sehr, so was hatte

DRITTER CHORUS

ich noch nie. Aber das hieß auch: Hier war kein Durchkommen. Natürlich hob ich am nächsten Geldautomaten die nötigen Gebühren ab und stellte mich beim selben Beamten noch mal an. Er war offenbar immer noch ziemlich angepisst und meinte des Öfteren: »Jaja, erst sagen, du hättest kein Geld, und auf einmal hast du welches!« Aber er hatte im Grunde ja recht. Mir ging es ja nur darum, dass ich keine inoffiziellen Gebühren bezahle. Aber hier schienen es wirklich offizielle zu sein.

Dann also Nicaragua. Das erste Land in Zentralamerika, in dem das Trampen gut funktionierte. Auch wenn ich ca. 50 Minuten auf meinen ersten Lift warten musste. Ich erreichte bald Managua, die Hauptstadt. Es war heiß. Ich stand an einer stark frequentierten Ampel und versuchte, etwas zu stoppen. Aber niemand hielt an. Irgendwelche Leute gaben mir irgendwelche Ratschläge. Ich fing wieder mal an zu laufen und rauchte eine Zigarette. Zwei Mädels, die wie Prostituierte aussahen, wollten eine Kippe schnorren, aber ich war nicht gut aufgelegt. Hab sie zu ihrer Empörung ignoriert und bin weitergelaufen.

Schließlich ein Motorrad, das mich mitnahm. Ein Lift, der mal wieder alles toppte. Wir schlängelten uns durch den dichten Stadtverkehr. Fuhren zwischen den Autos an die Ampeln heran. Dann wieder beschleunigen. Selbst lange Staus waren kein Problem, weil wir einfach in der Mitte durchfuhren. So kam ich weit genug in Richtung Stadtende, wo meine Chancen auf einen längeren Lift größer waren, und brauste schließlich in einem Pick-up aufs Land hinaus. Nächste Großstadt hinter mir. Wrroomm!

Irgendwann saß ich in einem Toyota. Wir waren schon einige Zeit unterwegs, die erste Polizeikontrolle war geschmiert und plötzlich: Stau auf der Landstraße. Ein ganz neues Erlebnis für mich. Staus

ZENTRALAMERIKANISCHES INTERMEZZO

hatte ich in Zentral- und Südamerika bis jetzt nur in Städten erlebt; dort aber immer und überall. Ungefähr 200 m vor uns war ein Unfall. Frontalzusammenstoß zweier Autos. Was nun geschah, war bemerkenswert. Zuerst kam viel Gegenverkehr, und in unserer Richtung ging es kaum weiter. Die Ungeduld stieg. Ein paar Egoisten nutzten den Standstreifen, um nach vorne zu kommen. Als kein Gegenverkehr mehr in Sicht war, nutzten die Ersten auch die Gegenfahrbahn. Die auf der anderen Seite machten allerdings genau dasselbe. Das funktionierte natürlich überhaupt nicht. Am Ende gab es kein Vor und Zurück. Pures Verkehrschaos. Selber ins Bein geschossen. Einzelne Menschen versuchten, das Knäuel aufzulösen und ein paar Autos durchzuwinken, die 50 m weiter doch wieder stehen bleiben mussten. Gar nicht zu reden von Rettungswagen und Polizei. Schier unmöglich, hier durchzudringen. Als wir den Unfallort passierten, stand da eine große Menschentraube und schaute sich das Spektakel an. 50 m weiter blieben wir wieder stehen, weil sich ein neuer Unfall unter den Egoisten ereignet hatte.

Mein nächster Lift war ein Lkw zur honduranischen Grenze. Mein Fahrer bot mir glücklicherweise an, mich noch weiter mitzunehmen, denn diese Grenze in El Triunfo war mit Abstand das größte Dreckloch, das ich auf all meinen Reisen durchquert habe. Wahrscheinlich trug die Tatsache, dass wir mitten in der Nacht und zehn Minuten vor Schließung der Grenze ankamen, ein Übriges zur Situation bei. Es herrschte so etwas wie Anarchie. Keine Polizei, keine Armee, nur ein paar Damen, die Stempel vergaben. Ansonsten: Schnorrer und Drogies. Die Stimmung war überaus aggressiv. Sobald ein Truck ankam, hingen sofort 2 bis 3 von ihnen am Fenster und fragten nach Geld. Ich beobachtete Lkw, die durch kurzes Beschleunigen versuchten, dieses Pack – das kann man ruhig so abwertend sagen – abzuschütteln. Aber es funktionierte nicht.

DRITTER CHORUS

Das Perfide war, dass diese Jungs (und Mädels), nachdem es keine Polizei gab, so was wie die Ordnungsmacht an diesem Ort darstellten. Die einen schnorrten, die anderen liefen mit Knüppeln oder Taschenlampen herum und taten so, als wären sie die offizielle Security. Die Trucker waren zu bemitleiden, weil sie ihren sowieso kargen Stundenlohn noch an diese Mafia abdrücken mussten. Aus unserem abgedunkelten Truck heraus sah ich einen Kerl, der am Fahrzeug vor uns lehnte und sich erst mal etwas von seiner billigen Drecksdroge gab. Die Leute nehmen den wirklich sicken Shit. Ich wusste nicht, was es war, aber es macht auf jeden Fall richtig kaputt. Überall standen Gruppen von Junkies. Zwischendrin Frauen, ebenfalls total zerstört, mit ihren Kids, alle wie eine große Familie von abgefuckten Kleinkriminellen, die davon leben, Trucker an der Grenze zu erpressen. Willkommen in Honduras. Es gab keinen Ort, an dem ich weniger sein wollte.

Ich war war froh, als wir alle Formalien erledigt hatten und es weiterging. Mein Fahrer warf mich in irgendeinem Ort raus. Sofort fingen Leute an, nach mir zu schreien. Auf der anderen Straßenseite waren zwei Garagen knallvoll. *Party Time.* Es war wieder mal Samstagabend. Alle waren besoffen. Ich lief schnurstracks zur nächsten Polizeistation. Leute vom Militär und Polizisten standen davor mit immens großen Maschinengewehren in den Händen. Aber in dieser Nacht erweckte das in mir ein Geborgenheitsgefühl. In der Nähe der Polizeistation traute sich niemand an mich heran. Ich fragte nach einem Schlafplatz, bekam eine Bank am Gebäude zugewiesen und musste mich erst mal beruhigen.

Am nächsten Tag ging es ähnlich weiter. Als ich eine Straße entlanglief, schrien mich Kids aus einem nahe gelegenen Fußballstadion an. Ich wurde aufs Übelste beleidigt – und schließlich wurden auch noch zwei Pisser auf Fahrrädern ausgesandt, die mich um einen Dollar

ZENTRALAMERIKANISCHES INTERMEZZO

und mein T-Shirt anschnorrten. Läuft so aber leider nicht, Jungs! Zum Glück hatte ich bald einen Pick-up-Lift mit einer Familie. Der Vater sprach etwas Englisch. Sie fuhren zum Fluss, um Kleidung zu waschen. Ich nutzte die Gelegenheit, nahm ein dringend nötiges Bad und wusch auch mal wieder meinen Anzug. Richtung Grenze hatte ich dann meinen ersten Lift in einem Leichenwagen. Ein Pick-up mit einem Sarg hinten drauf. Beim Aussteigen fragte ich noch mal, ob da wirklich jemand drin sei. Der Fahrer bestätigte.

Danach durchquerte ich das nächste Land – El Salvador – und kam an einem verlassenen Grenzposten in den Bergen an. Guatemala lag schon vor meinen Augen. Am nächsten Morgen war ich da. Ich stand unter einem Baum im Schatten, und auf der anderen Seite war ein Haufen Melonenverkäufer. Einer schrie nach mir, packte sich eine Melone und wechselte die Straße. Ich wunderte mich zuerst, wieso er mir eine Melone verkaufen will. Aber er schenkte sie mir. Wie unglaublich nett! Da ich an dem Tag noch nichts gegessen hatte und auch kein Wasser mehr übrig war, nahm ich das gerne an. So aß ich eine ganze Wassermelone zum Frühstück. Danach war mir schlecht.

In Antigua machte ich drei Tage Pause. Am 29.7.2015 brach ich auf. Der erste Lift war schnell gefunden. Ein Pick-up mit ein paar Leuten. In Guatemala sind 90 % der anhaltenden Autos Pick-ups. Ein Grund mehr, dieses Land zu mögen. Ich führte wieder Logbuch:

12:10 Uhr
Keine Ahnung, wo die hinfahren. Sie meinten nur »nahe an die Grenze«. Das wird mich ordentlich nach vorne spülen. Ich sitze hinten auf dem Pick-up und freue mich. Wir fahren gerade durch ein dicht bewachsenes Gebiet. Ein schwerer und intensiver Muschi-Geruch

DRITTER CHORUS

liegt in der Luft. Gibt es hier eine abgefahrene Pflanze, die diesen Geruch versprüht? Oder sind wir in der Nähe der »giant glowing clitoris«? Auf jeden Fall ein euphorisierendes Erlebnis.

14:10 Uhr

Eine Familie hält an und nimmt mich mit. Ich sitze mit dem Vater, zwei Söhnen und der Mutter auf der Ladefläche. Ältester Sohn und Opa sitzen vorne und fahren. Wir halten an einer Kreuzung und warten auf Bekannte von ihnen. Ein anderer Pick-up kommt mit zwei großen blauen Fässern auf der Ladefläche. Darin befinden sich lebende Fische. Die Familie kauft zwei Eimer Fische, und wir fahren weiter.

14:43 Uhr

Mazda-Pick-up mit zwei Jungs. Ob ich schon gegessen hätte? Sie kaufen eine Pizza und eine Flasche Cola, und wir teilen. Die beiden machen ein Foto mit mir, laden mich zum Kiffen ein. Ich lehne dankend ab. Keine Rauschmittel während der Arbeit.

18:57 Uhr

Grenze zu Mexiko. 17 Minuten brauche ich für die Einreise. Es gießt in Strömen. An eine Weiterfahrt ist nicht zu denken. Stattdessen unterhalte ich mich mit zwei älteren Herren in einer nahe gelegenen Bar. Mein Spanisch ist mittlerweile recht gut für solche Konversationen. Die Nacht bricht an.

20:55 Uhr

Es wird dunkel. Zeit, von der Grenze wegzukommen. Zwei Polizisten, die Feierabend haben, nehmen mich in die nächste Ortschaft mit. Und besser noch: Einer der beiden holt sein Motorrad und fährt mich noch mal 7 km weiter in die nächste Stadt. Wow, so nett hier!

21:32 Uhr

Hatte einen netten Taxilift in der Stadt. Nun mein erstes Treffen mit mexikanischem Essen. Tacos. Hatte nicht viel gegessen den

ganzen Tag, da ist natürlich jegliches Essen eine Wohltat. Aber die Dinger sind extrem lecker. Mit Käse und drei verschiedenen Soßen.
22:03 Uhr
Es geht weiter. Laufen ans Ende der Stadt.

30.7.2015, 0:06 Uhr
Kein Glück gehabt. Weit rausgelaufen. Hier ist eine Tankstelle, und ich suche nach einem Schlafplatz. An der anderen Seite schläft ein Security-Mensch. Er erschreckt sich etwas, als ich ihn aus seinem Mitternachtsnickerchen wecke. Ich frage ihn, ob ich hier schlafen kann, und auf einmal sind da insgesamt drei Leute am Schlafen. Ich glaube, nicht nur der Security-Mensch, sondern auch die Tankstellen-Angestellten schlafen da unter freiem Himmel. Kurze Diskussion, und sie lassen mich am nahe gelegenen Gebäude unter einem Stück Dach nächtigen.
8:58 Uhr
Ich bin ziemlich kaputt. Harte Nacht gehabt. Heute früh hab ich 100 Minuten gebraucht, um den ersten Lift zu kriegen. Ich lege mich neben die Straße in den Schatten und mache erst mal ein Nickerchen.
12:37 Uhr
Schönheitsschlaf beendet. Das war dringend nötige Erholung. Sogleich fange ich frisch und engagiert den ersten Truck ab. Null Minuten Wartezeit. Yeah!
13:34 Uhr
Der Truck hat mich an einer Mautstation rausgeschmissen. Dauert nicht lange, da fange ich einen Kleintransporter mit riesen Anhänger ab. Mit dem werde ich nun erst mal durch halb Mexiko unterwegs sein. Okay, nur ein Viertel, aber ein paar hundert Kilometer gehts weiter.

DRITTER CHORUS

22:35 Uhr

Bin wieder voll drin. Gut, dass ich heute Morgen noch mal gepennt hatte. Eine Familie hält an der Polizeikontrolle an, wo ich gerade stehe. Meine Chance. Ob sie Richtung Mexiko-Stadt fahren? Ja. Könnt ihr mich mitnehmen? Ja. Was ich nicht weiß, dass sie schon zu viert in einem voll bepackten Auto sitzen. Quetschen mich trotzdem noch rein. Supernett. Drei Stunden rasen wir über die Autobahn. Perfekter Nachtlift.

31.7.2015, 2:33 Uhr

Ein Pastor mit seinen Schäfchen. Ich kriege Essen gereicht. Der Pastor war früher in Los Angeles, spricht sehr gut Englisch. Eine lustige Runde. Mindestens zwei der vier Anwesenden waren früher drogenabhängig, bevor sie zu Gott gefunden haben. Die Gretchenfrage muss natürlich kommen: Wie stehe ich zu Gott? Ich antworte ausweichend, wie immer. Dass ich ein bisschen an Gott glaube. Versuche, das Thema schnell zu beenden, um niemanden zu kränken. Meine Sitznachbarin redet sich unterdessen in einen Rausch; dass ich zu Gott sprechen soll und Gott uns beschützt. Ich sitze das aus und gebe vor, nur die Hälfte zu verstehen. Danach kriege ich ein Sandwich.

7:34 Uhr

Wieder mal ein geiler Lift. Ein Typ mit roten Schuhen und Hawaiihemd hält an und nimmt mich mit. Genau meine Zielgruppe. Die sind oft am geselligsten. Wir unterhalten uns prächtig. Ein supernetter Kerl. An der Tankstelle gibt es wieder Kaffee. Danach will er mir irgendeine mexikanische Spezialität zeigen. Wir halten an einem Straßenstand an. Die Spezialität gibts leider nicht. Aber wir müssen feststellen, dass wir nicht weiterkönnen. Haben einen großen Nagel im Reifen. Fahren weiter zur nächsten Werkstatt. Die können uns nicht helfen, aber noch mal Luft in den Reifen machen, damit es weitergeht. Wie die Sauseblitze zur nächsten Werkstatt. Ein angenehm frischer Morgen. Reifenwechsel, ich werde zum Frühstück eingeladen, dann weiter nach Mexiko-Stadt. Danach wieder Anfängerfehler. Ich verpasse meine Ausfahrt und fahre 70 km zu weit in die größte Stadt der Welt.

11:07 Uhr
30 Minuten auf meinen nächsten Lift gewartet, der mich ans Nordende von Mexiko-Stadt bringt. Superglücklich. 90 Minuten Fahrt liegen vor mir.

12:50 Uhr
Ein netter Familienvater nimmt mich mit. Frau und Kinder fahren hinter uns. Ich kriege Eistee gekauft, als wir anhalten. Im anderen Auto erspähe ich eine Katze. Die reisen echt mit Katze. Wie cool ist das denn?

15:44 Uhr
Wieder so ein mega Lift. Ein Transporter mit langer Ladefläche. Fahre mit einem Familienvater. Er sagt, dass ich ruhig schlafen kann. Ob er müde ist? Nein, aber er wird schlafen, wenn er müde ist, weil er zu Hause Kinder hat und keinen Unfall bauen möchte. Wird mich bis weit nach Norden mitnehmen. Kurz vor Monterrey, wo vor kurzem noch ein Mafiakrieg stattgefunden hat.

23:25 Uhr
Tankstelle. Mitten im Kartellgebiet. Ein Truck kommt angefahren mit offensichtlich total zugedröhnten Leuten drin. Immer wieder das Gaspedal zum Anschlag durchgedrückt, während sie vor der Tankstelle stehen. Es dröhnt über den ganzen Platz. Sie setzen vor und zurück, es tut einen mächtigen Schlag, und der Truck knallt mit voller Wucht gegen ein anderes Auto. Der Gerammte steigt aus, schaut sich das Auto an. Anscheinend kein Bedürfnis, mit diesen Verrückten Stress zu haben. Ich halte mich im Hintergrund. Die Situation ist mir nicht geheuer.

DRITTER CHORUS

1.8.2015, 0:56 Uhr
Fünf Tacos für ein Halleluja, dann erst mal schlafen. Ich lege mich unter einen Taubenbaum. Die Vögel scheißen nachts mein Zelt voll.
8:00 Uhr
Erster Lift an diesem Morgen war Überzeugungsarbeit. Ein Trucker will nicht. Sein Mitfahrer und seine Mutter stehen an der Taco-Bude. Ich schnorre eine Zigarette. Bekomme sogleich ein Croissant von der Mutter aufgedrückt. Die beiden fragen den Trucker noch mal, und er willigt ein. Die Mutter versorgt mich im Truck weiter. Ich bekomme in Blätter eingerollten Maisbrei mit Fleisch.
8:40 Uhr
Lift mit zwei schmuddeligen mexikanischen Arbeitern. Ich kriege ein Eiersalatsandwich. Der eine findet mich so toll, dass er ein Foto macht und mich mehrmals umarmt. Viel Liebe hier auf der Straße.
10:03 Uhr
Eine Begegnung der speziellen Art. Ein Typ kommt auf mich zu. Sieht aus, als würde er gleich zu einem Bowlingabend gehen. Lila Hemd und außer einem Paar Schuhe nichts bei sich. Es stellt sich heraus, dass er aus Honduras ist und ohne Pass versucht, in die USA einzureisen; zu seinem Bruder nach Houston. Wie er über die US-Grenze will? Schwimmen, deutet er mir an. Knallhart. Ist anscheinend auch nicht das erste Mal für ihn, auf diese Weise eine Grenze zu überqueren. Er kauft mir und unserem Fahrer was zu trinken. Ich hab ein schlechtes Gewissen und schenke ihm meine Karte. Wir haben denselben Weg, aber ich trenne mich schnell wieder von ihm, da er keine Papiere hat und ich nicht in einer Kontrolle hängenbleiben möchte. Kostet dann so viel Zeit.
11:03 Uhr
Ein Farmer nimmt mich mit, und ich lande mitten im Nirgendwo, kurz vor der Autobahn Richtung Grenze. Trampen läuft langsam seit Monterrey. Ich entscheide mich für die Mitleidstour und laufe

ZENTRALAMERIKANISCHES INTERMEZZO

in der prallen Sonne auf dem Highway entlang. Das ist wirklich abgefuckt, aber manchmal hilft es. Autos und Lkw rasen an mir vorbei. Es ist sehr heiß, und ich frag mich, ob das eine gute Idee ist.

11:46 Uhr

Oma, Opa und Enkel halten an. Wieso ich denn hier in der Sonne wäre und dass sie mich da nicht so alleine hätten stehenlassen wollen. Ich muss Wasser trinken und ein Sandwich essen.

14:10 Uhr

Grenze. Ich muss 26 $ für die Ausreise aus Mexiko bezahlen. Damit habe ich nicht gerechnet. Wir stehen in einer langen Schlange mit anderen Autos. Ich habe irgendwo noch 100 $ für absolute Notfälle. Als ich sie rausholen will, merke ich, dass sie mir wohl in meinem letzten Hostel geklaut wurden. Mein Fahrer legt mir das Geld aus. Ich habe keine Chance, es ihm zurückzuzahlen. Er will es wohl auch nicht zurück und fährt direkt nach der Kontrolle weiter, während ich drei Stunden an dieser Grenze festhänge. Die Administration in den USA nimmt sich Zeit. Wieder wird mein ganzer Rucksack auseinandergenommen.

19:55 Uhr

Ein Mexikaner kann mich nicht mitnehmen, schenkt mir aber eine Honigmelone. Jetzt ein Lift an die Stadtgrenze von Laredo. Der Typ ist Busfahrer, bietet mir mehrmals ein Hotelzimmer an. Dauert ein bisschen, bis ich merke, dass er wohl schwul ist und mit mir zusammen ein Zimmer teilen will. Ich lehne ab. Freundlicher Abschied, und weiter gehts.

20:20 Uhr

Ich stehe an einer Tanke. Komische Dinge passieren in den USA. Zuerst kommt einer der beiden Security-Menschen zu mir. Er sieht aus wie der typische Star-Trek-Fan; ziemlich dick, total nett und mit Brille. Macht mich darauf aufmerksam, dass in der Stadt ein Obdachlosenheim ist. Danke für den Tipp. Er hat es gut gemeint.

DRITTER CHORUS

Eine Stunde später: Er kommt zurück. Besser gesagt, sein Kollege kommt zu mir und bringt ihn mit. Der Kollege ist eher der Typ Texas-Cowboy. »Law and Order«-Mensch. Ein klein geratener, missmutiger Kerl mit einem formidablen Schnäuzer, der mich ein wenig neidisch macht. Er mag offensichtlich keine Tramper. Wir haben diese epische Konversation, wie ich sie wohl nur hier erleben kann: »Sir, Sie können hier nicht einfach alle Leute an der Tankstelle belästigen.« »Hat sich denn jemand beschwert?« »Nein, aber was Sie machen, ist falsch.« Aha, Gespräch beendet. Weitere Diskussion sinnlos.

21:28 Uhr

Nachdem ich die Tanke verlassen habe, stehe ich – immer noch mit meiner Honigmelone – in hoffnungsloser Position. Mitten im Dunkeln. Ein Güterzug fährt vorbei. Güterzug hoppen? Leider die falsche Richtung. Dann hält tatsächlich ein Pick-up an. Ein Mexikaner. Wie soll es auch anders sein? Fährt bis auf 70 Meilen an meinen Zielort heran, und ich darf auf die Ladefläche. Ladefläche? Andere wollten mich nicht auf der Ladefläche mitnehmen, weil wir durch eine große Einwanderungskontrolle durchfahren müssen und das offensichtlich verboten ist. Ich setze mich trotzdem hinten rein. Sternenhimmel.

22:14 Uhr

Einwanderungskontrolle. Ich versuche, mich schlafend zu stellen und zu verstecken. Was unter ca. 100 auf mich herableuchtenden Baustellenstrahlern schwierig ist. Die Polizisten kommen um die Ecke. Ich gebe ihnen meinen Pass. Die beiden sind überaus freundlich, beglückwünschen mich zu diesem Pick-up-Lift und meinen, dass hier sonst nie jemand für Tramper anhält.

2.8.2015, 7:05 Uhr

Ich habe die Nacht an einer Raststätte neben einem Zaun geschlafen. Am morgen kommt ein Auto vorbeigefahren, bleibt stehen, und das

ZENTRALAMERIKANISCHES INTERMEZZO

Fenster geht runter. »Are you homeless?« Bist du obdachlos?, fragt eine Frau, die sich anhört wie Marge Simpson. »Nein, ich bin nur ein Tramper.« »Oh, aber ich hab dir schon Frühstück gekauft.« Sie reicht mir eine McDonalds-Tüte und frischen Orangensaft. Es sollte nur die erste von vielen Erfahrungen dieser Art sein. In den USA wird zwischen Trampern und Obdachlosen nicht unterschieden.

7:48 Uhr
Erster Lift, netter Kerl. Endlich Englisch sprechen. Wieder kriege ich Essen angeboten.

9:53 Uhr
Eine Frau nimmt mich mit. Sehr redselig. Sie meint, dass ihr Mann sagt, sie solle keine Tramper mitnehmen. »Aber ich bin in den 70ern selber kreuz und quer durch dieses Land getrampt, und irgendjemand muss ja für euch anhalten.« Klassiker. Wir freunden uns auf Facebook an.

10:01 Uhr
Ich stehe an der Straße, in der Hand eine Trinkflasche. Ein Auto hält an und winkt mit einer Tüte. »Hier, ich hab dir Wasser gekauft. Es ist so heiß draußen.« Das ist halt Amerika. Essen und Trinken im Überfluss. Aber mitnehmen will mich niemand. Na ja, jetzt hab ich zwei Flaschen Wasser, die ich nicht brauche.

10:07 Uhr
Tankstelle. Eine nette und sehr gut aussehende Mittdreißigerin mit ihren beiden Kindern. Erst will sie mich nicht mitnehmen, aber ich habe so ein Gefühl und halte mich taktisch zurück. Sie tanken, ich gehe wieder auf meine Position, zu meinem Rucksack und der Honigmelone. Kurz bevor sie losfahren, winken sie mich zum Auto. Ich kann mitkommen. Sie meint: »Und dann hab ich gesehen, dass du eine Honigmelone dabeihast. Da dachte ich, der kann nicht gefährlich sein.« Der Geist des Mexikaners, der mich mitnehmen wollte, aber keinen Platz hatte, scheint zu wirken. Danke, Muchacho.

12:56 Uhr

Letzter Lift nach Austin, Texas. Ein Kerl, der sein Geld mit Drogen verdient, nimmt mich mit. Während der Fahrt sehe ich einen Obdachlosen mit einem schönen Basecap und denke laut: »Ich brauche einen Hut.« Mein Fahrer sofort auf 180: »Echt? Hey, Mann, komm, ich kauf dir einen Hut!« Wir fahren in den nahe gelegenen Headshop, und ich darf mir eine der Basecaps aussuchen. Die Basecaps sehen leider alle scheiße aus. Kiffermützen halt. Mit so was will ich ehrlich gesagt nicht an der Straße stehen. Aber gut. Ich will keine Gefühle verletzen und nehme die am wenigsten scheiße aussehende Mütze. An der Kasse der Schock: 48 $. »Willst du mir das *wirklich* kaufen?« Für ihn anscheinend kein Problem. Er hat Geld.

2
USA

Das Trampen in den USA war eine der großen Enttäuschung meiner Reise. Man denkt an Kerouac, wie er von Denver nach San Francisco trampte. An die schönen Fernsehbilder aus den 60ern, vom amerikanischen Aufschwung, schönen Highways und fetten Autos, die in Drive-ins fahren, damit auch ihre Fahrer schön fett werden. Ich wollte zum Ursprung der Hippiekultur. Die Redwoods sehen. Abenteuerluft schnuppern. Und hab gehofft, die USA wären *das* Land zum Trampen. Ist leider nicht so.

Der Hauptunterschied ist, dass man in Europa und den meisten Ländern auf der Welt cool ist, wenn man trampt. In den USA wird man hingegen wie ein psychopathischer Schwerverbrecher behandelt, wenn man den Daumen raushält. Das liegt sicher daran, dass viele Menschen auf der Straße leben und davon einige psychiatrische Behandlung bräuchten, das aber vom Gesundheitssystem nicht abgedeckt wird. Ich kam einmal an eine Auffahrt. Es war bereits dunkel. Und da war irgendwas. Als ich mich näherte, wurde mir klar: Es ist ein Mensch. Ein Häufchen Elend. Er hatte seinen Kopf zwischen den Knien vergraben und wimmerte. »Hey, Mann, alles okay?« »Buaaahbuaaah, nein!« Er weinte los. »Was ist denn passiert?« »Sie wollen mich töten. Bring dich lieber in Sicherheit!« Psychose, Drogen, Schizo, keine Ahnung, was mit ihm los war. »Brauchst du Hilfe?« »Nein!« »Soll ich dich allein lassen?« »Ja, lass mich alleine!« »Okay, Mann. Ähm … aber nur zu deiner Info, ich will hier nachher lostrampen.« Vielleicht hatte ich gehofft, dass er sich woandershin setzt. Ich wusste auch nicht, was ich für ihn tun sollte.

Ich ging zur Tankstelle, weil ich Leute ansprechen wollte. Irgendwann sah ich, wie ein zweiter Verrückter an die Auffahrt kam und die beiden Kontakt aufnahmen. Das sah dann so aus, dass der Wimmerer mitten auf der Straße stand und den anderen anschrie: »Lass mich in Ruhe! Geh weg. Fass mich nicht an!« Daraufhin sah er, wie ich die Szene von der anderen Straßenseite aus beobachtete: »Hey, du kannst jetzt rüberkommen und mich vor dem hier retten.« Wenn irgendwo Stress ist, fühle ich mich davon meist magisch angezogen und möchte schlichten. Ich setzte mich also in Bewegung, um mal zu schauen, was die beiden da treiben. Sie standen sich nun ganz nah gegenüber. Es war kurz davor zu knallen. Ich war schon auf halbem Weg über die Straße, als ich mir dachte, dass ich das lieber doch nicht zu meinem Problem machen wollte. Drehte wieder ab. Die beiden rauften sich wie auch immer zusammen und bildeten ein Team. Der eine kauerte auf seinem Rucksack, und der andere hatte nun ein Schild, das er aggressiv den vorbeifahrenden Autos auf die Windschutzscheibe klatschte. Ich fand an der nahe gelegenen Tankstelle einen Fahrer und konnte diese sonderbare Tramptechnik hautnah beobachten, als wir an ihnen vorbeifuhren.

DRITTER CHORUS

Aber nicht nur auf der Straße, sondern auch daneben erlebte ich einige Kulturschocks. Am meisten präsent ist mir ein Abend mit meinem Freund Dawson, bei dem ich in Austin, Texas, untergekommen war. Wir saßen zusammen auf der Veranda und tranken Bier. Irgendwann fiel mir auf, dass er an seinem Bein eine Schwellung hatte, so groß wie ein Tischtennisball. Ich entdeckte auch noch ein Narbe, auf eben dieser Schwellung. »Was ist das?«, fragte ich. »Das ist ein Tumor!«, antwortete er mit seltsamem Enthusiasmus. Und erzählte mir die dazugehörige Geschichte. Dawson hatte zwar einen Tumor, aber leider keine Krankenversicherung und auch kein Geld. Seine Mutter hatte einen schlecht bezahlten Job, und er wollte sie nicht mit zusätzlichen Kosten belasten. Irgendwann stieß er im Internet auf das Thema Selbstoperation. Es überrascht nicht, dass es hierzu eine große Community in den USA gibt. Dawson wollte sich also den Tumor selber rausschneiden. Leider war die Durchführung nicht so erfolgreich. Er hatte kein anständiges Anästhetikum. Ein paar Ibuprofen sollten es tun. Für die örtliche Betäubung hatte er eine Salbe aufgetrieben, die eigentlich bei Pferden angewendet wird. Auch ein Skalpell war nicht zur Hand, dafür ein Teppichmesser. So ging es also an die Arbeit. Dawson wurde unterstützt von zwei Freunden, die im gleichen Haus wohnten. Das Ganze fand im Badezimmer statt. Er schnitt den Tumor auf und blutete sehr stark. Als die Geschwulst schließlich offen lag, versuchte er, sie mit der Hand rauszuziehen, was offenbar auch ein bisschen funktionierte. Während er aber daran zog, verlor er das Bewusstsein und kippte um. Seine Freunde fingen ihn auf, und er musste sich dann doch einer ärztlichen Untersuchung unterziehen, die er aus eigener Tasche bezahlen musste. Seine Mutter half ihm mit den Kosten. Es kam zur OP, das Bein entzündete sich, und er musste noch mehr Kosten tragen.

Womit ich nicht sagen will, dass Dawson nicht auch ein verrückter Hund ist. Und das meine ich im positiven Sinne. Am 11.8.2015

USA

entführte er mich in eine Welt, die mir bisher unbekannt war. Es war bereits dunkel. Dawson und ich fuhren gerade unter einer Brücke hindurch. Da erzählte er mir, dass wir nun in den Teil der Stadt kämen, der früher fast ausschließlich von Schwarzen und Hispanos bewohnt wurde. Geradewegs ins Ghetto, wollte er damit sagen; auch wenn heute bereits vereinzelt Yuppies hierhinzogen und teure Häuser bauten, um anschließend die Preise fürs gesamte Viertel zu erhöhen. Irgendwie kannte ich das aus Leipzig.

Wir waren auf dem Weg zur »Fight Night« im Pedicab Shop. Pedicabs sind rikschaähnliche Fahrradtaxis. In dieser Szene tummelt sich eine Subkultur wie bei den Fahrradkurieren in Deutschland. Ziemlich verrückte, sehr individuelle Fahrradnerds, die auch gerne mal Spaß haben. Fight Night sollte heißen: Sie zeigen einen Kampfsport-Film, und danach wird geboxt. Letztes Mal lief *Fight Club*. Diesmal ein Bruce-Lee-Klassiker. Wir erreichten die Garage. Das Grundstück war mit Wellblech umzäunt. Erinnerte etwas an die ehemalige NPD-Zentrale in Leipzig. Es gab ein Dixi-Klo, zwei Kühlschränke voller Bier, etliche Mülltonnen, Sofas, einen Beamer und natürlich überall Fahrräder und Pedicabs. Es passte auch gut ins Bild, dass zur gleichen Zeit das Müllauto vorbeikam und mit lautem Gedonner den Container vor der Garage leerte. Perfektes Ambiente für einen guten Hinterhof-Boxkampf. Wobei ich durchaus gemischte Gefühle hatte, was diesen Abend betraf. Mein letzter ernsthafter Kampf war mit 13 auf dem Schulhof gewesen, gegen eine verfeindete Parallelklasse. Ich hoffte also insgeheim, dass die noch einigermaßen gemütliche Stimmung vielleicht erhalten bliebe und wir nicht kämpfen würden.

Dawson war allerdings heiß auf einen Kampf. Er war es auch, der die anderen im Anschluss an den Film motivierte, endlich den Boxring vorzubereiten. Der befand sich zwischen den Mülltonnen

DRITTER CHORUS

im Innenhof. Dort standen ein Tisch und mehrere Bänke. Aus einem Spind wurden alte verstaubte Boxhandschuhe geholt. Jemand ordnete die Kampfpaare zu. Neben uns beiden gab es noch sechs weitere Kämpfer. Dawsons Kontrahent war schon betrunken und wirkte ziemlich durchgeknallt. Es hatte während des Filmes schon ordentlich Bier gegeben. Und für alle, die kämpfen wollten, war das Bier sowieso umsonst. Dawson und sein Gegner bekamen ihre Handschuhe übergezogen, und es ging los. Es war ein ruppiger Kampf mit unfairen Mitteln. Es gab einen Schlag auf den Hinterkopf und mehrere judoartige Würfe mit darauffolgendem wilden Geprügel. Nach zwei Runden warf der Kontrahent das Handtuch, und Dawson stand als Sieger fest. Ich hatte derweil das zweite Bier gestürzt, Mut gesammelt und betrat den Ring, um auf meinen Kontrahenten zu warten. Es sollte Luke werden. Er war zwei Köpfe kleiner als ich, und sein Bein blutete, weil er zuvor einen Fahrradunfall gehabt hatte. Für mich eine durchaus beruhigende Nachricht. Einer der Pedicab-Fahrer coachte mich. Ob ich Erfahrung mit Boxen hätte? Nein. Schon mal gekämpft? Eigentlich nicht. Ich bekam eine kurze Einweisung, wie Deckung funktioniert. Immer schön seitwärtslaufen. Den Gegner mit meinen langen Armen von mir weghalten. Das war es im Grunde schon. Wir bekamen beide ein Stück Fahrradschlauch in den Mund, der als improvisierter Mundschutz diente, damit wir uns nicht die Zunge oder Lippe aufbissen. Da stand ich nun. Vor meinem ersten Fight gegen diesen unbekannten Kerl, in den Suburbs von Austin, Texas. Drei Runden zu je einer Minute waren angesetzt. Als wir die Fäuste abklatschten, meinte Luke, dass wir ja Spaß haben wollten. Ja, Spaß. Gutes Stichwort. Ich will ja auch nicht zerstört werden, oder doch? In der ersten Runde fing ich mir einen harten Kopftreffer ein. Keine Ahnung, ob ich ihn getroffen habe. Ich hörte immer nur, wenn die Menge aufschrie und anscheinend ein Schlag durchkam. Ansonsten bestand der Kampf aus Zurückweichen, wilder Schlägerei und immer wieder dem Versuch, die Deckung hochzunehmen. Luke war so nett, in der ersten Runde fast ausschließlich auf meinen Oberkörper zu schlagen. Er war wahrscheinlich etwas eingeschüchtert von meiner Größe und dem Bart.

Schon eine Minute Kampf stellte sich als ziemlich anstrengend heraus. Als die zweite Runde zu Ende war, konnte ich nicht mehr. Ich war völlig fertig. Selbst wenn ich gewollt hätte: Da war keine Kraft mehr, um irgendwen k. o. zu schlagen. Und emotional hätte ich es ebenso wenig hinbekommen. Man muss sich echt überwinden, um rücksichtslos auf jemanden einzuschlagen. Unterbewusst nimmt man immer Kraft aus dem Schlag. Zum Glück war auch Luke im Herzen Pazifist. Es schien so, als hätten wir eine stillschweigende Vereinbarung. Kämpfen, sich treffen lassen, ja. Aber nix kaputt machen. Runde drei ging zu Ende. Die letzten zehn Sekunden standen wir uns gegenüber. Als der Countdown runtergezählt wurde, nickte Luke mir zu, als wollte er sagen: »Du bist genauso fertig wie ich, und wir müssen das hier nicht übertreiben.« Ich verstand. Wir taumelten bis zum Gong ohne weitere Schläge. Kampf aus. Danach Umarmung. Freude. Wir hatten das gemeinsam durchgestanden.

Sich mit jemandem zu prügeln, insbesondere in einem solchen Setting, ist durchaus eine intime Sache. Wie Sex, nur dass man der anderen Person eben *nicht* nahe sein möchte. Jeder Kampf war anders. Manche hassten sich, andere versuchten es mit Technik. In Kampf drei ging das erste Mal jemand zu Boden. Natürlich war sofort Hilfe da. Für meine Begriffe sah das nicht gut aus. Die Jungs stellten den Typen wieder auf die Beine. Kurz hinsetzen. Alles klar bei dir? Dann gings weiter. Christoph Kramer und

DRITTER CHORUS

WM-Finale lassen grüßen. Ich hielt das für keine gute Idee, aber der Mann überlebte noch eine Runde, bevor er das Handtuch warf. Der Gewinner hatte ihn zermalmt. Es gab jetzt einen neuen Boss. Auch wenn der eigentlich ein überaus sympathischer Kerl war. Immer am Lachen und Scherzen. Freundlich, bisweilen etwas naiv wirkend, aber irgendwie mit dem Selbstvertrauen eines Donald Trump ausgestattet. Seine langen blonden Haare waren zu einem Zopf zusammengebunden. Er hatte einen skandinavischen Nachnamen, kämpfte in einem rot-weiß gestreiften »Wo ist Walter?«-Muskelshirt und schlug alles kurz und klein, was ihm in die Quere kam.

Natürlich zog der Erfolg bald Neider nach sich, und ein weiterer Kampf bahnte sich an. Mein Box-Coach stieg in den Ring, um gegen den Champion anzutreten. Es sollte der Topkampf des Abends werden. Es wurde brutal. Viele harte Kopftreffer wurden ausgetauscht, und der Kampf endete in der zweiten Runde. Mein Coach verließ blutüberströmt den Ring. Seine Nase war gebrochen. Blut tropfte auf seinen nackten Oberkörper. Die Fight Night war ein Fest der Nächstenliebe. Nach den Kämpfen brachen die Emotionen aus einem heraus. Es war herzerweichend, wie mein Coach und der Champion sich nach diesem epischen Fight in die Arme schlossen. »Lass dich noch mal umarmen, Kumpel.« »Aber ich blute.« »Dann komm her und blute auf meine Schulter.« Alle waren froh, es überstanden zu haben. Zeit, wieder nett zueinander zu sein.

»Meine Freundin war so besorgt, als ich meinte: ›Es ist Fight Night‹«, sagte mein Coach. »Aber ich hab gesagt: ›Mach dir keine Sorgen, Baby, ich gewinne das.‹« Alle mussten lachen, während er Blut auf den Asphalt spuckte. Es war ein geiler Abend.

3
Trainhopping

»Trainhopping bedeutet potenzielle Lebensgefahr«, wird ein Angestellter der Bahngesellschaft Union Pacific zitiert. Es geht um das illegale Mitfahren auf Güterzügen. Meist in einem der mitgeführten Waggons. Trainhopping gehört aber nun mal zur amerikanischen Kultur wie die Güterzüge selbst. Ende des 19. Jahrhunderts bauten die amerikanischen Eisenbahngesellschaften ihr Streckennetz massiv aus. Das war auch die Geburtsstunde der Hobos, Wanderarbeiter, die auf den Güterzügen durchs Land reisten. Um die Jahrhundertwende sollen bis zu zwei Millionen Menschen in Nordamerika auf diese Art und Weise unterwegs gewesen sein. Doch im Gegensatz zum Trampen kann hier ein falscher Schritt den Tod bedeuten. Oder den Verlust diverser Gliedmaßen. Allein im Jahr 1996 wurden 470 tödliche Unfälle dokumentiert. Wie brutal und monströs diese Güterzüge sind, konnte ich vorher nur erahnen. Aber für mich standen sie nun definitiv an. Und so machte ich mich auf den Weg nach Norden. Genauer gesagt nach Denver, Colorado. Am nächsten Tag war ich in Cheyenne, etwas nördlich von Denver. Ich verließ gerade einen dieser typischen Donut-Shops, als ein Typ mit Gitarre und Rucksack über die Straße lief. Unsere Blicke trafen sich. »*Hey, man,* wie läufts? Weißt du was über die Güterbahnhöfe hier?« Ich brauchte Informationen. Ich war ein Greenhorn. Zwar hatte ich *Hopping Freight Trains in America* gelesen, einen 350 Seiten dicken technischen Guide zu dem Thema, aber vom Trainhopping an sich hatte ich keine Ahnung. So was lernt man nicht in Büchern. Man muss raus und es machen.

Mein neuer Hobofreund hieß Jessie. Er war seit zwei Jahren auf den Schienen unterwegs, aber gerade dabei, seine Reise zu beenden

DRITTER CHORUS

und den letzten Zug nach Hause zu hoppen. »Ich glaube, ich kann so langsam mal mit meiner Familie klarkommen«, sagte er und erzählte dann Geschichten über die Depots und von Hardcore-Trainhoppern, die Haken an ihren Körpern befestigen, um vorbeifahrende Züge zu hoppen. Man hakt sich fest und wird mitgezogen, während man aufspringt. »Mit dem Zug losfliegen«, sagte Jessie dazu. Eine abgefahrene Vorstellung.

Wir schlenderten durch die Stadt. Ich kaufte uns beiden eine Gallone Wasser (3,78l). Jessie hatte kein Geld und musste erst Straßenmusik machen, um sich Wasser kaufen zu können. Irgendwann meinte er: »Ich werd dafür sorgen, dass du nen guten Wagen kriegst.« Ich fühlte mich echt umsorgt. Die Trainhopping Community in den USA ist an sich eine geschlossene Gemeinschaft. Es sind viele dumme Kids auf den Schienen unterwegs, die allerlei Scheiße bauen. Ein Teil der Trainhopper fühlt sich dadurch natürlich diskreditiert. Auch ich als »Freizeithopper« würde unter all jenen, die darauf angewiesen waren, mit den Zügen mobil zu sein, sicherlich nicht gerne gesehen sein. Das Problem ist: Wenn etwas passiert oder Leute sich nicht an den Kodex halten, werden die Sicherheitsmaßnahmen der Zuggesellschaften verschärft, es gibt mehr Kontrollen, und es wird für alle schwieriger.

Der *Hop out*, also der Absprung (bzw. in dem Fall der Aufsprung), den Jessie mir zeigte, war eine Eisenbahnbrücke, unter der wir erst mal warteten. Autos der Militärpolizei überquerten eine nahe gelegene Kreuzung. Wir mussten vorsichtig sein. Es dauerte ca. 15 Minuten, da rollte über uns ein Zug ein und hielt direkt auf der Brücke. Wir ließen ein weiteres Auto der Militärpolizei passieren, kletterten die Brücke empor und hielten nach einem guten *Car* Ausschau. Wir fanden einige *Grainer,* das sind Waggons, die standardmäßig für Getreide oder trockene Feststoffe genutzt werden.

TRAINHOPPING

»Nimm den hier«, meinte Jessie. Manche Grainer sind nämlich so gebaut, dass dort kein Platz zum Verstecken ist. Den Unterschied muss man allerdings erst mal lernen. Froh über Jessies Hilfe kletterte ich also rauf, wir sagten goodbye, ich zog meinen Kopf ein und versteckte mich. *Keep yourself low.* Nicht gesehen werden! Ich lag auf kaltem, dreckigem Stahl, und mein Herz schlug aufgeregt. Die Druckluftbremse zischte, langsam setzten sich die Waggons in Bewegung. Ich war auf meinem ersten Güterzug. Was für ein Gefühl! Freude und Euphorie! *Highball!*

Wenn ein Zug rollt, dann rollt er. Und wenn ein Zug rollt, dann wird es laut. Stahlkupplungen, die mit immenser Kraft die Waggons über die Gleise reißen. Das monotone Geräusch der Räder, die über die Schienen preschen. Überall Staub und Dreck. Und vor mir ein 100-Tonnen-Container, der sich immer wieder bedrohlich auf meinen Waggon zu- und wieder wegbewegte. Aber ich war nun gefangen. Hier gab es keinen Ausstieg. So ein Güterzug kann Angst machen. Besonders wenn man mittendrin sitzt.

Die Strecke führte aus der Stadt raus, mitten in den wilden Westen Amerikas. In die unbewohnten Steppen, durch trockene Landschaften, in denen es nichts gibt, außer den Gleisen, die den Weg vorgeben. Zwischendrin immer wieder anhalten, Züge durchlassen, losfahren, krachende Kupplungen und alles wieder von vorne. Ich war auf einem *Low-priority Train.* Das heißt, dass fast jeder andere Zug Vorfahrt hat. Wir fuhren sehr langsam. In den ersten 17 Stunden legten wir ca. 200 Meilen zurück. Ich wusste, dass Züge nicht schnell waren, aber so langsam? Weil ich damit gerechnet hatte, dass die Fahrt 8 bis 10 Stunden dauern würde, und zudem zu faul zum Einkaufen gewesen war, hatte ich lediglich eine Gallone Wasser und ein Päckchen Zigaretten. Das war alles. Aber solange mein Lift in die richtige Richtung rollt, steig ich nicht aus.

DRITTER CHORUS

Es wurde dunkel. Der Zug stoppte vor der alles entscheidenden Kreuzung. Würde er weiter nach Westen fahren, käme ich direkt zu meinem Zielort nach Salt Lake City. Wir standen bereits seit 30 Minuten und ließen einen Zug nach dem anderen durch. Ich nutzte die Mondscheinnacht und machte Fotos. Immer wieder wurde ich leicht paranoid. Hat jemand das rote Fokus-Licht meiner Kamera gesehen? Oder vielleicht mich? Ist die Polizei auf dem Weg, um den Zug zu durchsuchen? Ich tapste durch meinen Waggon. Am Boden waren Stahlstangen, die eine Verbindung zur Bremse hatten. Einmal stolperte ich über diese Stangen. Das konnte für die Mechanik nicht gut gewesen sein. Ob ich nun etwas kaputt gemacht hatte? Ich saß nun direkt neben dem Presslufttank der Druckluftbremse. Plötzlich ein lautes, ohrenbetäubendes Zischen. Die Bremse entlud sich. Acht Bar zischten in die Freiheit, direkt neben meinem Ohr. Tinnitus, Stress, irgendwas war kaputt. Ich wurde panisch. Starrte zur Lok. Kam da jemand, um die Bremse zu reparieren? Ich sah ein Licht. Sollte ich nun entdeckt werden? Es gibt unterschiedliche Informationen darüber, was passiert, wenn man beim Trainhopping erwischt wird. Die Spanne reicht von Laufen-gelassen-Werden über 50-$-Zahlen bis hin zu Grün-und-blau-geschlagen-Werden und Scheinexekutionen auf dem Feld. Deswegen versteckt man sich, so gut es geht. Und deswegen war ich in dieser Situation auch besonders angespannt.

Nach wenigen Minuten pumpte die Bremse neuen Druck in den Tank. Puh! Alles gut. Wir rollen weiter. Allerdings nach Norden. Scheiße. Falsche Richtung. Ich muss hier raus. Mein so träger und langsamer Dreckszug mutierte auf einmal zum *Hot shot Train*. Das sind Züge, die immer Vorfahrt haben und selten anhalten. Und mein Zug sollte *die nächsten fünf Stunden* nicht mehr anhalten. Wir rollten durch die Rocky Mountains. Es wurde sehr kalt. Eisige Luft umwehte mich. Mein Sommerschlafsack war wieder mal nicht zu

TRAINHOPPING

gebrauchen. Ich zitterte am ganzen Leib. Aber als ich so versuchte, mich halbwegs wach zu halten, sah ich die Berge an mir vorbeiziehen. Die Landschaft war leer, und die weiten Ebenen wurden vom Mondschein erhellt. In mir legte sich ein Schalter um. Ich begriff meine Situation jetzt erst so richtig. Was mir vorher verborgen geblieben war, kam nun voll in mein Bewusstsein. Es ist wunderschön hier! Dieses laute, brutale Stahlmonster. Ich mittendrin. Draußen gleißender Mondschein, und an mir ziehen die Rocky Mountains vorbei. Keine Häuser waren zu sehen. Keine Straßen. Euphorie, Glück und Wahnsinn kamen mal wieder aus ihren Betten, setzten sich gemeinsam an einen Tisch, ignorierten das Selbstmitleid und feierten. Ich fing an, diese Fahrt zu genießen. Serotonin strömte durch meinen Körper. Es war schon einige Zeit her, dass ich diesen Kick beim Trampen erlebt hatte. Trainhopping: meine neue Liebe. Mein Zug wurde zu Gott. Ich ordnete mich bedingungslos unter und genoss die Geborgenheit.

Es war gegen 5 Uhr in der Früh, als wir endlich anhielten. Ich schaute mich um. Da war tatsächlich eine kleine Siedlung. Zivilisation. Zeit, um auszusteigen. Es dämmerte bereits. Erst mal runter vom Zug. Meine Ohren waren taub vom Lärm. Als der Zug sich wieder in Bewegung setzte, schaute ich mir die vorbeifahrenden Waggons noch mal an. Ich hatte keine Eile nach dieser Nacht. Hinterm Zug wartete ein Auto am Gleisübergang. Ich hielt meinen Daumen raus. Der Fahrer hielt direkt an und nahm mich mit. Ich konnte meine Begeisterung nicht zurückhalten und erzählte ihm, dass ich gerade auf diesem Zug mitgefahren war. Er verstand mich. Er war in meinem Alter selbst Güterzüge gehoppt. Wir hatten eine gute Unterhaltung.
Ich landete in Salt Lake City, wo ich einige Tage blieb, bevor es wieder zurück auf die Gleise ging. Operation Nachtzug stand an.

DRITTER CHORUS

Ab nach Kalifornien. Diesmal war ich besser ausgerüstet. Neben der üblichen Schachtel Zigaretten und einer Gallone Wasser hatte ich drei dick belegte Bagel, einen Apfel und zwei Bananen dabei. Außerdem ein großes Stück Pappkarton und einen relativ aktuellen *Crew Change Guide,* eine Art Trainhopping-Ratgeber, mit detaillierten Tipps, den ich über Kontakte bekommen hatte. Ich folgte also der Beschreibung im Guide, schlich mich aufs Union-Pacific-Gelände und fand mich alsbald im sogenannten *Hobo Jungle* wieder. Jenem Bereich, in dem Hobos traditionell rumhängen und auf den nächsten Zug warten. Hier war es ein Gebüsch nahe den Schienen, bei dem ich allerdings nur Müll vorfand. Wie ich später herausfinden sollte, lebten im Gebüsch nebenan mindestens zwei Menschen in Zelten.

Ich machte es mir zwischen dem Müll einigermaßen gemütlich und wartete auf meinen Zug; fühlte mich sicher in meinem Versteck. Auf einmal fährt dieser orangefarbene Pick-up zweimal an mir vorbei. Beim dritten Mal zieht er vor meinem Gebüsch links rüber, und ein Mann steigt aus. Starrt in meine Richtung. Ich bin mir nicht sicher, ob er mich wirklich gesehen hat. Aber er starrt sehr lange. Das scheint er also zu sein, der *Bull*; das ist die Railway Police; keine richtigen Polizisten, sondern eher Sicherheitskräfte. Vieles habe ich schon über sie gehört, über ihre angebliche Faulheit, fehlende Bildung, ihren Übereifer, wenn sie denn mal einen Trainhopper finden. Ich bleibe wie festgefroren liegen. Auch der Bahnbulle bewegt sich nicht. Minuten vergehen. Irgendwann steigt er wieder in sein Auto und fährt davon.
Scheiße, er hat mich entdeckt. Zwar kann mich niemand belangen, weil ich im Gebüsch rumliege, aber es wird ungleich schwieriger, auf einen Zug zu kommen, wenn Leute im Depot Bescheid wissen. Ich ziehe mich tiefer in den Müll zurück, finde eine kleine

Wiese. Mache es mir dort abermals gemütlich und töte immer wieder einige der Mücken, die mich unablässig belagern. Stundenlang. Warten auf den Zug. Ich finde lustige Hobo-Graffiti um mich herum: »Ain't no wrong train«. Es gibt keinen falschen Zug. Oder: »And you think you gonna catch out tonite?« Glaubst du echt, dass du heute Nacht noch wegkommst? Ja, das denke ich tatsächlich.

Es dauerte einige Zeit, da kam der erste Zug. Aber der Bahnbulle war zur gleichen Zeit auf der Piste, fuhr mit seinem Pick-up auf und ab. Der Zug hielt auch nicht an. Keine Chance, ihn im Vorbeifahren zu erwischen. Ich breitete also meinen wunderbaren Pappkarton aus und versuchte, ein bisschen zu schlafen. Ich war sehr begeistert von dem Pappkarton. Er hielt warm von unten, war superpraktisch und umsonst. Ich veranstaltete schon Gedankenspiele, meine Isomatte gegen einen guten Pappkarton einzutauschen. Pappkartons kann man auch dreckig machen, und irgendwie hat das Stil. Landstreicher-Stil.

Die Nacht brach an. Ich traute mich endlich aus dem Gebüsch heraus und schlich am Bahngelände entlang. Ganz in Schwarz gekleidet und noch angeschlagen von einer 40-km-Wanderung zwei Tage zuvor, humpelte ich umher und versuchte herauszufinden, wo die Lokführerwechsel vonstattengingen, wo die Züge hielten – ohne Erfolg –, und legte mich dann einfach auf einen Abhang mit Gebüsch. Ich hatte ja meinen Pappkarton. Der machte mir überall ein neues Zuhause. Es kann so einfach sein, das Leben. Die Nacht war trotzdem schrecklich. Es kamen vier verschiedene Güterzüge. Ein regionaler *Low-priority*, ein kurzer Containerzug und zwei normale *Low-priority*-Züge. Nichts hielt an. Nichts zum Aufspringen.

Also schlafen. Es war wieder saukalt. Mein Schlafsack wärmte mich im Rahmen seiner Möglichkeiten. Ich hatte mehrere Träume in dieser Nacht. Alle liefen nach demselben Muster ab. Ich durchlebte

DRITTER CHORUS

irgendein Szenario, und weil mir so kalt und ich so müde war, versuchte ich, einen warmen Schlafplatz zu finden. Meist fand ich eine gemütliche Couch oder eine warme Abstellkammer. Aber die Kälte blieb. Etwa vier Träume später ging die Sonne langsam auf. Kein Zug diese Nacht. Was für eine Enttäuschung. Und pünktlich um 9 Uhr morgens fuhr der Bahnbulle wieder mit seinem orangefarbenen Pick-up hin und her. Ich wollte gerade aus meinem Gebüsch raus, da sah ich ihn wieder angefahren kommen. Alarm! Schnell wieder in Deckung.

An Aufgeben war nicht zu denken; aber ein neuer Plan musste her. Also erst mal zu Walmart und Vorräte neu aufstocken. Außerdem legte ich mir Ohropax zu. Im Internet fand ich heraus, dass ich an der falschen Stelle gewartet hatte und der eigentliche *crew change* weiter südlich auf dem Gelände war. Das Ganze war mit *Catwalk* umschrieben, also Präsentierteller. Wie wörtlich das gemeint war, sollte ich noch herausfinden. Aber erst mal suchte ich mir wieder ein schattiges Plätzchen, entfaltete meinen Pappkarton und machte ein Nickerchen. Dieses sinnlose Warten. Herrlich. Ich lag quasi auf der Straße. Ein Mann sagte, ich solle aufpassen, weil ich in den Knast käme, wenn die Polizei mich hier erwischte. Hinter mir war das einzige Haus in dieser Straße. Leute hielten wahllos an und luden Müll ab. Bildschirme, Pappkartons. Erst als ein paar Atzen erschienen, die Kartons durchwühlten und alles von Wert mitnahmen, erkannte ich, dass hier ein Kleiderspende-Container war. Da ich nicht wirklich gut für eine kalte Nacht auf dem Zug vorbereitet war, machte ich mich ebenfalls auf die Suche und fand eine nette Lederjacke. Irgendwann kam ein Mexikaner angetrudelt – er war geschätzte Mitte vierzig – mit einem kleinen Rucksack auf dem Rücken und einem Schlafsack in der Hand. Er fragte mich, wie man am besten nach Chicago kommt. Er wollte ebenfalls einen Zug hoppen, war aber seit zehn Jahren nicht mehr auf den Gleisen

TRAINHOPPING

gewesen. Er kaufte mir eine Cola und schenkte mir ein paar Socken. Im Gegenzug gab ich ihm ein Feuerzeug. Gegenseitige Fürsorge!

So langsam entwickelte sich eine kleine Gemeinschaft. Ein anderer Kerl, braun gebrannt, alles voller Tattoos, mit einem Kopftuch und einem zusammengebundenen Päckchen aus Tabletverpackung und Wasserflasche, erreichte unsere kleine Gruppe. Er brabbelte sofort los, als ob wir uns schon jahrelang kennen würden. »Ich war zwei Jahre nicht in der Stadt, bin gerade wiedergekommen, und die Cops sind schon wieder hinter mir her.« Drei Autos angeblich. Den ganzen Tag folgten sie ihm schon. Jetzt allerdings nicht. Waren wohl gerade Kaffee trinken. Klarer Fall von Paranoia – oder doch Polizeistaat? Ich gab ihm ein paar Zigaretten.

Auf dem Bahngelände sah ich einen schwarz gekleideten Menschen mit Rucksack. Also eindeutig ein Trainhopper. Kurzer Schnack. »Fährst du raus?«, fragte er mich. »Ja, wo gehts bei dir hin?« »Kalifornien.« Meine Richtung. Sein Name war Roy. Wir taten uns zusammen. Roy war bestens vorbereitet. Einer seiner Kumpels kannte wohl den Autor des *Crew Change Guide* persönlich, was ziemlich mächtig ist und weshalb er auch die allerneueste Version hatte. Von diesem Jahr! Die heilige Schriftrolle. Wir machten es uns nahe der Eingangszone zum Bahngelände gemütlich und warteten auf die Dunkelheit.

Nachts auf einem Bahngelände rumzustreunen, bedeutet ja: *Be a ninja.* Bewege dich leise. Bleib in der Dunkelheit. Kleide dich schwarz. Lass dich verdammt noch mal nicht sehen. Wir beide waren nun auf einer Mission. Zwei Meuchelmörder, die sich an ihr nächstes Opfer heranschlichen. Es dämmerte bereits. Ich wartete nahe der Gleise mit unseren Rucksäcken. Roy kam von einer Erkundungstour zurück. Unser Hop-out würde mitten auf dem

DRITTER CHORUS

Gelände liegen. Irgendwie mussten wir dahin gelangen. Nun wusste ich auch, wieso von einem Catwalk die Rede war: Unser Ziel war ein frei stehender Palettenhaufen, der in der Mitte einer Grasfläche lag, die ungefähr 10 bis 15 Fußballfelder groß war. Um dahin zu kommen, musste man sich also auf den Präsentierteller begeben. Roy hatte die *Crew-change*-Informationen überprüft. Es sollte da ein Loch in der Mauer geben, durch das man aufs Gelände gelangen konnte. Das Loch gab es nicht. Also würden wir laut Roy über zwei hohe Zäune klettern müssen. Für mich hatte das sowieso mehr Stil, als durch Löcher zu kriechen. In diesem Sinne mehr Stil hatte auch eine Gruppe Punks, die wir später beobachteten, wie sie mit ihren Hunden einfach stur über die Gleise rannten. Mitten durch die Lichtkegel des Bahnhofs.

Während wir uns über den weiteren Plan unterhielten, sah ich ein Auto patrouillieren. »Runter!«, baffte ich Roy an. Wir tauchten ab ins hohe Gras. Die Security war wieder unterwegs. Das Auto hielt 70 m seitlich neben uns, drehte ab und fuhr in die andere Richtung weiter. »Gut gemacht«, meinte Roy. Es war Zeit, zum Hop-out vorzudringen. Das wurde hier langsam zu gefährlich. Wir schlichen uns über ein paar tote Gleise zum ersten Zaun, der von anderen Trainhoppern schon »bearbeitet« und angenehm zu überwinden war. Wieder Gleise, rennen, wieder Zaun, ein Hupsignal. Da fährt gerade was los in unsere Richtung. Schnell jetzt! Wir springen einen Geröllabhang hinunter und haben das riesige Bahngelände vor uns. Zwischen uns und den Gleisen ist nichts, was Deckung verspricht. Ca. 700 m flache, unbebaute Wiese, bestrahlt von Flutlicht. In der Mitte dieser Wiese steht ein ungenutzter Turm mit besagtem Palettenstapel. Das ist unser Hop-out.

Zu meiner Überraschung geht das vertrocknete Gras der Wiese mir bis zum Bauchnabel und bietet gute Deckung. Wir arbeiten uns gebückt zum Turm vor und erreichen ihn sicher. Der danebenstehende Palettenstapel ist von den Hobos im Inneren schon auseinandergepflückt worden, sodass sich eine Art Höhle mit Liegefläche für 4 bis 6 Personen ergibt, wenn man in ihn hineingeht. Tun wir aber nicht. Wir warten draußen auf unseren Zug. Die Sterne leuchten über uns. Der Mond ist noch nicht aufgegangen. Ich rauche eine Zigarette, und Roy schläft ein. Es wird frisch, aber meine Lederjacke bietet mir mütterliche Wärme. Es ist eine wunderschöne Nacht an einem atemberaubenden Ort. Auch ich schlafe nach einiger Zeit ein.

»Stefan!«, reißt mich Roy aus meinen Träumen. Ein Zug läuft ein. Der kurze Containerzug, den ich schon die Nacht vorher gesehen hatte. Definitiv ein Hot-shot. Den wollte ich eigentlich nicht hoppen. Roy meint aber: »Das geht schon.« Schnell werden die Sachen zusammengepackt, und wir sind wieder im Ninja-Modus. Wir checken ein paar Waggons, finden zwei, auf die wir raufkönnen. Leider nicht gemeinsam. Zu wenig Platz. Ich quetsche mich unter eine Trittbank. Die Lücke ist gerade groß genug, dass ich dort liegen kann. Nun ist Warten angesagt. Der Zug rollt los. Nach 50 m bleibt er wieder stehen. Weiter warten. Irgendwann höre ich die Druckluftbremse. Jetzt gehts gleich los. Auf einmal kommt Roy angerannt: »Stefan, ich glaube, das sollten wir lassen. Ich habe die Nummern gecheckt. Diese Container werden in fünf Stunden abgestellt.« »Was? In fünf Stunden? Was sollen wir tun? Gib mir ne klare Ansage!« Der Zug kann jede Sekunde losrollen. Roy hat Tracey angerufen, die freundliche Computerstimme, die zu jedem Waggon und Container das zugehörige Ziel kennt. Auch ein nettes Tool für professionelle Trainhopper.

Als wir zurück zum Hop-out laufen, hängt Roy immer noch in der Leitung und checkt einen anderen Waggon über Tracey. »Da ist

DRITTER CHORUS

einer, der nach Südkalifornien geht. Lass uns zurückgehen«, meint er. Also wieder ab auf den Waggon. Ich werde nervös. Wieder verstecken, wieder warten. Und es passiert erst mal nichts. Nach ca. 60 Minuten fahren mehrere Autos am Zug entlang. Bahnarbeiter entkoppeln die Lok am Ende des Zuges. Höchst ungewöhnlich. Was ist hier los? Normalerweise soll der *Crew change* von solchen Zügen nicht länger als 30 Minuten dauern. Und nun wird auch noch die hintere Lok abgekoppelt. Irgendwas stimmt nicht. Aber mir bleibt nichts anderes übrig, als in Deckung zu bleiben und das Geschehen zu beobachten. Falls etwas ist, wird Roy mir schon Bescheid sagen.

Wir warten insgesamt mehr als drei Stunden auf diesem Zug, bis er endlich losrollt. Was ich erst am nächsten Tag erfahren sollte: Roy wurde nervös. Sehr nervös. Er verließ seinen Waggon und lief zum Kopf des Zuges. Als er fast da war, hörte er die Druckluftbremse. Ein sicheres Zeichen, dass der Zug gleich losfährt, was aber suboptimal ist, wenn dein Rucksack am anderen Ende des Zuges liegt. Er sprintete zurück, so schnell es ging. Züge sind lang, manchmal mehr als einen Kilometer. Irgendwann auf seinem Run tauchte auch noch der Bahnbulle hinter ihm auf und fuhr mit seinem Auto den Zug ab. Roy musste sich verstecken. Megaaktion, nur weil er Tracey nicht vertraut hatte. Er schaffte es aber noch rechtzeitig. Gegen 4:30 Uhr in der Früh fuhren wir endlich los.

Unsere Route führte direkt durch die Salzwüste bei Salt Lake City. An der Stadtgrenze roch es derbst nach fauligen Eiern, aber bald schossen wir hinein in die absolute Dunkelheit und mitten durch die Wüste. Diese Strecke ist nur mit dem Güterzug befahrbar. Es gibt keine Straße, keinen Personenzug; nur ein Gleis, das mitten über einen Damm führt, der das ausgetrocknete Meer zweiteilt. Links und rechts von uns nur Wasser oder trockene Salzfläche. Über uns ein enormer Sternenhimmel, der durch die Hochebene besonders hell leuchtet. Der Mond geht gerade unter. Es ist zwei Tage vor Neumond. Er hat die Form einer Sichel. Man kann aber den Umriss des gesamten Trabanten erkennen. Er verschwindet schließlich hinter den Rockies.

Ich hatte den ganzen Abend nichts gegessen, weil ich auf solche Momente gewartet hatte. Nun konnte ich endlich meine Proviant-tüte öffnen. Es gab eine Dose Thunfisch, Brot, einen Apfel und *Chocolate Cheesecake Cookies*. Dazu Zigaretten und Wasser. Warmer Wind wehte mir um den Kopf. Wir überholten einen wartenden Zug. Ha! Wir sind der *Priority Train*, ihr Ficker! Ich streifte meine Lederjacke über, legte mich in meinen Schlafsack und schlief ein.

Wir rollten die ganze Nacht. Irgendwann erreichten mich die ers-ten wärmenden Sonnenstrahlen, und ich versuchte, meine mit der Zeit doch ziemlich kalt gewordenen Füße zu reanimieren. Vormit-tags kam der zweite *Crew change*. Danach rollten wir weiter durch die Wüste. Auf dem Containerwagen hatte ich zwar gute Sicht, aber dafür keinen Sonnenschutz. Ich saß in der prallen Sonne und konnte nichts tun. Den ganzen Tag. Meine Gallone Wasser wurde warm, das war etwas eklig. Aber auch meine Dose Ravioli wurde warm. Was wiederum Vorteile hatte.

Vor unserem Zielort war ich mehrfach gewarnt worden. Es schien viele zwielichtige Gestalten zu geben, die dort rumliefen, und die Bahnbullen sollten besonders scharf sein. Dazu kam ein berüch-tigter Sheriff namens Watson, der wohl immer den Block griffbe-reit hat, um einem wegen einer Lappalie ein Bußgeld aufzubrum-men. Für mich war die ganze Trainhopping-Geschichte sowieso schon ein Spiel mit dem Feuer. Ich brauchte ein neues US-Visum, und wenn ich auch nur ein kleines Bußgeld bekommen sollte, dann wäre es das gewesen mit meiner Weiterfahrt nach Alaska.

50 km vor unserem Zielort. Mitten im Nirgendwo. Ein Bahnüber-gang. Ich sitze nichtsahnend in meinem Waggon und schaue in die

DRITTER CHORUS

Landschaft. Auf einmal steht da ein Opa mit einer dicken Kamera. Er sieht mich, das kann ich an seinem Zucken erkennen. Und schießt ein schönes Foto von mir. Für die letzten paar Kilometer geht mir natürlich die Muffe. Ob er die Polizei ruft? Ob sie uns direkt am Bahnhof abfangen? Anspannung. Der Zug rollt aufs Bahngelände. Die Bremsen bringen das Ungetüm zum Stehen. Es dauert keine 15 Sekunden. Ich bin bereit, habe alles gepackt. Roy springt wie ich von seinem Waggon. »Nichts wie raus hier.« Zwei schwarz gekleidete Trainkids. Völlig verdreckt sprinten wir im Abenddämmerlicht über die Gleise. Da ist die Straße. Sicherheit. Keiner hat uns gesehen. Mission abgeschlossen. Erst mal was Kühles trinken gehen. Roy war die letzten vier Stunden ohne Wasser gewesen. Und ähnlich wie ich ohne Schatten. Wir waren beide ziemlich fertig, aber glücklich. Wir waren 16 Stunden auf dem Güterzug unterwegs gewesen. Das kann man sich ungefähr vorstellen, wie 16 Stunden lang in einer Babywiege auf einer Waschmaschine abgestellt zu werden, während ein Erdbeben unter dem Haus wütet.

Ich suchte anschließend ein Meditationszentrum in einer Weinbauregion in Kalifornien auf und blieb dort mehrere Tage. Währenddessen gab es Waldbrände. Meine Abreise war schon allein deswegen ein ereignisreicher Tag. Um 5:12 Uhr wurden wir von einer Polizeisirene geweckt. Das Meditationszentrum wurde wegen Waldbrand evakuiert. Ich war zum Glück vorbereitet. Hatte einen Lift mit Rusty in seinem aschebedeckten Toyota. Rusty hatte ich beim Meditieren kennengelernt. Er sah aus wie der junge Mark Twain – also dunkles krauses Haar und Schnäuzer – und reiste mit seinem Auto seit Monaten durch die Staaten. Roadtrip. Er nahm mich 400 km nach Norden mit. Lag auf seinem Weg. Er musste zu einer Gerichtsverhandlung in Idaho wegen Cannabisbesitz. Wir gingen noch zusammen Pizza essen und schauten uns ein

Football-Spiel der Dallas Cowboys an, bevor er mich zu den Gleisen fuhr, wo ich wieder einen Zug hoppen wollte. Es war bereits 22 Uhr sonntagabends. Ich hatte keine großen Erwartungen, da sonntags kaum Züge fuhren, und stellte mich auf eine lange, kalte Nacht ein; machte es mir auf einem der abgestellten Waggons gemütlich und rauchte eine Zigarette.

Zu meiner Verwunderung kam nach ca. 30 Minuten ein Zug. Völlig überrascht packte ich schnell meine Sachen. Das Adrenalin stieg. Ich suchte zum ersten Mal alleine und ohne Hilfe einen Wagen. Der Zug war lang und hatte fast ausschließlich *Pig trailers*, flache Waggons mit Lkw-Anhängern drauf. Schlecht zum Hoppen, weil man sich kaum verstecken kann; aber ich hatte es sowieso auf die Lok am Ende des Zuges abgesehen. Bevor ich meine Trainhopping-Karriere abschloss, wollte ich auf jeden Fall noch mal auf einer Lok mitfahren. Ich lief also Richtung Ende. Das dauerte fünf Minuten. Es war ein langer Zug. Zu meiner Überraschung gab es hinten nichts. Mist, also schnell zurück und was anderes finden.

Während ich noch suche, rollt ein zweiter Zug ein. Auch in meine Richtung. Alles sehr aufregend. Erst denke ich, da kommt ein Auto. Dann sehe ich den Zug. Ich muss mich gut verstecken, als er vorbeifährt. Er hält irgendwann an, allerdings in weiter Entfernung. Offenbar ein *Priority Train*. Bei einem langen *Crew change* kann ich ihn vielleicht noch erreichen. Also laufe ich zurück und erreiche ihn tatsächlich, verstecke mich zwischen den Waggons. Gute Deckung. Die meisten Waggons sind allerdings nicht zum Mitfahren geeignet. Es ist schwer, etwas zu finden. Plötzlich höre ich knirschenden Schotter. Bahnarbeiter! Sie inspizieren den Zug. Ich bleibe wie angewurzelt zwischen den Waggons stehen und versuche, nicht mal zu atmen. Wenn sie mich finden, krieg ich ein Problem. Ich höre wieder Knirschen. Stimmen. Irgendwer unterhält

DRITTER CHORUS

sich hier. Aber das kommt nicht von den Gleisen. Vor mir ist eine sogenannte Gondola. Ein wunderschöner Waggon, oben offen, in dem sonst Kohle transportiert wird. Die Stimmen müssen da rauskommen. Kann sich nur um andere Trainhopper handeln! Ich klettere vorsichtig über den Rand und schaue ins Innere. Da sind wirklich ein paar Jungs! Drei Hobos, die aussehen, als kämen sie gerade von einer Steampunk-Convention. Düstere Klamotten, Metall, Leder. Dazwischen ein junger Hund, der aber schon die Größe eines Kalbs hat. Sie sind natürlich geschockt, dass da plötzlich jemand über den Rand des Waggons schaut. Ich bleibe ruhig. »Ey, Jungs, habt ihr Platz für mich?« Allgemeine Erleichterung. Sofort kommt einer der drei angelaufen, um mir zu helfen.

Ich erfuhr, dass die drei seit einer Woche in dem Ort festsaßen und auf einen Zug warteten. Keine Ahnung, wie da eine Woche kein Zug durchgekommen sein sollte. Union Pacific fährt täglich durch dieses Kaff. Aber sie hatten es trotzdem nicht geschafft. Ich gab ihnen Zigaretten, und sie teilten ihr Bier mit mir. Es gab was zu kiffen. Die Fahrt versprach lustig zu werden.

Einer der Jungs erzählte, dass er wegen Trainhopping im Knast gesessen hatte und ein ernstes Problem bekommen würde, sollte er noch mal gefasst werden. Zum Glück hatten sie ein Handy, und wir konnten die Waggons um uns herum checken. Leider kamen nur sinnlose Zielorte heraus. Na gut. Geht ja nur nach Norden von hier. Hoffen wir mal, dass alles gut geht. Wir platzierten uns auf der Ladung. Betonplatten. Eine Regel ist: Sitze niemals zwischen Ladung und Wand. Wenn die Ladung rutscht, bist du Brei.

Der Zug fuhr los. Es war wohl die brutalste Anfahrt, die ich bisher erlebt hatte. Man konnte die krachenden Kupplungen vom vorderen Ende des Zuges hören, noch ehe wir uns in irgendeiner Weise bewegten. Peng! Peng! Peng! Peng! Dieses markerschütternde

Geräusch, das immer näher kam, bis es letztlich unsere Gondola losriss. Es knallte wie bei einer Explosion. Ruckartig setzten wir uns in Bewegung. Züge entfalten eine brutale Energie, wenn so viel Masse in Bewegung gerät.

Ich machte mir an diesem Abend nicht die Mühe, über den Rand des Waggons zu schauen, sondern wollte einfach nur die Fahrt gut hinter mich bringen. Schlafsack und Isomatte rausgeholt. Aus meinem Pappkarton eine wärmende Schale für meine Füße gebaut. Und dann noch dick eingepackt gegen den kalten stetigen Fahrtwind. Die Gondola wurde mitunter in heftige Schwingungen versetzt. Hin und her, vor und zurück. Die Fahrt war nicht gerade entspannend. Bald kam einer der Jungs an meine Seite. Ob ich noch eine Zigarette hätte? Er hätte auch was zum Tauschen. »Klar!«, meinte ich. Ich gab ihm die Zigarette, und er gab mir etwas Flaches, Plattes in die Hand. »Was ist das?« »Acoin.« Ich verstand nichts. »Is this LSD? Drugs?« Ich dachte, er steckt mir jetzt einen Trip zu. Keine Ahnung wieso. Vielleicht war hier auch der Wunsch Vater des Gedanken. »No, a coin!« Also tatsächlich eine Münze. »Das ist alte Hobo-Währung. Ist aber nicht mehr wirklich in Gebrauch.« Das fand ich ziemlich cool. Hab mich sehr darüber gefreut. Subkultur live.

Irgendwann gegen Morgengrauen – ich hatte anscheinend tatsächlich geschlafen in diesem eiskalten Windgewackel – tippte es auf meine Schulter: »Alter, wir sind da, wo wir hinwollen. Haben schon unser Zeug gepackt. Der nächste Halt ist Portland. Bleib einfach auf dem Zug.« Ich gab noch ne Runde Zigaretten aus. Dann begann der Stress. Der Zug hielt ruppig an. Schnell alle runter! Die Bremse zischte. Es war noch Druck auf den Schläuchen. Ein sicheres Zeichen, dass wir gleich weiterrollen. Und kein guter Zeitpunkt, um abzuspringen. Mir tat vor allem der Hund leid. Er

DRITTER CHORUS

saß schon die ganze Fahrt verunsichert herum und fing nun an zu heulen. »Ruhe!« Es gab einen Klaps vom Besitzer. Der Hund wurde auf den Rand des Waggons gewuchtet und sprang die 4 m nach unten. Im selben Moment startete der Zug wieder durch. Es gab einen kräftigen Ruck in der Gondola. Der letzte meiner Hobo-Freunde saß noch auf der Kante und musste sich festhalten, um nicht runterzufallen. Jungs, was macht ihr hier nur? Gefährliche Aktion. Dann waren sie weg. Ich kramte mein Zeug zusammen und suchte Deckung. Wir rollten aufs Bahngelände und blieben erst mal stehen. *Crew change* wahrscheinlich. Ich spähte vorsichtig über die Kante, um mein Umfeld zu observieren.

Zwei Stunden wartete ich, bis mir klarwurde, dass wir nicht auf den Hauptgleisen, sondern mitten im Depot standen. Mein Zug sollte wohl nicht so schnell weiterziehen. Scheiße. Es war helllichter Tag, und ich musste irgendwie hier runter. Bis zur nahen Straße waren es ca. 150 m, und dazwischen standen vier Züge. Einer davon war gerade eingerollt. Er würde gleich weiterfahren. Alles war voll mit Bahnarbeitern, die mit ihren Kränen und Autos herumfuhren. Und der Bahnpolizei natürlich. Ich kletterte aus meinem Waggon. Sprint zum ersten Zug. Über den Waggon drüber. Ausschau nach Bewegung auf dem Gelände. Auf den nächsten Zug drauf. Da kam ein Auto. Scheiße. Hoffentlich haben die mich nicht gesehen. Schnell an die Seite des Waggons. Das Auto fuhr vorbei. Dann war ich auf dem vorletzten Zug. Nur noch der Zug auf den Hauptgleisen vor mir. Eigentlich klettert man nicht über Züge, sondern läuft drumherum. Und schon gar nicht klettert man über Züge, die jeden Moment weiterfahren. Aber ich war hier mitten im Depot, stand zwischen zwei Wagenreihen ohne Deckung und *musste* hier einfach so schnell wie möglich raus. Der Zug bewegte sich nicht. Ich wartete 2 bis 3 Minuten. Beobachtete den Stahlriesen vor mir. Dann entschied ich mich für ein Go! Rennen zum

Zug. Kurz lauschen. Keine Druckluftbremse zu hören. Raufklettern. So schnell wie möglich an die andere Seite kommen. Hoffentlich rollt er jetzt nicht los. Absprung. Nur noch die Straße vor mir. Erst mal ins erste Gebüsch geworfen und verschnauft. Was für ein Morgen! Ich hatte nicht mit so einer Flucht gerechnet. Im Allgemeinen springt man ab, bevor man auf dem Güterbahnhof endet. Zum Glück hatte mich niemand gesehen. Ich beschloss, ab hier zu trampen und (vorerst) keine weiteren Züge zu hoppen. Genug erlebt. Genug gelernt. Aber ich würde es vermissen.

4
Stolpersteine

Nach dieser aufregenden Zeit wollte ich meine Reise etwas entschleunigen. Es war noch Zeit bis zum Wintereinbruch, der aber für meine nächste Etappe von entscheidender Bedeutung sein sollte. Ich wollte die Beringstraße überwinden, um nach Chukotka im Nordosten Russlands zu kommen – und das geht nur bei Schnee und Eis. Meine russischen Sporttramper-Freunde hatten dieselbe Route gemacht; kurz nach dem Fall des Eisernen Vorhangs. Allerdings in umgekehrter Richtung. Das war damals noch relativ einfach. Sie fuhren zum Beispiel auf Containerschiffen über den Atlantik und flogen auch mit Frachtflugzeugen. Nach den Terroranschlägen am 11.9.2001 wurden aber die Sicherheitsvorschriften verschärft.

Der einzige Mensch, der meine Richtung überhaupt schon mal getrampt war, hieß Vladimir. Und selbst er hatte, wie er mir erzählte, in Anchorage 28 Tage auf einen Flieger nach Chukotka warten müssen. Mein Problem war sogar noch diffiziler: Als Russe hatte

DRITTER CHORUS

Vladimir bei der Einreise nach Russland nicht viel zu befürchten. Mich konnte man einfach wieder zurück in die USA schicken. Chukotka war militärisches Sperrgebiet, und man brauchte eine spezielle Genehmigung: Das *Propusk*. Es gab dazu kaum Informationen. Meine Recherchen brachten mich auf zwei Abenteurer, die ich zu schätzen lernen sollte: Karl Bushby und Dimitri Kieffer. Bushby ist ein ehemaliger britischer Fallschirmspringer, der 1998 an die Südspitze von Südamerika geflogen war, um dort seiner größten Mission zu folgen: wieder nach Hause zu laufen. Seitdem, 21 Jahre später, hat er mehr als 50 000 km hinter sich gebracht und arbeitete aktuell daran, ein iranisches Visum zu bekommen, was schon mehrmals abgelehnt worden war. Er war durchs Darién Gap gelaufen, war dort von Milizionären gefangen genommen, aber letztlich wieder freigelassen worden. 2005 lief er mit Dimitri Kieffer über die Beringstraße nach Russland. Deswegen war ich auch auf die beiden aufmerksam geworden. Sie liefen und schwammen, da das Eis nicht an jeder Stelle zugefroren war. Mit speziellen Anzügen konnten sie sich über die offenen Stellen treiben lassen. Letztlich wurden sie von den russischen Behörden gestoppt, da sie ohne Visum oder Propusk eingereist waren. Sie verbrachten 56 Tage im Gefängnis und wurden anschließend wieder zurückgeflogen. Da Bushby nach dieser Aktion natürlich keine Einreiseerlaubnis bekommen hatte, brauchte er einige Versuche, um weiter durch Russland laufen zu können. Einmal lief er 5600 km quer durch die USA, nur um beim russischen Konsulat in Washington wegen eines Visums vorzusprechen. Bushby fliegt nämlich nicht.

Für meine Recherche wurde Dimitri Kieffer meine Kontaktperson, da ich ihn auf den sozialen Medien erreichen konnte. Es brauchte einige E-Mails und auch ein wenig Streit zwischen uns, bis er mich als angemessenen Diskussionspartner anerkannte und mir weiterhalf. Um ein Propusk zu bekommen, braucht man

STOLPERSTEINE

einen sogenannten Fixer. Das sind Menschen, die die Ausnahme-
genehmigung für einen beantragen und auch dafür bürgen, dass
man keine Scheiße baut. Dimitri hatte mir den Kontakt zu einem
solchen Fixer vermittelt. Der Typ war mehrmaliger Meister im
Schlittenhundrennen und bekannt dafür, dass er wichtige Medika-
mente im tiefsten Winter in abgelegene Dörfer brachte und somit
Menschen das Leben rettete. Er wollte 120 € pro Tag Aufenthalt in
Chukotka und würde mein persönlicher Guide sein. Ich hatte ihm
zu diesem Zeitpunkt noch nicht gesagt, dass ich im tiefsten Winter
durch eine der kältesten Gegenden der Welt trampen wollte. In
seiner Funktion würde er wohl oder übel mitkommen müssen.
Bevor ich mich weiter mit diesem Projekt auseinandersetzte, wollte ich aber erst mal ein paar Wochen nach Kanada, um dort auf
einer Farm zu arbeiten. Außerdem musste ich mir ein anständiges
US-Visum organisieren, da ich momentan nur mit einer temporä-
ren Aufenthaltsgenehmigung unterwegs war und in den nächsten
Monaten mehrmals die Grenze überqueren wollte, wozu ein anständiges Visum von Vorteil ist. Aus diesem Grund war ich eines
Tages auf dem Weg nach Seattle … Aber ich will von vorne beginnen: Ein Inder nahm mich mit. Mein erster Lift an diesem Tag. Es
war ein kalter Morgen, und im Auto lief die Heizung auf maximal-
ler Stufe. 45 ° im Innenraum, und auch meine Brille konnte nicht
verhindern, dass der warme Luftstrom langsam und unablässig
meine Augenflüssigkeit verdampfen ließ. Schon vorher hatte ich
bemerkt, dass mein Fahrer immer wieder über den Seitenstreifen
fuhr. Ich dachte erst, er kann nicht fahren, schob es dann jedoch
auf kulturelle Gründe. Ein Inder nimmt es vielleicht nicht so genau
mit diesen Linien. Mit seinem Kapuzenpulli und dem stachligen,
durchaus imponierenden Bart wirkte er sogar ein wenig bedrohlich. Während der ganzen Fahrt sagte er kein Wort. Nach 50 km
meinte er schlicht: »I have not English.« Wir schwiegen weiter.

DRITTER CHORUS

Die 600 km von Armstrong, Kanada, nach Seattle, USA, trampte ich schon zum vierten Mal und kannte dementsprechend jeden Ort und jede Ausfahrt. Mein Inder ließ mich in Kamloops am Autobahnkreuz raus. Das war sicherlich der Ort, an dem ich am wenigsten stehen wollte. Autobahnkreuz, viel und schneller Verkehr. Ich fand eine Stelle mit akzeptabler Haltefläche. Die Autos rasten über den Autobahnzubringer an mir vorbei. Alles ein bisschen hoffnungslos. Nach 20 Minuten hielt ein Kleinbus an. »Rein mit dir!«, raunzte der Fahrer, als ich die Tür öffnete. Wohin gehts? Merrit. Na gut. Ich setzte mich auf den Beifahrersitz und bemerkte, dass ich mich nicht zurücklehnen konnte, weil ein Röhrenfernseher über die abmontierte Kopfstütze in meinen Nacken ragte. »Ich bin selber mal getrampt«, sagte der Fahrer – er hieß Ryan – mehr schimpfend als erzählend. »Deshalb hab ich dich mitgenommen.« Der Bus war voll mit Müll, und Ryan war schlecht gelaunt. Irgendwas mit Alberta und Kollegen, die ihm den Sprit geklaut hatten. Und natürlich mit der Polizei, die hinter ihm her war. Er fing an zu schreien, tobte regelrecht am Lenkrad. Seine Augen waren blutunterlaufen, und unter seinem Stoppelbart schwitzte er. Ich fuhr mit einem Psychopathen.

Nun habe ich weder Angst vor solchen Leuten, noch bin ich kontaktscheu in solchen Situationen. Aller Wahrscheinlichkeit nach hatte Ryan eine Scheißzeit hinter sich. Ich versuche also, mit ihm zu reden, ihn zu beruhigen. Wir fahren im Niemandsland von Kanada, nächste Stadt 80 km entfernt. Merrit. Dazwischen nichts. Ryans Seitenspiegel klappt sich immer wieder ein. Ich muss ihn mit der Hand halten. Wir fahren ganz rechts. Er sieht ständig Polizeiautos kommen, die dann doch keine sind. Paranoia.

Ein Lkw überholt uns links. Kurz nachdem der Lkw passiert hat, schwenkt Ryan auf die linke Spur, als ob er überholen will. Aber

STOLPERSTEINE

vor uns ist kein Auto. Ich schaue ihn fragend an. Ryan hat die Augen weit aufgerissen, der Mund ist leicht geöffnet, und er hält das Lenkrad so verkrampft, als ob ihm gerade jemand ein Messer in den Rücken gestochen hat. Ist er jetzt völlig durchgeknallt? Ich brauche einige Millisekunden, um zu begreifen. Er hat einen epileptischen Anfall.

Inzwischen driften wir wieder nach rechts, zielstrebig auf den Abhang zu. Ich ergreife das Lenkrad, versuche, den Wagen wieder auf die Straße zu lenken, aber Ryans Arme sind immer noch verkrampft. Das Lenkrad bewegt sich nur wenig. Ich kann nicht viel ausrichten, versuche verzweifelt, den Wagen wieder in die Spur zu lenken. Wir kommen von der Straße ab. Halten direkt auf den Anfang einer steilen, aufwärts verlaufenden Böschung zu. Und dann der Aufprall. Ich habe keinen Gurt, weil das alte Auto keinen Gurt auf dem Beifahrersitz hat. Wir prallen in den Abhang. Ich hebe ab und werde mit dem Kopf in die Windschutzscheibe geschleudert. Dann wirft es mich gegen die Seitentür. Der Wagen kippt zur Seite. Glas splittert. Alles fliegt hin und her. Stille.

Ich kann mich noch bewegen, bin total unter Schock und panisch. Ich schreie vor mich hin: »Heilige Scheiße!« Der erste Gedanke: Raus hier! Wo ist die Tür? Über meinem Kopf. Ich versuche, sie aufzumachen. Geht nicht. Ich versuche, die Windschutzscheibe rauszutreten. Gott, da bewegt sich auch nichts. Noch mal der Versuch, die Tür zu öffnen. Wie soll ich hier rauskommen? »Alles okay mit dir?«, rufe ich reflexartig in Richtung Ryan. Er ist irgendwo unter mir, auf ihm liegt ein Kühlschrank, und auf dem liege ich. Das Fenster! Ich kann das Fenster hochkurbeln. Es öffnet sich, und ich steige wie aus einem U-Boot. Umschauen. Ein Mann kommt von der anderen Straßenseite angelaufen. Ein anderer hat schon das Telefon in der Hand. Ich spüre etwas Warmes an meinem Gesicht

DRITTER CHORUS

herunterlaufen und beobachte, wie Blut auf meine neuen Handschuhe tropft. Das alles nehme ich wahr, aber verarbeite es gar nicht. Wichtig in diesem Moment ist nur die Erkenntnis: Da sind Menschen. Die holen Hilfe.

Ryan! Sofort ändert sich mein Fokus. »Kumpel, gehts dir gut?« Ich höre unterm Kühlschrank ein Stöhnen hervorkommen. »Kumpel, keine Sorge, wir holen dich da raus.« Ich gleite ins Auto, will nur irgendwie diesen Kühlschrank von Ryan runterkriegen. Draußen haben sich nun mehr Menschen versammelt. Die Tür wird aufgebrochen, wir holen den Kühlschrank raus. Jemand sagt im Befehlston zu mir: »Du siehst aus, als solltest du dich hinsetzen. Jetzt!« Mittlerweile sind 8 bis 10 Personen vor Ort. Alles Ersthelfer. Eine Sanitäterin. Ein Auto mit zwei Krankenschwestern hält an. Sie bieten mir Hilfe an, legen eine Decke um mich. Ich zittere am ganzen Körper. Kann keine Emotionen herausbringen. Ich bin traumatisiert.

Irgendwann finde ich mich in der Ambulanz wieder. Jemand wischt mir die Scherben aus dem Gesicht und den Augen. Ob sie mich ins Krankenhaus bringen? Ja. Wohin? Zurück nach Kamloops, letzte Ortschaft. Ryan wird währenddessen reingeschoben. Er kann sich an nichts erinnern, meint, er hätte keinen Tramper mitgenommen. Nach einigen Minuten bemerkt er, dass jemand hinter ihm sitzt. Er braucht drei Versuche, um sich umzudrehen. Sieht mich. Reißt die Augen weit auf: »Ah, du bist das, Mann!« Nun wird ihm alles klar. »Es tut mir so leid, Mann. Entschuldige. Tut mir echt leid, dass dir das passiert ist!« »Ach, kümmer dich nicht drum. So was passiert.« Wer kann da sauer sein? Ich weiß ja, er ist schlimmer dran als ich mit meinen leichten Blessuren. Er wollte nach Merrit und dort seinen Bus für den Winter abstellen und reparieren. Sein ganzer Besitz liegt nun im Graben. Und die Polizei, vor der er sich gerade noch auf der Flucht wähnte, ist nun tatsächlich da.

STOLPERSTEINE

Ich suche meine Mütze und meine Brille. Finde von Letzterer nur die Hälfte. Wirklich Kamloops ins Krankenhaus? Ich muss doch in die andere Richtung. Ein Polizist meint, er könne mir einen Lift nach Merrit geben. Ich fühle mich, den Umständen entsprechend, nicht schlecht, und es macht keinen Sinn zurückzufahren, um ein paar Stunden im Krankenhaus zu verbringen und mich dann wieder an die Straße nach Seattle zu stellen. Ich will nur noch ankommen. Erst recht nach dieser Sache. Ich habe noch 400 km vor mir.

Nachdem ich eine Erklärung unterschrieben habe und die Ambulanz noch nicht mal meine Krankenversicherung wissen will, darf ich gehen. Brad, der Polizist, nimmt mich mit, obwohl das Trampen in dieser kanadischen Provinz illegal ist. Er ist selber Tramper. Ist vor zwei Jahren von Kanada nach Mexiko und zurück getrampt. In zehn Tagen. Reiste ähnlich wie ich, immer auf der Straße, viel kampieren. Wir verstehen uns prächtig. In Merrit halten wir kurz am Burgerrestaurant, und ich kann mir das restliche Blut aus dem Gesicht waschen, um ein bisschen gepflegter trampen zu können. Brad kauft mir noch einen Kaffee und einen Muffin, bevor er mich an der Auffahrt nach Seattle absetzt.

An der Grenze, wo ich von der Einwanderungspolizei die letzten Male konsequent auseinandergenommen wurde, führt diesmal eine etwas ältere Frau das Gespräch. Wo ich hinwill? Seattle. Warum? Muss da einen Schlafsack abholen und morgen dann nach Calgary. »Aha«, macht sie immer wieder. Ich kann nicht erkennen, ob das Zustimmung oder Misstrauen bedeutet. Aber ich kenne das Procedere und fange an zu erzählen, was ich immer erzähle: dass ich um die Welt trampe und im Dezember nach Alaska weiterwill. Wieso Dezember? Muss. Keine Straßen da im Sommer. Ich brauche Wintertrails und will nach Russland übersetzen.

DRITTER CHORUS

»Aha.« Ich erzähle ihr, dass ich letzte Woche schon mal 1200 km von Kanada nach Seattle getrampt bin, um dieses Scheißpaket abzuholen, das dann nicht da war. Sie fragt nicht danach, aber ich erzähle ihr auch, dass ich heute Morgen einen Unfall hatte, und zeige auf mein verbeultes Gesicht.

»Stefan, Stefan….«, meint sie, als ich fertig mit Erzählen bin. Sie schüttelt den Kopf und presst die Lippen zusammen. Wir schauen uns lange und ernst an, bis sie schließlich langsam, aber herzlich sagt: »Your poor mum!« Ich nicke zustimmend. »Aber man muss tun, was man tun muss«, sage ich. »Man muss tun, was man tun muss«, wiederholt sie verständnisvoll, gibt mir meinen Reisepass und wünscht mir eine sichere Weiterreise.

Im Nachhinein macht es mich traurig, dass ich mir nach einem solchen Unfall keine Pause gegönnt habe, sondern noch knapp 400 km getrampt bin. Es macht mich traurig, wie ich mit mir umgegangen bin. Dass ich mir selber nicht wichtig genug war. Auf der anderen Seite hätte ich ohne diese kompromisslose Grundhaltung nie eine solche Reise gemacht. Für mich war das in dem Moment normal, und es bestand überhaupt kein Zweifel, dass ich weitertrampe. Aber der Unfall hatte Spuren hinterlassen. In den nächsten Monaten sollte ich immer wieder zusammenzucken, wenn gefährliche Situationen im Auto passierten. Das war vorher nicht so gewesen. Auch meine Gesamtexpedition bekam durch den Unfall einen Knick. So etwas zu verarbeiten, kostet Energie, und die hatte ich nach der langen Reise nur noch bedingt. Den entscheidenden Punkt erreichte ich aber an einer Raststätte in Kanada, als ich gerade auf dem Weg nach New York war. Ich fing dort das erste Mal an, mich um das russische Visum zu kümmern, das ich für die Passage über die Beringstraße brauchte. Zu meiner Verwunderung musste ich feststellen, dass Russland eines der wenigen Länder

STOLPERSTEINE

war, für die man das Visum im jeweiligen Heimatland beantragen musste. Das führte letztlich dazu, dass ich meinen großen Traum aufgab. Ich hätte meinen Reisepass zwar mit einer Vollmacht nach Deutschland schicken können, und jemand hätte das Visum für mich beantragt. Es gibt immer Wege. Aber die sind teuer. Und kosten Zeit. Und vor allem Energie. Letztere hatte ich da schon nicht mehr.

Und ich musste feststellen, dass es mir auch nicht so wichtig war. Das war mir in dem Moment noch nicht so bewusst, aber ich hätte auch nicht mehr die Kraft gehabt, im tiefsten Winter durch Alaska zu trampen, auf einer Passage, wo über mehrere tausend Kilometer keine Straßen existieren. Für mich brach eine Welt zusammen. Ich blieb den ganzen Dezember in New York bei einem Tramperfreund. Und ich kann mich an eine Situation erinnern, als ich mit ihm im Auto saß und wir gerade irgendwohin fuhren. Ich hatte so ein komisches Gefühl und konnte es gar nicht einordnen. War ich traurig? Nein, das war es nicht. Aber ich hatte so ein flaues Kribbeln im Magen. Mein Nacken war verspannt. Meine Kehle schnürte sich zu. Es dauerte einige Zeit, bis ich erkannte: Ich schämte mich. Es war das erste Mal in meinem Leben, dass ich Scham so klar und bewusst wahrnahm. Ja, ich schämte mich, weil ich zu schwach war, die Weltumtrampung abzuschließen. Ich fühlte mich als Totalversager. Ich hatte Nord- und Südamerika durchquert, Südamerika sogar rauf und runter, aber mir war so, als hätte ich gar nichts erreicht, als wäre alles, was ich bisher geleistet hatte, so selbstverständlich, dass es kaum der Rede wert schien.

Und mir wurde auch klar, dass ich die Reise begonnen hatte, weil ich mir in der Trampercommunity einen Namen machen wollte. Und ich wollte unbedingt etwas Besonderes leisten. Es musste weh tun. Weil, sonst kann es ja jeder. Im Wesentlichen wollte ich

Anerkennung. Das finde ich nicht verwerflich, weil jeder Mensch Anerkennung verdient; auch wenn das Bedürfnis danach heute teilweise absurde Ausmaße annimmt. Wenn es um Anerkennung geht, scheint alles andere schnell nebensächlich zu werden. Ich hatte auf große Expedition gehen wollen. Und war nun gescheitert.

Ganz so leicht wollte ich es mir aber nicht machen. Ich wusste seit der Visumsgeschichte, dass ich nicht nach Russland einreisen konnte. Aber ich war in New York. Silvester stand vor der Tür. Und ich wollte zumindest noch an die Nordspitze von Alaska gelangen. Sodass ich von Ushuaia nach Prudhoe Bay getrampt wäre. Von der Südspitze von Südamerika an die Nordspitze von Nordamerika. Und deshalb brach ich nach einem wilden und aufregenden Monat in New York am 31.12.2015 auf, um die über 8000 km lange Strecke zu trampen.

5
Die Königsetappe

Ich hatte keine Lust auf Neujahr in der großen Stadt. Und ich hatte eine etwas schwierige Affäre mit einer Taiwanesin, die ich sehr lieb gewonnen hatte. Sie wollte allerdings den Abend lieber mit ihrem anderen Geliebten verbringen. Ich hatte also wieder Liebeskummer. Aber dagegen gabs ja kein besseres Mittel, als wieder in die Straße einzutauchen.

31.12.2015, 16:30 Uhr
Mein Kollege hat mich zur falschen Station geschickt, um aus New York rauszukommen. Musste drei Meilen laufen. Nun hier am

DIE KÖNIGSETAPPE

Walmart. Noch sieben Stunden bis Neujahr. Ich fühl mich beschissen. Nicht nur, dass ich Schnupfen habe und es mir nicht gut geht vom vielen Feiern: Auch mein Herz ist schwer. Abschied nehmen aus New York. Die Straße wird alle Wunden heilen.

16:35 Uhr

Erstes Auto. Geht gut los. Ich hab 200 km Highway vor mir, bis ich zur Interstate komme, die mich zur kanadischen Grenze führt. Hoffe, das noch vor der Dunkelheit zu schaffen und dann in der Nacht nach Norden zu schießen. 8000 km. Zehn Tage Reisezeit einkalkuliert.

17:00 Uhr

Diese Tage, wo du einen 70 km langen Lift kriegst und dann feststellst, dass dies noch nicht mal 1 % deiner Strecke bedeutet.

17:52 Uhr

Stehe in einem Ort namens Liberty. Stockdunkel an der Auffahrt. Scheißstelle. Das dritte Auto hält an. Der Typ ist Koch. Und Künstler. Erzählt mir von der Malerei. Erste richtig geile Type heute.

21:40 Uhr

Hab zwischendurch was gegessen und stehe nun schon drei Stunden. Obligatorische Polizeikontrolle kam auch schon und hat gefragt, was ich hier mache. Bald ist Neujahr. Verkehr stirbt langsam aus. Ich beschließe, mein Zelt aufzuschlagen und mich in meinen Schlafsack zu verkriechen.

1.1.2016, 0:01 Uhr

Happy New Year. Was für ein wunderbarer Tag. Ich bin schon oft mit Liebeskummer getrampt. Und es war immer halbwegs erträglich, wenn ich von tollen Menschen mitgenommen wurde. Diese Tour begann jedoch sehr zäh. Mein erster längerer Lift fuhr einen riesigen Umweg zu einer anderen Interstate. Ein Polizist. Erzählte

DRITTER CHORUS

mir von seiner Abschlussarbeit. Ging um Drogenschmuggel innerhalb der US-Armee und wie der Staat mit Opium und Koks seine Schattenarmeen finanziert. Spannend.

15:55 Uhr

Endlich auf der Interstate, wo ich gestern schon hinwollte. Und einen guten Lift nach Norden gefangen.

17:09 Uhr

Schon dunkel. Was ist das denn hier für eine Kackstelle? Zubringer auf der Ringautobahn. Eisiger Wind weht. Dabei gehts doch erst noch nach Alaska.

20:11 Uhr

Watertown. Letzter Punkt vor der kanadischen Grenze. Irgendwie hab ich mich da rausgekämpft. Jetzt nur noch 60 km. Schöne Tankstelle hier. Viele kanadische Kennzeichen. Die USA haben mir wieder den vollen Shit gegeben. Viel Zeit verloren. Aber nun bin ich ja schon fast in Kanada.

21:15 Uhr

Mal wieder Polizei. Da kommt immer einer, nimmt dir den Pass ab, und in der Zwischenzeit kommt der Zweite. Jeder ein Auto. Die lassen mich nun schon 15 Minuten hier in der Kälte warten und sitzen beide rum. Na endlich kommen sie raus. Ich mache einen Witz, warum das denn so lange gedauert hat, und sie entschuldigen sich. Da wir nahe an der Grenze sind, mussten sie mich sowohl von der Federal als auch der State Police checken lassen. Ich darf nun zwar nicht mehr die Auffahrt trampen, aber immerhin an der Tankstelle fragen. Los gehts.

22:00 Uhr

Immer schwierig, über die kanadisch-amerikanische Grenze zu trampen. Verdammt.

23:34 Uhr

Endlich. Dreieinhalb Stunden, um einen Lift an die Grenze zu

DIE KÖNIGSETAPPE

kriegen. Noch mehr Zeit verloren. Zehn Tage nach Alaska, ob ich das halten kann?

2.1.2016, 0:00 Uhr
Grenze. Happy New Year, Kanada!
1:52 Uhr
Die längste Passkontrolle meiner ganze Reise. Zwei Stunden und außer mir höchstens fünf andere Menschen. Mein Lieblings-Custom-Officer hat sich Zeit gelassen. Aber ich hab jetzt meine Aufenthaltserlaubnis bis Mitte April. Ganz im Gegensatz zu dem arabischen Vater mit seinen beiden Söhnen. Der wurde zurückgeschickt und soll am Morgen noch mal wiederkommen, weil da »erfahrenere Beamten vor Ort« sind, um seinen Fall zu begutachten. Bitte was? Ich höre mit einem Ohr hin, während ich warte. Und höre mir auch die Gespräche unter den Beamten an, als der Vater schon wieder weg ist. Interessant zu sehen, wie das funktioniert, da an der Grenze. Ich beschließe zu schlafen. Scheiß auf die zehn Tage. Erst mal ausruhen. Kranker Körper, krankes Herz. Ich brauche Ruhe für Kanada. Morgen gehts dann richtig los.
10:17 Uhr
Erster Lift, zehn Minuten Wartezeit. Fährt in eine andere Richtung. Ich komm trotzdem mit. Spontane Routenänderung. Muss in Bewegung bleiben und Meter machen.
11:13 Uhr
Na also. Diese Frau, die schon hinter mir an der Tanke war, hält an. Keine zwei Minuten gewartet. Wir fahren 600 km nach Sudbury! Direkt auf den Trans-Canada Highway. Ich komm langsam in Schwung.
18:24 Uhr
Die Tanke hier is nix. Also zur Ortsumgehung von Sudbury laufen. Schon dunkel.

DRITTER CHORUS

20:07 Uhr
Netter Mann mit großem Jeep. Fährt 300 km in meine Richtung. Will mich erst nicht mitnehmen. Sagt dann doch zu. Gut so. Nachdem ich zwei Nächte schon geschlafen habe, muss ich diese Nacht nutzen.

23:00 Uhr
Nette Tankstellenverkäuferin. Finde neue Freunde hier. Richte mich erst mal ein. Die Jugendlichen sind alle sehr daran interessiert, was ich denn hier mache.

3.1.2016, 5:00 Uhr
Kein Glück gehabt. Vier Autos in meine Richtung, zwei davon wären sogar bis nach Calgary gefahren. Wäre halbe Strecke nach Alaska gewesen. Bin etwas frustriert von dieser Nacht. Fahre mit dem netten Mann im großen Jeep weiter – er hat inzwischen gepennt. Noch mal 300 km. Aber wohin?

8:14 Uhr
… nach Wawa. Tramperhölle. Mir wurde von mehreren Menschen gesagt: »Trampe nie in Wawa! Da kommst du nie weg!« Es hat minus 25°. Tut sofort weh auf der Haut, als ich aus dem Auto steige. Jetzt wirds langsam ernst. Erst mal Winter-Equipment anziehen. Dann gehts auf die Straße.

10:11 Uhr
Geht weiter. 350 km in einem Jeep. Zwei Stunden, um Wawa zu bezwingen. Ich mache gute Fortschritte.

15:34 Uhr
Mitleidslift von einer Gruppe junger Menschen. Wollten erst nicht. Wäre auch okay gewesen für mich. Haben dann doch angehalten. Dorthin, wo sie hinfahren, will ich eigentlich gar nicht hin. Ich steig vorher aus. Raste sieht scheiße aus, wäre ich doch mal dageblieben, wo ich war.

DIE KÖNIGSETAPPE

16:56 Uhr

Nächster Mitleidslift. In die Stadt, wo ich eigentlich nicht hinwill, von der Raste, wo ich eigentlich nicht sein wollte.

17:30 Uhr

Drin in der Stadt. Es ist dunkel. Wieder mal ein taktischer Fehler, der mich in eine schlechte Position gebracht hat. Dann 50 km bis zu einer verlassenen Kreuzung, wo der Trans-Canada Highway weitergeht. Außerhalb der Stadt. Es ist Winter. An sich wollte ich (besonders nachts) immer in der Nähe einer Tankstelle sein.

18:45 Uhr

Bin so was von verzweifelt! Einfach eingestiegen. Wo gehts denn hin? Ach, zu dieser Kreuzung im Nirgendwo. Ja, komme ich mit. Nur minus 10° draußen? Könnte schlimmer sein. Na ja, muss ich jetzt durch.

20:40 Uhr

Immer noch an dieser Kreuzung im Nirgendwo. Bloß hier weg, egal wohin! Wir fahren los. Wohin gehts denn eigentlich? Calgary? Ach … 2000 km in meine Richtung? Woop-wooooop!

23:45 Uhr, am nächsten Tag

In Calgary auf der Interstate. Ein Taxifahrer ist so nett und bringt mich ans Nordende der Stadt. War auf seinem Heimweg.

23:15 Uhr (minus 2 Stunden wegen Zeitumstellung)

Kurzer Lift mit einem Mädel. Mitten in der Nacht. Wir unterhalten uns über Traumatas. Es sind solche Lifts, die irgendwie ziemlich tief gehen, auch wenn man nur 15 Minuten zusammen im Auto sitzt. Sie erzählt mir von ihrem Trauma: Ihre Mutter hat versucht, sie umzubringen, als sie sieben Jahre alt war. Puh. Wie kann ein Mensch so was verkraften? Sie hatte eine sonderbar positive Aura. Ich hätte gerne noch mehr mit ihr geredet. Aber dann waren wir schon an der Tanke.

23:40 Uhr

Nur ich und der indische Tankstellenangestellte. »You are from Germany? Free coffee!« Läuft. Er geht mit mir sogar extra ins

DRITTER CHORUS

geschlossene Burger King, um mich den WLAN-Code vom Router abschreiben zu lassen.

5.1.2016, 0:55 Uhr
Dieser Trucker mit komisch nordischem Akzent. Ja, er nimmt mich mit. »Aber werd nicht ulkig, sonst bring ich dich um!«, meint er, während er ein Getränk aus dem Kühlschrank nimmt.
5:30 Uhr
Tanke hinter Edmonton. Perfekt durchgekommen bisher. Kanada rockt einfach! Die Position ist sehr gut. Erst mal duschen im *Truck Stop*. Dann was Essen. Die verkehrsarme Zeit kann zur Versorgung genutzt werden.
9:42 Uhr
Weiter gehts auf die Straße.
10:24 Uhr
Wieder ein Truck. In den letzten sechs Monaten hatte ich davon genau vier. Zwei davon in den letzten zwei Tagen. Ein Inder. Ich bin müde, kriege aber einen Eiskaffee mit Energy-Drink-Shot angeboten. Hilft mir nicht gerade bei meinem 60-Minuten-Nickerchen im Beifahrersitz.
16:07 Uhr
Mein Fahrer hat gerade einen 40 000 $ teuren Pick-up bei einer Tombola gewonnen. Er ist sehr glücklich.
16:47 Uhr
Schwieriger Tag. Immer dünner besiedelt hier. Viele kurze Lifts. Kalt. Endlich hält mal wieder einer, der weiter als 100 km fährt.
18:19 Uhr
Mein Fahrer drückt mir 40 $ in die Hand und sagt, ich solle davon Abend essen gehen. Ingenieur in der Ölbranche. Vielen Dank! Ich geh auch gleich was essen. Nächste Nacht bricht an. Tag drei ohne richtigen Schlaf.

DIE KÖNIGSETAPPE

21:09 Uhr

Ein junger Trucker. Er meint: »Ja klar, du kannst mit mir kommen!«
500 km nach Norden. Ich kann das gar nicht glauben. Freundliche
Trucker sind so selten. Und Trucker, die einen mitnehmen, fast
nicht zu finden. Wir brettern los, und er fragt, ob es mich stört,
wenn er einen Joint raucht. Ganz und gar nicht. Irgendwann schlafe ich auf seinem Bett ein.

23:34 Uhr

Ich werde geweckt. »Stefan, sie sind jetzt echt intensiv. Ich hab
versucht, dich zu wecken, aber du hast nicht reagiert.« Es geht um
Nordlichter. Meine Augen sind noch verklebt vom Schlafen, und
ich kann den Kopf nur mühsam vom Kopfkissen erheben. Meine Aufmerksamkeit wendet sich zur Windschutzscheibe, und ich
erblicke ein massives atomgrünes Flackern, das sich über den ganzen Himmel erstreckt. Ich glaube, das war der beste Moment meiner ganzen Reise. Es zieht mir völlig den Stecker. *Holy Shit*, war das
wunderschön. Innerhalb von Millisekunden bin ich total wach. Ich
springe aus dem Bett auf den Beifahrersitz, um mir das Spektakel
nicht entgehen zu lassen. Der ganze Himmel leuchtet. Man kann
diese absurd schönen Schleier in Bewegung sehen. Als würden sie
um die Erde herumtanzen. Es sieht so surreal, faszinierend und
wunderschön aus. Dieser eine Moment. Ich weiß: Ja, dafür mache
ich das alles. Dafür lohnt es sich.

6.1.2016, 9:40 Uhr

Kann ein paar Stunden im Truck auf dem Fußboden pennen.
Dann laden mich der junge Trucker und sein in einem anderen Truck fahrender Kollege noch zum Frühstück ein. Sehr nett
von den beiden. Frisch gestärkt gehts wieder an die Autosuche.
Aber erst mal Zähneputzen in der Tanke. Draußen ist es bitter-
lichkalt.

DRITTER CHORUS

9:50 Uhr

Erster Typ, den ich anspreche. Ziemlich verwirrt. Student. Hat im Auto gepennt. Gerade aufgewacht. Auto völlig zugemüllt. Fährt aber nach Whitehorse. 950 km in meine Richtung. Kurzer Chat, dann fängt er an aufzuräumen. Neuer Tag. Sonne noch nicht aufgegangen, aber ich knall schon wieder weiter.

16:42 Uhr

Büffelherde an der Straße. Noch nie so was gesehen. Ziemlich imposant. Die liegen da einfach nur im Eis herum und lassen sich zuschneien.

20:12 Uhr

Whitehorse im Januar. Vielleicht minus 22° draußen. Schon (wieder) dunkel. Kriege einen Lift, der mich »irgendwohin« mitnimmt. Aber hinter Whitehorse kommt eigentlich nicht mehr viel »irgendwohin«, außer das weite Yukonterritorium; größer als Deutschland, mit ca. 33 000 Einwohnern. Whitehorse beherbergt 23 000 davon. Schlechte Idee. Ganz schlechte Idee. Wo werde ich enden? Gefährlich. Vertraue aufs Schicksal.

22:08 Uhr

Gab dann doch noch einen 24-Stunden-*Truck-Stop* auf dem Weg. Der letzte im kanadischen Norden. Wird ne lange Nacht. Kein Verkehr. Und ich meine: *Wirklich* kein Verkehr. Ich esse was. Gibt auch Waschmaschinen und Internet. Erst mal Wäsche machen. Und lesen.

7.1.2016, 9:28 Uhr

Weiter gehts. Ich geh raus auf die Straße. minus 26°, mit etwas Sonne ist es okay.

12:42 Uhr

Drei Stunden in der Kälte mit zwei Pausen. Ein netter Typ namens DJ nimmt mich schließlich mit. Wir fahren eine der schönsten

DIE KÖNIGSETAPPE

Passagen im hohen Norden. Nirgends sieht der Yukon weitläufiger aus als hier. Ich habe noch nie eine so weitläufige Landschaft gesehen wie hier zwischen Whitehorse und der Grenze zu Alaska.
14:49 Uhr
Ein Stachelschwein. So süß!
15:56 Uhr
Beaver Creek. Letzter Ort vor der Grenze.
15:56 Uhr, am nächsten Tag
Immer noch Beaver Creek. DJ hatte mir seine Nummer gegeben, und ich hab bei ihm genächtigt, da die Tanke um 22:00 Uhr zugemacht hat.
17:27 Uhr
Endlich der rettende Lift nach Fairbanks. Tony. Sozialarbeiter. Ein Mensch, mit dem ich mich sofort verbunden fühle. Wir unterhalten uns fünf Stunden am Stück. Seelenverwandte. Ich liebe das. So was ist unglaublich bereichernd, und es ist manchmal schwer für mich, dann aus dem Auto rauszukommen, weil ich so ins Gespräch vertieft bin.
23:58 Uhr
Fairbanks, Bar, trinken, Air-Force-Soldaten, Schlafplatzangebot, selbst gebrannter Schnaps, Couch, schlafen. So in der Reihenfolge.

9.1.2016, 14:10 Uhr
Sehr nett von den Jungs, mich noch die 20 Meilen ans Nordende der Stadt zu fahren, zum vorletzten *Truck Stop* auf dem Weg nach Prudhoe Bay. Nur nix los hier. Tote Hose.
14:15 Uhr
Drinnen ein einziger Mensch. Joey. Trucker. Ob er mich mitnehmen kann? »Joah.« Das war einfach. Erster Versuch, und schon hatte ich diese schwierige Passage gemeistert. Letzter Part an die Nordspitze von Alaska.

DRITTER CHORUS

Was folgte, waren mehr als 16 Stunden Fahrt über den berühmt-berüchtigten Dalton Highway. Eine der spannendsten Straßen, die ich je befahren habe. Joey wusste fast zu jeder Kurve eine Geschichte. Hier ist ein Kollege tödlich verunglückt, aber nicht bei einem Unfall, sondern weil die Rotorblätter seines Cockpit-Ventilators ihm die Arterien aufgeschlitzt haben. Da ist letztes Jahr jemand erfroren. In Nordalaska herrscht eine Art Trucker-Monokultur. Außer Trucks fährt da auch nichts. Es gibt genau einen *Truck Stop* auf 800 km. Keine Ortschaften und keine Häuser dazwischen. Wir haben auch ständig Funkkontakt zu anderen Trucks. Gerade auf den schwierigen Passagen, bei scharfen Kurven oder wenn es steil bergauf oder bergab geht, funkt Joey regelmäßig und kündigt sich an. Eine Stelle heißt der *Rollercoaster,* die Achterbahn. Ich weiß zuerst gar nicht, was los ist. Wir fahren mit unserem riesigen Truck einen geraden, steilen Abhang hinunter. Auf einmal werden wir immer schneller. Joey meint, ich solle mich festhalten. Vor uns liegt eine lange, extreme Steigung, die nur zu meistern ist, wenn wir den Berg mit Schwung anfahren. Wir beschleunigen teilweise auf 130 km/h. Man fühlt sich wie auf der Enterprise, die gerade auf Lichtgeschwindigkeit beschleunigt. Trotzdem *kriechen* wir nur noch über die letzte Spitze.

6
Das Ende der Expedition

Am 10.1.2016 um 10:48 Uhr morgens bin ich in Deadhorse, Prudhoe Bay, Alaska. Von New York aus waren es 8354 km über vier Zeitzonen. Für die Route hatte ich 9 Tage, 18 Stunden und 18 Minuten gebraucht. Alles lief wie geplant. Ich bin am Ende

DAS ENDE DER EXPEDITION

der Straße. Mal wieder. Sieht so aus, als ob ich nun offiziell von Deutschland nach Alaska getrampt bin. Dafür habe ich 15 Monate gebraucht. 64 270 km.

Anstatt die Beringstraße zu überqueren, sollte es nun aber zurück nach Süden gehen. Ich hatte vor, einen Flieger über den Pazifik zu nehmen und damit die einzige Tramperregel zu verletzen: keine öffentlichen Verkehrsmittel. Aber nun war meine Expedition ja beendet. Es war mein Traum gewesen, die Welt zu umtrampen. Diesen Traum hatte ich gelebt. Und diesen Traum musste ich in Prudhoe Bay noch einmal loslassen. Ich würde es nicht schaffen, auch wenn es weh tat. Ich war zu müde. Erschöpft. Ich brauchte Schlaf. Um den zu kriegen, musste ich allerdings noch ein Problem lösen. Ich war im verfickten Prudhoe Bay, einem der lebensfeindlichsten Orte, an dem ich je gewesen bin. Minus 35° Außentemperatur. Minus 50° im Wind. Ich steige aus meinem Lkw. Noch keine Sonne aufgegangen, weil zu dieser Jahreszeit in Deadhorse keine Sonne aufgeht. Vier Stunden Dämmerung. Mehr gibts nicht. Es ist stockdunkel. Dieser Ort am Ende der Welt ist eigentlich nur eine Ansammlung von Werkstätten, Containern und lose zusammengestückelten Raffinerien. Ölindustrie. Sieht nicht so aus, als ob es einen Ortskern gäbe. Bei dieser Kälte will ich aber auch nicht suchen und gehe ins nahe gelegene Hotel. Es heißt Black Gold und besteht aus Containern. Drinnen fühlt man sich wie auf einer Raumstation. Es gibt Frühstück. Für 10$. Mein Gewinnerfrühstück. Ich kann nicht nein sagen. Brav bezahle ich und bewege mich Richtung Speisesaal. Der nette Mann an der Rezeption meint, dass ich mir auch noch ein Lunchpaket einpacken und dazu ein fertig geschmiertes Sandwich aus dem Kühlschrank nehmen kann. Anschließend ging ich wieder auf die Straße und versuchte, einen Lkw nach Fairbanks zu kriegen. Autos fahren zu dieser Jahreszeit ja nicht. Häuser oder Ortschaften gibts auch nicht. Alles, was

DRITTER CHORUS

in Richtung Süden fuhr, würde gezwungenermaßen in Fairbanks ankommen. Ziemlich einfach eigentlich. Pro Stunde fuhren aber höchstens zwei Lkw vorbei, und leider hielt keiner an. Zweimal war ich draußen für 40 bis 60 Minuten. Bei immer noch minus 35°. Dann wieder rein ins Hotel zum Aufwärmen.

Beim dritten Mal gab es einen warmen Empfang von der Hotelchefin und dem netten Rezeptionisten. »Oh, du schon wieder. Ich fühl mich schon, als würdest du hier wohnen«, meinte sie. Der Rezeptionist fragte, ob ich einen Job bräuchte, und lachte fröhlich. Ich lachte mit. Als ich wieder draußen wartete, kam einer von der Küchencrew herausgelaufen. Er hatte mich wohl beobachtet. Es war bereits 5 Uhr abends. Wir unterhielten uns kurz. Ich war gerade wieder raus, keine 30 Minuten am Warten und hatte noch keinen einzigen Lkw gesehen. Er fragte mich, ob ich hungrig sei. Ich solle doch lieber reinkommen, und er würde mir was zu essen geben, wenn ich will. Da hatte ich natürlich nichts dagegen. Alle waren so verdammt nett da. Es gab Gemüse, lecker Reis mit Kram und Hühnchenbein. Dazu fette Ledercouch und Football. Mir wurde indessen schon klar, dass es wohl nicht so leicht werden würde, aus diesem gottverlassenen Ort wieder herauszukommen.

Nächster Versuch. Da stand ein Lkw. Ich fragte, ob er nach Süden fährt. Ja. Gegen 9 Uhr, und er kann mich dann mitnehmen. Wir vereinbarten als Treffpunkt das Hotel. Super. Alles geritzt. Dachte ich. Irgendwann kam ich wieder raus, und der Truck war verschwunden. Es war mittlerweile 8 Uhr. Er war wohl schon ohne mich abgefahren. Frustriert lief ich wieder ins Hotel und fragte im Essenssaal den Erstbesten, der mir begegnete. Leider kein Trucker, nur einer von den unzähligen Ingenieuren, die in Deadhorse für die Ölindustrie arbeiten. Aber da saß auf einmal mein Trucker an einem der Tische und unterhielt sich mit der Hotelchefin.

DAS ENDE DER EXPEDITION

Ich hatte ihn erst gar nicht erkannt. Er meinte, dass er nicht mehr nach Süden fahren würde, weil er einen Job auf einem Ölfeld bekommen hätte und nun länger bliebe. Tja, das war dann wohl die letzte Hoffnung für diesen Tag. Ich stand weiter am Tisch, und wir schnackten über meine Reise und wie ich am besten wegkäme. Auf einmal fragte die Chefin, was ich gedenke, in der Nacht zu tun. Ich meinte, ich würde irgendwo rumlungern, wo es warm wäre. Bin ich ja gewohnt und ist kein Problem für mich. Es folgte eine Pause. Sie schaute mich an. »Willst du ein Zimmer?« Ich war ganz überrascht. Ich meinte, dass ich kein Zimmer bräuchte, aber wenn sie es mir anbieten würde … Der Rezeptionist wurde herbeigerufen und angewiesen, mir ein Zimmer zu geben. Mir wurde mehrmals befehligt, mich auszuruhen und lange zu schlafen! Am nächsten Morgen würde mich ein Hotelmitarbeiter noch zum nahe gelegenen Flugplatzterminal fahren, wo die meisten Trucker ihre Ladung löschen. Wunderbare Fügung! Dank ans Black Gold!

Nächster Morgen. Ich wurde geweckt durch ein Klopfen und die Info, dass noch eine halbe Stunde Frühstücksbuffet sei und ich das vielleicht nutzen wolle. Dann fuhr man mich zum Terminal. Ich hatte die Idee, ein Flugzeug zu trampen. Ich wusste, zwei Flüge würden Deadhorse heute verlassen. Die erste Fluggesellschaft, Ravn, konnte mir nicht helfen, weil der Manager nicht da war. Die zweite, Alaska Airlines, auch nicht, aus demselben Grund. Also wieder auf die Straße. Heute war es kälter. Mein Bart gefror schon wieder. Ebenso mein Schal, den ich mir über die Nase gelegt hatte, damit der Wind nicht so weh tat. Anschließend froren Schal und Bart aneinander fest. Kein einfacher Tag. Ins Hotel wollte ich zum Aufwärmen nach all der Freundlichkeit nicht zurückgehen. Die waren einfach zu nett, und ich wollte das nicht weiter ausnutzen. Also trampte ich zurück Richtung Flugplatz, weil da noch ein anderes Hotel war. Im Auto wurde ich von einer älteren Frau kräftig

DRITTER CHORUS

zusammengefaltet. Dass das ja *gar nicht* geht! Ich kann hier bei den Temperaturen nicht trampen. Und überhaupt. Was der Scheiß soll? Dass ich gefälligst einen Flieger nehmen und bloß nicht noch mal so was Dummes machen sollte. Es war kurz vor eins. Ich wusste, dass gegen zwei ein Flugzeug nach Fairbanks abgeht, mit Ravn. Also unternahm ich einen neuen Anlauf zum Terminal. Der Manager war da. Nee, er kann mich auf keinen Fall umsonst ins Flugzeug lassen. Auch wenn sie noch freie Sitzplätze hätten.

Aber ich hatte noch einen Trumpf in der Hinterhand. Es war zweieinhalb Monate her, dass ich durch Idaho getrampt war und mich ein Mensch mitgenommen hatte, der sagte, dass er Pilot bei Ravn wäre und mir einen sogenannten *Leg Pass* besorgen könne, womit ich ein One-Way-Ticket kriegen würde. Für 30 $ Verwaltungsgebühr. Eigentlich hatte ich das nicht wahrnehmen wollen, weil das ja nicht als getrampt gilt. Aber hallo, Stefan, du hast deine Expedition am Tag zuvor beendet. Das musste ich mir erst noch mal bewusst machen. Das Problem war nur, dass ich lediglich eine Telefonnummer und den Vornamen des Piloten hatte und dieser das Ticket im Internet lösen musste. Ich konnte also nur hoffen, dass ich ihn rechtzeitig erreichen würde. Während der Manager das Telefon holte, fing ich an, mit einem anderen Menschen der Airline zu quatschen. Er hatte die ganze Zeit hinterm Tresen gesessen, während ich meine Geschichte erzählt hatte, und fragte nun, wer denn dieser Pilot sei. Ich zeigte ihm Namen und Nummer. Daraufhin meinte er: »Ich kann dir auch einen Leg Pass geben, wenn du willst.« Er war ebenfalls Pilot. Das war natürlich viel einfacher und würde mich definitiv in diesen Flieger bringen. Wir quatschten das kurz mit dem Manager ab, und er buchte das Ticket für mich. Ich gab ihm all mein Geld: 22 $. Ist schon okay, meinte er.

DAS ENDE DER EXPEDITION

Als es zum Einchecken ging, war ich etwas spät. Der Manager stand an der Tür und kontrollierte die Tickets von allen Personen. Ich war Letzter. Er begrüßte mich mit den Worten: »Schön, dass es geklappt hat und du hier wegkommst. Hättest du keinen Leg Pass von einem der Piloten bekommen, hätte ich dir einen von mir gegeben. Wir helfen gerne, weil, hier festzustecken, ist kein Spaß!«
Wow! Und so machte ich den ersten »bezahlten« Flug meiner gesamten Reise. Überlebte Deadhorse. Und war wieder in Fairbanks.

VIERTER CHORUS

Ziel: Heimat

Wartezeit: Zu lange.

Anzahl Lifts: 1156

Kilometer getrampt: 108 895

»Ich möchte eine Frau heiraten«, verriet ich den beiden,
»bei der meine Seele zur Ruhe kommt, bis wir zusammen alt
werden. So darf das nicht dauernd weitergehen – all dieser
Wahnsinn und das Herumjagen. Wir müssen irgendwo zur
Ruhe kommen, einen Platz finden.«

Jack Kerouac, »On the Road«

1
Die gefährlichste Situation meiner Reise

Von Fairbanks trampte ich wieder zurück nach British Colum-
bia, um dort einen guten Freund zu besuchen. Ich hatte einen
Lift von Alaska bis an die US-Grenze. Den längsten Lift meines
Lebens. 2676 km. Davon fuhr ich ca. 1500 km selbst. Es war eine
gute Zeit. Ich half in Kanada noch ein bisschen bei Freunden
auf dem Bau und verdiente mir so etwas dazu. Es war das erste Mal, dass ich auf dieser Reise für Geld arbeitete. Ich nutzte
es unmittelbar, um mir einen Flug nach Hongkong zu kaufen.
Mit Zwischenstopp in Japan, wo ich sechs Wochen verbringen
wollte.

Da es in Kanada aber noch kalt war und ich, nach dem ganzen Eis
und Schnee im noch höheren Norden, die paar Wochen vor der
Abreise im Süden verbringen wollte, besuchte ich in San Francisco
weitere Tramperfreunde. Irgendwann hörte ich, dass man in Kalifornien als Cannabis-Trimmer gutes Geld verdienen konnte. Dass
ich zur falschen Jahreszeit unterwegs war, sollte ich erst später herausfinden. Mein Ziel war das nördlich von San Francisco gelegene Humboldt County. Das Emerald Triangle, das smaragdgrüne
Dreieck – da wo Lebensträume erst zu schönem Pot und später

VIERTER CHORUS

zu Geld werden. Und ich wollte mir auch endlich die Redwoods anschauen. Ich war gerade auf dem Weg in eine Kleinstadt Namens Arcata, um von dort nach Jobs zu schauen.

25.1.2016, 20:15 Uhr, Eureka, Humboldt County
Ankunft in Eureka, das bekannt ist für seine guten Drogenprogramme – was aber der Stadt nicht unbedingt zum Vorteil gereicht. In der Bay Area rund um San Francisco sieht die Arbeit mit Drogensüchtigen wie folgt aus: Greyhound-Bus-Ticket, einfache Fahrt. Entweder Richtung Süden nach Los Angeles. Oder nach Norden. Nach Eureka. Weil es dort ja so gute Drogenprogramme gibt. Die Stadt ist daher voll mit »Tweakern«, so werden die Crystal-Abhängigen in den USA genannt. Bei TripAdvisor wird Eureka als *Armpit,* Drecksloch, oder auch »deprimierendste Stadt, in der ich je war,« beschrieben. Hinterm Walmart am Strand gab es ein Camp namens »Devils Playground«, in dem über 100 Obdachlose und Drogensüchtige lebten und offenbar sogar eine eigene Meth-Küche hatten. Das waren aber alles Dinge, die ich erst *nach* meiner abendlichen Ankunft erfuhr. Ich war eigentlich positiv gestimmt, was diesen Ort betraf; auch wenn die Dunkelheit schon angebrochen war. Es waren zudem nur 14 km nach Arcata, meinem Ziel. An sich kein Problem.
Mein erster Anlaufpunkt war, wie so oft, der örtliche McDonalds. Internet. Orientierung. Die Grundpfeiler des Reisens. Und vielleicht ein Burger. Ich lernte sofort einen Typen kennen, der mir erste Infos zu Erntehelferjobs geben konnte. Wir unterhielten uns etwas. Wie immer fragte ich nach dem Weg, weil ich ja den Ort nicht kannte. Es gab zwei Wege nach Arcata. Einmal die Hauptstraße: nicht so gut zum Trampen, aber der direkte Weg. Und noch eine kleine Ausfallstraße, die von vielen Ortsansässigen befahren wurde und zum Trampen besser geeignet war; das meinte jedenfalls dieser Typ und zeigte

DIE GEFÄHRLICHSTE SITUATION MEINER REISE

mir gleich noch den Weg zur Trampstelle. Vorher gingen wir noch bei der Tankstelle vorbei. Ich hatte meinen gelben Anzug an, und vor der Tankstelle stand eine Gruppe dieser Tweaker herum. Sie waren für eine amerikanische Kleinstadt normal gekleidet. Baggy Pants, Hoodies, solche Sachen. Ein bisschen dreckig und versifft. Ungefähr sieben Männer im Alter von 20 bis 40 Jahren. Alle mit leicht gebückter, zusammengekrümmter Körperhaltung. Alle mit aufgekratzten und entzündeten Stellen im Gesicht und an den Händen. Mich erinnerten sie an Ratten. Sie sahen unberechenbar, verstohlen und bemitleidenswert zugleich aus. Als ich näher kam, wurde ich sofort angesprochen, was das denn für ein Anzug wäre. Es klang ein wenig belustigt, aber auch interessiert. »Das ist ein Tramperanzug«, antwortete ich freundlich. Ganz egal, wie sie dem ersten Anschein nach aussehen: Ich halte es immer für das Beste, den Menschen freundlich zu begegnen. Manchmal wird man überrascht. Diesmal wurde ich auch überrascht. Und zwar wegen der absoluten Nichtreaktion in der Gruppe. Sie reagierten einfach gar nicht auf meine Antwort. Schienen fast überfordert und starrten unsicher auf den Boden. Ich dachte mir nichts dabei, aber es war mir trotzdem unangenehm.

Nachdem ich ein paar Getränke gekauft hatte, brachte mich mein Begleiter zur Trampstelle, wir tauschten Nummern aus, und er ging nach Hause. So stand ich also alleine unter einer Straßenlaterne. Hinter mir eine Brücke. Wenig Haltefläche, und es war bereits dunkel. Als nach einigen Minuten niemand anhielt, wurde ich ungeduldig. Mir schien, ein Positionswechsel sei am sinnvollsten. Ich lief also los in die Dunkelheit. Auf der Straße nach Arcata gab es drei Brücken. Ich überquerte die erste und hatte von dort einen guten Blick auf die Uferfläche in Eureka. Hier und da liefen Tweaker am Wasser und unter der Brücke herum. Ansonsten gab es Beton und Müll. Im Hintergrund ein paar Industriehallen. Es hätte auch ein Hafen sein können, wenn noch ein paar Fischkutter am Wasser

VIERTER CHORUS

gewesen wären. Aber so war es einfach nur abgefucktes Junkie-hausen. Nach der ersten Brücke kam eine kleine Ausfahrt zum örtlichen Yachthafen. Nachdem ich erfolglos versucht hatte, die Auffahrt zu trampen, lief ich weiter über die zweite Brücke. Plötz-lich überkommt mich ein komisches Gefühl. Ich kann mich noch genau daran erinnern. Als ob mein Körper mir sagen will, dass et-was nicht stimmt. Ich habe Angst. Die Gesamtsituation fühlt sich falsch an. Ein Hund bellt in der Ferne. Kein Auto hält an. Also be-schließe ich, hinter der zweiten Brücke die Straße zu verlassen und unter der Brücke nach einem Schlafplatz zu suchen. Als ich von der Brücke komme, ist auf der linken Seite ein hoher Zaun. Zur rechten endet die Leitplanke, und ein schmaler Weg führt unter die Brücke. Immer noch bellt ein Hund in der Ferne. Es ist feucht-nass. Ich leuchte mit meiner Kopflampe voraus und gehe vorsich-tig die Böschung nach unten. Plötzlich schreit jemand: »Was zum Teufel machst du hier? Hau ab!« Ich brauche einen Moment, bis mir klarwird, dass der Mann, der da in seinem selbst gebauten La-ger steht, tatsächlich *mich* anschreit. Alles geht jetzt sehr schnell. Er schreit nicht nur mich an. »Komm her!«, ruft er zu meiner anderen Seite hin. Ich verstehe nicht, was los ist. In diesem Moment kommt auch schon der Hund auf mich zugehetzt. Es muss der Hund sein, den ich schon die ganze Zeit gehört habe. Er ist gar nicht irgendwo in der Ferne. Ein mittelgroßer, kräftig gebauter Hund. Pit-Bull-Mix. Solche Hunde, mit denen man keinen Ärger möchte. Als er mich sieht hat, brennen ihm wohl endgültig alle Leitungen durch. Ich weiß gar nicht, wie mir geschieht. Der Hund sprintet auf mich zu. Ich kann weder weglaufen noch reagieren. Einen Meter vor mir springt er frontal auf mich zu und …

… gibt mir einen Kuss. Offenbar weiß er nicht so recht, wie man richtig zubeißt. Zu meinem Glück. Er springt zwei-, dreimal an mir hoch, weicht ein paar Meter zurück und bellt mich nur noch

DIE GEFÄHRLICHSTE SITUATION MEINER REISE

an. Auf der anderen Seite steht immer noch der zornige Mann, der mich unentwegt anschreit. »Verschwinde, verdammt noch mal! Hau ab!« »Tschuldigung, Mann, ich such nur einen Platz zum Schlafen.« »Aber nicht hier! Der Platz ist besetzt!« Ich entschuldige mich noch mehrmals und laufe wieder die Böschung hoch. »Tschuldigung, wollte nicht unhöflich sein!«, ruft er mir auf dem Weg nach oben hinterher. Er scheint doch nicht so böse zu sein, wie es den Anschein macht. Ich muss schmunzeln. Aber so bin ich wieder auf der Straße. Und das stellt sich nun als nicht gut heraus. Ich war es zu diesem Zeitpunkt meiner Reise gewöhnt, durch die Nächte zu spazieren. Es machte mir gewisse Freude, weil ich mich auf der Straße grundsätzlich sicher fühle. In dieser Nacht ist das anders. Ich bin mit meinem Adrenalin in der Dunkelheit allein. Stehe aufgewühlt auf einer kleinen Insel namens Indian Island, die weniger als einen Quadratkilometer groß ist. Ich habe keine Wahl, als weiterzutrampen. Und es gibt eigentlich genug Verkehr. Nur hält niemand an. Ich stehe schon ein paar Minuten kurz vor der dritten und letzten Brücke, als endlich ein Auto auf den Standstreifen fährt und ca. 80 m vor mir zum Stehen kommt. Es ist eine komische Situation. Ich werde kurz beobachtet, dann dreht das Auto um und verschwindet wieder über die Brücke. Ich weiß sofort, dass irgendwas nicht stimmt. Irgendwas in mir sagt mir, dass es jetzt losgeht und ich in Gefahr bin. Ich muss sofort hier weg! Ich bin panisch. Mein Körper reagiert schon längst. Ich nehme geistesabwesend meinen Rucksack von der Straße und suche nach einem Ausweg. Neben der Straße ist alles mit einem hohen Zaun gesichert, und dahinter gibt es nur Wasser. Auf der Brücke erscheint plötzlich ein Fahrradlicht. Ich schalte meine Lampe aus, um nicht gesehen zu werden. Das Licht ist ca. 500 m entfernt und kommt auf mich zu. Wer fährt mitten in der Nacht mit dem Fahrrad hier herum? Es ist, als ob die Bedrohung nun physisch auf

VIERTER CHORUS

mich zukommen würde. Ich flüchte in einen Graben und versuche, durch den Zaun zu gelangen. Das Fahrradlicht ist nun schon über die Brücke und rollt weiter auf mich zu. Ein Auto erscheint am Scheitelpunkt der Brücke. Ich suche den Zaun ab. Er ist zu hoch, um drüberzuklettern. Panik. Kalter Schweiß. Alles kommt nun hoch. Ich bin gefangen auf dieser dunklen Straße in diesem kleinen Graben. Keine Chance, hier rauszukommen. Das Fahrrad ist in einer Minute hier. Ich laufe weiter am Zaun entlang. Schließlich finde ich ein Loch, durch das ich erst meinen Rucksack und dann mich selbst zwängen kann.

Direkt hinterm Zaun befindet sich eine kleine Ansammlung von niedrigen Büschen, dann Wasser. Ich gehe durchs Buschwerk und steige hinab auf die Steine am Wasser. Ich versuche, mich klein zu machen, damit ich nicht gesehen werde. Mein Atem hält an. Mein gelber Anzug ist *auf jeden Fall* sichtbar. Ich lege mich so flach hin, wie ich kann. In der Zwischenzeit erreicht der Radfahrer die Stelle, wo ich vorher noch getrampt bin. Fast gleichzeitig kommt das Auto an. Beide halten kurz hinter meiner Trampstelle direkt auf der Straße. Leute steigen aus dem Auto. Wie viele, kann ich in der Dunkelheit nicht erkennen; auch weil ich mich kaum traue, die Szene zu beobachten. Taschenlampen gehen an. Es ist klar, dass sie wegen mir hier sind. Ich fühle mich bedroht wie noch nie in meinem Leben. Vielleicht auch, weil die Gefahr nicht unmittelbar vor mir steht, sondern weil ich beobachten kann, wie man nach mir ausschwärmt, während ich gewissermaßen in der Falle sitze. Ich mache mich noch flacher als vorher und versuche, alle Geräusche zu vermeiden. Langsam ziehe ich meine reflektierenden Schienbeinschoner aus. Falls aus der Dunkelheit etwas reflektiert, wissen sie genau, dass ich da sitze. Ich verstecke Geldbeutel und Kamera unter einem Stein. Und warte.

DIE GEFÄHRLICHSTE SITUATION MEINER REISE

Ich kann beobachten, wie die Leute aus dem Auto und der Radfahrer unter die Brücke gehen und sich dort aufteilen. Sie suchen mich zuerst dort, dann am Ufer. Ich liege im nassen Gras und bewege mich keinen Zentimeter. Aufgeregt, aber auch aufmerksam starre ich in die Dunkelheit. Es dauert eine ganze Weile, aber vielleicht kommt es mir auch nur so vor. Für mich vergeht dieser Moment nicht. Wie eine Ewigkeit. Schließlich kommen die Leute wieder unter der Brücke hervor. Werden sie nun in meine Richtung gehen? Schließlich steigen sie wieder ins Auto, und auch der Radfahrer macht sich auf den Rückweg in die Junkiestadt Eureka. Meine Instinkte und ein Loch im Zaun haben mich gerettet. Ich weiß nicht, was passiert wäre, wenn die Jungs mich gefunden hätten. Ich denke darüber die ganze Nacht nach.

Die Straße war nun wieder leer. Aber die Angst saß noch tief. Es stand nicht zur Debatte, nach diesem Erlebnis noch weiterzutrampen. Ich blieb wie festgeklebt zwischen den Büschen, auch wenn sie mir nur wenig Sichtschutz boten. Es fing an zu regnen. Ein leichter, aber stetiger Regen. Ich hatte zu viel Angst, mein Zelt aufzubauen, da ich sonst von der Straße aus gesehen worden wäre. So blieb mir ein niedriger Ast, über den ich notdürftig meine Plane spannte, um mich vor der Nässe zu schützen. Das war mein Nachtlager. Die Situation war mir trotzdem nicht geheuer. Mehrmals bewegte ich mich zu einem kleinen Busch am Zaun und überprüfte, ob vorbeifahrende Autos meine Plane sehen könnten. Es war eine schreckliche Nacht. Ich konnte kaum schlafen. Ich fühlte mich maximal unsicher. Und es regnete die ganze Zeit. Erst im Morgengrauen traute ich mich, mein Lager abzubauen und wieder auf die Straße zu gehen. Ich überquere die dritte Brücke, als es anfing, in Strömen zu regnen. In kurzer Zeit war ich komplett durchnässt. Dann hielt endlich ein Auto nach Arcata.

2
Die vier Ecken von China-Tour

Nach sechs Wochen in Japan flog ich nach Hongkong, das schon deswegen eine Herausforderung darstellte, weil Schlafplätze aufgrund der Bevölkerungsdichte selten unentdeckt blieben und mir die Mücken unglaublich zusetzten. Aber ich hatte etwas Respekt vor China und brauchte einige Zeit, bis ich den nächsten Schritt tun konnte. Auch weil ich das Land nicht einfach nur durchtrampen wollte. Ich wollte die »vier Ecken von China« abtrampen. Es sollte die Erwin-Seeliger-Gedächtnistour werden. Erwin war ein guter Tramperfreund von mir und ist seinerzeit »die vier Ecken von Russland« getrampt. So was wollte ich auch machen. Und dann – so hatte ich mich inzwischen entschlossen – nach Hause. 16 000 km chinesische Autobahn lagen vor mir.

5.5.2016, 1:03 Uhr
Das war ein wirklich komisches Gefühl heute, als ich in der Bahn Richtung Grenze saß. Als würde man die vertraute Welt verlassen. Noch dazu gibt es kein Zurück. *Single Entry.* Einmal über die Grenze, und ich kann nicht wieder nach Hongkong. Ich kam mir vor wie auf dem Weg ins Gefängnis. Nach der Grenze musste ich feststellen, dass ich gar keine Orientierung hatte. Gmaps ist scheiße in China. Und so hab ich mich erst mal verlaufen. Dann hab ich bemerkt, dass ich schon zu lange nichts mehr gegessen hatte. Gleich den ersten Stand an der Straße geplündert. Früchte. Bananen und einen Pfirsich. Schließlich noch mit Chips und Süßigkeiten an der Tanke eingedeckt und angefangen zu trampen. Um 10 Uhr abends. Das war vielleicht etwas übermütig. Noch dazu bin ich ziemlich müde. Und krank. Die unzähligen Mücken-, Floh- und Käferstiche

aus Hongkong setzen mir immer noch zu. Es juckt fürchterlich. Mein Körper hat mit einer allergischen Reaktion begonnen. Das war auch der Grund, weshalb ich heute aufgebrochen bin und nicht noch eine Nacht im Dschungel gezeltet hab. Es wurde einfach zu viel. Gegen Mittag kam die spontane Entscheidung, nach China zu machen. Jetzt bin ich hier.

Der erste Lift kommt nach 20 Minuten und nimmt mich 70 km nach Norden mit. Jetzt bin ich an einer Raststätte, und es gefällt mir bisher ganz gut hier. Alles etwas einfacher als in Hongkong. Nicht so durchorganisiert. Habe das Gefühl, wieder mehr machen zu können, was ich will. Entdecke eine Feuerleiter und steige aufs Dach, nachdem schon mehrere Leute versucht haben, mir dabei zu helfen. Sind ganz nett diese Chinesen. Aber ich komm auch gut allein zurecht. Mit dem Trampen muss ich mich noch zurechtfinden. Mein vorab geschriebener Brief scheint eine Geheimwaffe zu werden. Ansonsten versteh ich kein Wort. Vielleicht sollte ich noch an meiner Strategie feilen. Obwohl der Brief erklärt, was ich mache, scheint es keine gute Idee zu sein, den Leuten immer zu sagen, dass ich in diesen 2000 km entfernten Ort möchte. Das verwirrt zu sehr. Erst mal schlafen. Morgen gehts weiter. Ich muss raus aus Moskitoland, damit ich den verlorenen Schlaf der letzten Tage wieder aufholen kann. Wenigstens dröhnt im Hintergrund wieder die vertraute Autobahn. Ich bin wieder auf der Straße. »Nothing behind me, everything ahead of me!«, wie Jack Kerouac sagt.

6.5.2016, 1:09 Uhr
Fazit erster Tramptag: 900 km geschafft, drei Flaschen Wasser geschenkt bekommen, für 20 Cent eine Hoffentlich-war-da-Fleisch-drin-Wurst gegessen, zu einem üppigen Abendessen eingeladen und mit kleinen Kuchen vollgestopft worden, die beim Reinbeißen an in Terpentin getunkte Milchbrötchen erinnerten.

VIERTER CHORUS

Trampen in China läuft so für mich: Ich komme an einer der zahlreichen Raststätten raus, vielleicht schaffe ich es auf die Toilette, aber spätestens nach dem Händewaschen werde ich schon angesprochen. Eine Minute nichts verstehen, lächeln, ich hole meinen Zettel raus und zeige ihn der sprechenden Person, sage, wo ich hinwill, und dann heißt es eigentlich nur noch warten. Gerade ist es Nacht, und der örtliche Polizist läuft rum, um einen Lift für mich zu finden. Die Chinesen kümmern sich gut um mich. Auch der Kulturschock lässt auf sich warten. Dass die sich so vom westlichen Kapitalismus abgeschottet haben, ist tendenziell eher angenehm. Keine tausend Schokoriegel in der Tanke. Meistens überhaupt keine Schokoriegel, um ehrlich zu sein. Auch mein mobiles Internet funktioniert dank Hongkong-Datenpaket einwandfrei. Kann auf alle Dienste zugreifen. Facebook, Google, funzt alles. Das erste Mal auf meiner Reise, dass ich Internet unterwegs habe. Hab das Smartphone ja erst seit San Francisco. Mega nervig. Ständig ist man so abgelenkt.

Chinas Autobahnen sind kein guter Ort für Epileptiker. Ständig überall bunte, blinkende Lichter. Irgendwer im Verkehrsministerium scheint Gefallen an bunten LEDs zu finden und sie konsequent als Straßenschildersatz zu installieren. Aber der Knaller sind die komischen Blitzmasten. Gestern blitzte es plötzlich. Ich dachte, wir wären zu schnell gefahren. Nach dem dritten Mal kamen mir allerdings Zweifel. Keine Ahnung, was hier los ist. Ich vermute, die Dinger sollen einen wach halten.

So, Nacht hat begonnen. Sieht nicht nach Schlaf aus. Noch 500 km bis zum Fuße des Himalaja. Vielleicht hab ich ja Glück heute Nacht. Kommt auch drauf an, wie motiviert dieser Polizist ist.

6.5.2016, 23:16 Uhr
Tag drei war typisch für den Urlaubscharakter dieser Tour. Zweimal zum Essen eingeladen worden. Erster Lift: eine total süße Familie

DIE-VIER-ECKEN-VON-CHINA-TOUR

mit tibetischem Einschlag. Die Tochter und ich unterhielten uns mit Übersetzungsprogramm auf dem Handy. Der Vater hat sich eine Tasse Schnaps sowie Tabakbong zum Mittagessen genehmigt und ist auf der Rückbank eingeschlafen. Danach wurde ich noch mit Obst und Gemüse gefüttert und am Ende gefragt, ob ich mit nach Hause kommen möchte. Ich hab abgelehnt. So ganz weg von der Straße kann ich dann doch nicht. Manch ein Reisender findet so was unverantwortlich, aber mir war das genug Liebe von diesen tollen Menschen.

Sitze nun schon zum dritten Mal in Folge auf dem Dach einer Raststätte. Kurz hinter Kunming. Die Berge schauen von allen Seiten auf die Stadt. Die Sterne leuchten. Neben mir rauscht die Autobahn. Gelegentlich donnern Lkw über den Parkplatz. Wenn sie über die Geschwindigkeitsbremser krachen, hören sie sich an, als würden sie implodieren. Im Hintergrund ist der Güterbahnhof. Kunming wäre eigentlich die perfekte Position gewesen, um endgültig rein in die Berge zu machen. Normalerweise wäre jetzt Nachttrampen angesagt. Ich wollte aber lieber meditieren und dann schlafen. Morgen habe ich noch 300 km nach Dali, wo ich erst mal 1 bis 2 Nächte bleibe. Dort werde ich in einer Künstler-Community unterkommen. Bett gegen Straße tauschen.

8.5.2016, 9:49 Uhr, Dali
Gerade als ich anfange zu schreiben, ertönt von unten eine Panflöte. Schön! Es gibt nicht viel zu berichten. Gestern morgen aufgewacht, losgetrampt, zehn Minuten gewartet, und dann kam mein Lift nach Dali. Die Künstler-Community hab ich auf Trustroots. org gefunden. Am Abend ging es an den See, wo wir ein Barbecue hatten. Wir kamen um sieben an. Da war der Rost schon voll. Und jeder der nachkam, hatte was anderes dabei. Einmal kam ein

VIERTER CHORUS

Opa an und brachte vier fertig präparierte Fische mit. Ich fand das extrem gut. Nicht so langweilig deutsch: einmal den Fleischberg durchgrillen und dann wird gegessen. Hier sitzen alle mit ihren Stäbchen um den Grill herum, picken sich raus, worauf sie Lust haben, und dann wird bis um 11 Uhr nachts nicht damit aufgehört, neue Leckereien nachzulegen. Ein einziges Fressgelage. Kulinarisch sind die Chinesen *absolute next level*.

Es gab auch Jägermeister. Aber ich trinke nicht mehr. Und dieses Gesöff schon gar nicht. Allerdings musste ich aus Höflichkeit und Notwendigkeit gestern eine Ausnahme machen. Mir steckte eine Fischgräte im Hals. Ich sah mich schon sterben. Einer hat mir einen selbst gebrannten Schnaps eingeschenkt. Der musste runter. Danach hatte ich noch ein kleines Bier und eine Zigarette. Aber das bleibt die Ausnahme. Ich meine das ernst mit dem Entzug.

Wir sind mittlerweile auf 1900 m. Mein nächster Checkpoint, Deqen, liegt durchschnittlich auf 3300 m. Von da geht es runter von der Autobahn und rauf auf eine verlassene Bergstraße, entlang der tibetischen Grenze. Die ist interessanterweise nicht bei Google eingetragen.

10.5.2016, 22:44 Uhr, Shangri-La
Bin heute früh in die Berge aufgebrochen. Mein Tag war etwas durcheinander. Habe Kopfschmerzen wegen der Höhe. Mittlerweile auf 3500 m angekommen. Versuche, mal kurz zusammenzufassen, was passiert ist. Ich hatte einen Lift direkt in die Region Deqen. Dort ging es in die Berge. Ein Lastwagen. Saulangsam. Das lag zum Teil daran, dass die Straße einspurig wurde und fiese Steigungen aufwies – wobei wir dann auch noch in Kolonne mit anderen Lkw fuhren, die noch langsamer waren als wir –, aber vor allem an meinem Fahrer. Er bekam es absolut nicht gebacken, richtig zu schalten. Am letzten Berg ging der

DIE-VIER-ECKEN-VON-CHINA-TOUR

Lkw schließlich mit einem lauten Zischen kaputt, und ich war ganz froh, dass ich mir einen neuen Lift suchen musste. Rohrkrepierer.

Mit zwei netten chinesischen Damen kam ich abends in Shangri-La an. Schöne Stadt, muss ich schon sagen. Zumindest der Teil, der nicht 2014 bei einem großen Feuer komplett niedergebrannt ist. Da ich am falschen Ende der Stadt war und am nächsten Tag einen guten Start haben wollte, flanierte ich mit meinen 12 kg Gepäck zwei Stunden durch den Ort. Bis ans andere Ende, wo die Bergstraße losging. Auf dem Weg sah ich ein unglaublich süßes Kind mit kleinen schwarzen Knopfaugen und einem traditionellen tibetischen Dress. Leider hab ich meine Kamera zu spät rausgeholt, um diesen Moment festhalten zu können. Dass mir solche Bilder entgehen, ärgert mich schon etwas. Aber aus Fehlern lernt man. Deswegen fotografierte ich einen anderen kleinen Jungen, der einfach mal so auf die Straße schiss, als ich vorbeilief.
Statt mir einen Schlafplatz zu suchen, wollte ich dann aber doch eher nachttrampen, um schon mal weiter in die Berge vorzustoßen. Mein erster Lift waren zwei Männer mit Hut. Wobei mein Problem an diesem Punkt war, dass ich den ganzen Tag nichts gegessen hatte. Als ich einstieg, war ich schon ziemlich verzweifelt. So tief unten bin ich selten. Ich versuchte, den beiden über Google Translate zu sagen, dass ich einen Zeltplatz und Essen suche. Hatte gehofft, sie verstehen das und laden mich ein. Aber dann ließen sie mich irgendwo in den Bergen mitten in der Dunkelheit raus. So nach dem Motto: »Na ja, tschüß dann!« Nirgends waren Lichter zu sehen. Ich war so bedürftig, ich hätte sogar an ein Haus geklopft. Zelt war auch nicht gerade meine erste Option, da 5° Außentemperatur für meinen 11°-Schlafsack nicht passend sind. Zum Glück nahm mich ein Trucker mit und lud mich zu sich nach Hause ein.

VIERTER CHORUS

So hatte ich mir das gedacht. Er war Tibeter und sein Truck im Innenraum extrem bunt geschmückt. Wir waren schon auf dem Weg zu seinem Dorf, als wieder mal eine dieser Kann-man-verstehen-muss-man-aber-nicht-Situationen anfing. Wir fahren von der Straße ab, zehn Minuten Schlagloch-Inspektionslauf, dann kommt uns ein Taxi entgegen. Mein Trucker hält an, unterhält sich kurz; schließlich werde ich aus dem Truck gezerrt und ins Taxi verfrachtet, das mich mit sich zurücknimmt.

Im Dorf klopfte ich bei der Polizei, in der Hoffnung, sie würden mir einen Schlafplatz geben. Leider machte niemand auf, obwohl Licht brannte. Also Zelt. Ich kaufte mir noch für 2 € ne Riesenportion Reis. Wobei es für diese Mahlzeit offenbar zu viel Geld war. Sie wollten mir danach unbedingt noch mehr geben. Aber ich hatte meinen Rucksack unbeobachtet liegenlassen und wollte zurück.

Mein Nicht-erfrieren-Plan sah nun folgendermaßen aus: Daunenjacke, T-Shirt, Unterhemd, Jogginghose und zwei paar Socken. Dazu ein Schal und darüber mein jämmerlicher Sommerschlafsack. Wobei ich darauf hoffte, dass es im Zelt generell nicht so kalt sein würde wie draußen.

11.5.2016, 6:26 Uhr

Saukalt wars! Lag vielleicht auch daran, dass ich meine flauschigen Wintersocken dann doch lieber als Kopfkissen benutzt hab. Träumte von warmen Decken und höre jetzt einen Uhu; was mich sehr freut. Ich mag Uhus. Aus der Ferne schreit ein Hahn. Hört sich an wie ein Dinosaurier. Bin hier in einer kleinen Schlucht, und es schallt so schön. Guten Morgen, Himalaja. Ansonsten sagen sich hier Fuchs und Hase gute Nacht. Das wird ne lustige Tour heute. Daher lieber mal aufstehen und hoffen, dass was vorbeikommt. Die Nacht war sehr ruhig. Kein Verkehr. Sonne sollte bald aufgehen. Leichter Frost auf meinem Zelt.

DIE-VIER-ECKEN-VON-CHINA-TOUR

19:57 Uhr

Also, mein Tramptag heute. Es war nicht viel Verkehr, außer Taxis und Busse. Die wenigen Pkw fuhren einfach vorbei. Hatte dann Glück und fing einen Toyota-Jeep ab, mit dem ich mehr als fünf Stunden unterwegs war. Mittagessen inklusive. Wir waren recht schnell unterwegs. Die Straße war aber auch erste Sahne. Schotterpiste mit wunderbarem Himalaja-Panorama. Ich fand es immer wieder extrem geil, wie wir da durch die Serpentinen donnerten. Das sind die Straßen, die ich suche: der Dalton Highway in Alaska. Die Transamazonica. Oder hier. *Warm roads.* Eines der absoluten Highlights meiner zurückliegenden 80 000 km. Ich wurde ins Dorf mitgenommen, endete in einer Art Treffpunkt aller Einwohner und bekam eine reizende junge Dame an die Hand, die für mich übersetzte und mit mir eine »kostenlose Tour« durchs Dorf machte; da musste ich mich leider fügen. Anschließend gab es Abendessen, und ich wurde ins Hotel verfrachtet. Ich dachte eigentlich, ich würde einfach zu Hause bei irgendwem auf dem Boden schlafen. Fand das nicht gut, dass sie mir ein Hotel bezahlten, aber ich konnte wenigstens durchsetzen, dass sie mich in ein billiges Zimmer steckten.

12.5.2016, 21:17 Uhr, irgendwo in der chinesischen Pampa

Scheiße, schon wieder im Hotel. Dabei fing mein Tramptag sehr gut an. Hatte kaum Position bezogen, da riefen mich schon Leute aus einer Gruppe an der Tanke zu sich. Erster Lift, acht Stunden Fahrt, und einer konnte sehr gut Englisch. Die Strecke war ein Traum. Überaus abwechslungsreich. Wir kurvten auf der Höhe von 3000- und 5000 m durch den Himalaja. Ich hatte nur bald die Serpentinen satt. Zwischendurch hielten wir auf einem 4000 m hohen Pass. Es gab ein Yak, das da auf der Wiese gegrast hat. Zwei Chinesen standen da und haben sich mit ihm abgelichtet. Ich dachte: »Das möchte ich auch!« Aber das Yak hatte mich schon mehr als

VIERTER CHORUS

skeptisch angeschaut, als ich darauf zugelaufen war. Dann war ich 2 m entfernt, und mir fiel auf, was diese Tiere für enorm große und spitze Hörner haben. Na ja, kurzes Ende der Geschichte: Das Yak guckte mich weiter böse an und schwang zweimal den Kopf, als wollte es eine Horde Fliegen verscheuchen oder wahlweise meine Eingeweide aufspießen. Ich sprang einen ordentlichen Satz zurück und musste mich erst mal von dem Schreck erholen. Wunderschönes Tier trotzdem.

Übrigens: Ich hab kein Geld bei mir aus Ermangelung an Möglichkeiten. Finde einfach keinen ATM. In den letzten acht Tagen hab ich ca. 25 € ausgegeben. Nun noch 1 € in der Tasche. Hab aber auch beschlossen, dass ich erst mal kein Geld brauche und keine Zeit mit der Suche nach Geldautomaten verschwende. Klappt auch so ganz gut. Bei meinem Lift über den Yak-Pass habe ich zum Abschied eine enorme Tüte Süßigkeiten bekommen. Und vier Flaschen Wasser. Verdursten werde ich daher eher nicht, aber vielleicht erleide ich einen Zuckerschock.

Später haben mich drei Männer aufgesammelt, die mich aus den Bergen auf die Autobahn brachten. Sehr geiler Lift. Abendessen inklusive. Das gehört hier dazu. Ich hatte auch den ganzen Tag nichts gegessen, außer Keksen, Schokoriegeln und Bonbons. Und so endete ich auch in diesem Hotel. Wieder eine dieser Sachen, die keinen Sinn ergeben. Es war schon dunkel, und in irgendeinem Kaff stand auf einmal die Polizei auf der Straße. Davor eine Schlange Autos. Keine Ahnung, was da los war. Meine Mitfahrer redeten mit einem Mann aus dem Dorf. Ich glaubte zu verstehen, dass die Sperrung wohl lange dauern würde. Dann ging der Mann weg und wir hinterher. Gegen Ende der Schlange stieg er in ein Auto und fuhr mit uns zu diesem Hotel. Hier schlafen wir nun. Ich hab ein Doppelzimmer für mich bekommen. Dabei wäre ich lieber auf der Straße geblieben und hätte die Nacht durchgezogen.

DIE-VIER-ECKEN-VON-CHINA-TOUR

13.5.2016, 19:35 Uhr

Die Ereignisse überschlagen sich. Muss gerade mal eine Pause machen und das festhalten. Heute Morgen lief alles nach Plan: 6 Uhr aufwachen, 6:45 waren meine Fahrer auch bereit. Lecker Suppe gefrühstückt und dann vereinhalb Stunden gefahren. An den Raststätten war nichts los, und wir landeten letztlich an einer Ausfahrt. Meine Fahrer wollten leider nicht gehen, ehe sie mir einen Lift klargemacht haben. Wir wählten nicht die beste Taktik, und ich durfte mich nicht an den Straßenrand stellen. Angeblich zu gefährlich. Also warteten wir auf der Zufahrt einer Mautstation ganz am linken Rand und riefen den vorbeifahrenden Menschen meine Fahrtrichtung zu. Das dauerte 45 Minuten. Nachdem ich mehrmals gesagt hatte, dass sie gehen können, kam dann doch die Einsicht, und meine Fahrer sind abgedüst. Vorerst.

An sich war mit den Polizisten vor Ort alles abgesprochen. Bald tauchte aber die gesamte Polizeistation auf, man machte Fotos mit mir, versuchte erfolglos, sich mit mir zu verständigen, und brachte mir schließlich was zu essen. Suppe, Reis, Fleisch und Gemüse. Ich hatte eigentlich keinen Hunger, aber auch nichts Besseres zu tun. Und wenn man nicht weiß, wann die nächste Mahlzeit ansteht, nimmt man alles mit. Ich glaube, eine der Sachen, die sie mir brachten, war Lunge. Hatte ich noch nie gegessen, schmeckte aber ein wenig wie Kohl. Bald kam auch mein Fahrer wieder, um zu schauen, ob ich schon weg bin. Da saß ich nun, zwischen den Polizisten, mit drei Pappschüsseln am Straßenrand und mampfte mein Mittagessen. Mein Fahrer brachte mich an einen ziemlich toten Rasthof. Ich war trotzdem froh, wieder an der Autobahn zu sein, lief, ohne zu zögern, auf die Autobahn: Das zweite Auto hielt an. Das klappte zweimal hintereinander. In China kann man direkt auf der Autobahn stehen. Alles kein Ding. Beim zweiten Mal stoppte mein Fahrer allerdings gefühlt 5 km hinter mir. Ich bin sonst gut

VIERTER CHORUS

zu Fuß und renne immer zum stehenden Auto. Aber das überforderte mich. Ich joggte Richtung Auto und musste dreimal Pause machen, weil es so weit war. Wenigstens nahm er mich 100 km weit mit. Als ich ausstieg, gab er mir noch 200 Yuan (40 €) »für den Weg«. Neues Geld. Hab ich gerne genommen. Auch weil er es aus einem dicken Bündel entnommen hat. Das waren locker 1000 bis 2000 €, die er dabei hatte.

Anschließend nahm das Unglück seinen Lauf. Ich stand innerstädtisch an einer Mautstation, hielt meinen Daumen raus und richtete ein mittleres Verkehrschaos an, weil drei Autos gleichzeitig anhielten; unter anderem ein Kleinbus. Ich erkläre, dass ich auf eine Raste will. Der Fahrer im Kleinbus versteht nicht. Ich geh zum nächsten Auto. Der Kleinbusfahrer kommt mir nachgefahren, deutet mir an, dass ich einsteigen soll. Beim Einsteigen sehe ich, dass da schon ziemlich viele Leute drin sitzen, sage von daher sicherheitshalber »no money« und denke, das geht klar. An der Raste halte ich ihm Süßigkeiten hin. Lecker Kekse. Die lehnt er aber dankend ab. Er will Geld. Ich sage ihm, dass ich kein Geld habe. Natürlich habe ich gerade Geld geschenkt bekommen, aber das werde ich sicher keinem Taxifahrer in den Rachen werfen. Da gehts beim Trampen ums Prinzip. Na ja, und dann gehts los. Wir diskutieren rum. Ich zeige ihm zur Verdeutlichung meine Taschen. Als er mein Handy sieht, greift er danach. Spätestens hier verspielt er sich die Möglichkeit einer gütlichen Einigung. Will der mein Handy für ein paar Kilometer Autobahn, die er sowieso gefahren wäre? Idiot. Als ich aussteigen will, werde ich von ihm zurückgehalten, muss mich wieder hinsetzen, die Türen werden verriegelt, und er fährt einfach los. Ich bin gefangen. Werde entführt. Zur Polizei. Keine Ahnung, was sein Plan ist. Aber mich bringt das in die Bredouille. Ich habe diese 200 Yuan in meinem Reisepass liegen. Das wird ein Problem darstellen, wenn meine Personalien aufgenommen werden. Außerdem bin ich nicht registriert in China. Das soll man »2 bis 4 Tage« nach der Einreise machen. Scheißsituation. Ich sehe mich schon am Ende meines Trips. Kurz vor der Ausweisung. Ob sie mich in einen Flieger setzen werden? Ob ich Strafe zahlen muss? Erst mal einen Keks essen und so tun, als ob mich das alles nicht juckt.

Ich erkläre bei der Polizei die Situation. Damit sie nicht ganz eskaliert, muss ich erst mal aufs Klo. Muss sehr dringend … das Geld aus meinem Reisepass nehmen und ins Batteriefach meiner Kamera packen. Als ich zurückkomme, geht es zur Passkontrolle. Das Ganze dauert. Ich esse noch ein paar Kekse und schaue mir die ganze Szene an. Das Taxifahrer ist sauer. Ich konnte aber schon im Auto kurze Momente der Unsicherheit auf seinem Gesicht ablesen. Er war sich selber nicht ganz sicher, ob diese Scheißaktion so okay ist. Ich habe keine Sympathien mehr für ihn übrig und finde es auch voll okay, dass er mir, den anderen Fahrgästen und den Polizisten nun unnötig Mühe macht und sich dabei zusehends schämt. Irgendwann kommt der große Polizei-Endboss. Er unterhält sich mit dem Taxifahrer. Ich verstehe nix, aber der Polizeichef fragt ihn wohl vorwurfsvoll: »Ja, warum hast du ihn denn überhaupt mitgenommen?« Dann zeigt er kurz mit seinem Finger nach draußen, verweist meinen Widersacher des Raumes, und die Reisegesellschaft dampft ab. Ich bleibe alleine zurück. Werde ich nun eingesperrt?

»Where are you going?«, werde ich mit Google Translate gefragt. Sage ihnen meine Richtung. »Do you need help?« Hilfe? Nee, wieso soll ich denn Hilfe brauchen? Biete an, dass ich zum Rasthof zurücklaufen kann. Polizei willigt ein. So bin ich wieder hier. Erst mal ein paar Kekse essen, mich von dem Stress erholen, und dann geht es weiter.

VIERTER CHORUS

14.5.2016, 8:44, Wuhan

Gute Nacht gehabt. Erst mit einem Trucker gefahren, der später auf eine Fähre wollte. Hätte zwei Tage auf dem Jangtsekiang schippern können. Eigentlich ne geile Sache, aber dazu hab ich keine Zeit. Hab direkt einen Kleintransporter mit vier Herren abgefangen, die 1400 km nach Schanghai unterwegs waren. Nachtlift. Siduhe-Brücke überfahren, die höchste Brücke der Welt. Nun 700 km weiter in Wuhan rausgekommen.

19:03 Uhr, Shijazhuang

Taktischer Fehler. Ich bin auf der Hauptverkehrsader, muss nur auf der Straße bleiben. Eigentlich easy. Guter Tag bisher. Ich hab einen Run. Dann: Fehlkommunikation mit meinem Fahrer. Er fährt 7 km vor der Raststätte ab. Okay, kein Problem. Die 7 km laufe ich zur Not. Hauptsache, im Verkehrsfluss bleiben. Er will mich aber nicht rauslassen, weil zu gefährlich. Ruft Menschen an, die Englisch können. Lange Diskussion. Am Ende lande ich auf irgendeinem beschissenen Parkplatz in dieser Zehn-Millionen-Stadt. Kein Verkehr in meine Richtung. *Worst case.* Aus einer sehr guten in eine sehr beschissene Situation kommen. So was darf mir echt nicht passieren. Nächstes Mal steig ich einfach aus.

19:10 Uhr

Die zwei lustigen drei. Scheinen Geschäftsleute zu sein. Fahren nicht in meine Richtung, aber egal. Hauptsache, weg hier. Nun muss ich mich zurück auf meinen Weg kämpfen.

23:40 Uhr, vor Peking

Bin nicht weit gekommen, dafür wieder in der richtigen Spur. Abendessen gabs vorher auch. Lange und ausgiebig. Dazu Schnaps. Scheint so üblich zu sein, dass sich alle während des Essens ordentlich wegschießen. Außer dem Fahrer natürlich. Gab eine Art Wodka, aber hätte auch Gin sein können. Konnte es nicht rausschmecken. Schnaps ist auch überhaupt nicht mein Ding. Hab ein Glas

DIE-VIER-ECKEN-VON-CHINA-TOUR

getrunken, danach musste ich beichten, dass ich keinen Alkohol mehr trinke. Damit blieben nur noch zwei Trinker. Die Flasche war schon offen, also klärten sie das unter sich. Kam mir wie bei der Mafia vor. Separater Raum, ein guter Tropfen, dann dieser extrem üppig gedeckte Tisch und Asiaten, die immer betrunkener werden und schön ihr Haar überkämmen, um die drohende Verglatzung zu überdecken. Schöner Abend auf jeden Fall!

15.5.2016, 5:46 Uhr, Peking
Die ganze Nacht durch Peking gekämpft. Fünf Lifts hab ich bis an den ersten Rasthof in meine Richtung klarmachen müssen. Aber geschafft. Dem Opa am Klo hab ich einen Teil meiner Süßigkeitentüte vermacht. Wurde einfach zu viel, und niemand hat es angenommen. Nun gerade einen 1000-km-Lift gefunden. Karma. Läuft.

10:15 Uhr, irgendwo
Bin nach der Abfahrt erst mal für vier Stunden eingeschlafen. Nun aufgewacht. Sitze in einem Mercedes-Jeep. Habe gerade Kaffee und Gebäck bekommen, und aus dem Radio läuft Paganini.

22:49 Uhr, Harbin
Liege in der Wäscherei des Raststättenhotels. Eine Regel, die in China gilt: Türen sind immer offen! Und meistens schläft schon wer dahinter. Daher bin ich mittlerweile vorsichtig, wo ich reingehe. Hab gestern und heute schon Menschen im Toilettentrakt aufgeweckt, weil ich aus Versehen in ihre Schlafzimmer reinmarschiert bin. Hat mir etwas leidgetan. Nun erst mal ruhen. Hab das Gefühl, ich werde hier morgen zeitig geweckt. Daher lasse ich meinen Anzug einfach an. In den letzten 16 Stunden hab ich ca. 1200 km gemacht. Eigentlich hab ich noch 1000 km bis zu meinem nächsten Checkpoint an der mongolischen Grenze. Aber ich bin müde. Ich glaube, ich fahre morgen früh zurück Richtung Pakistan. Fühle gerade ein starkes Bedürfnis nach Hostel, und das hatte ich das letzte Mal in Südamerika.

VIERTER CHORUS

Wenn ich mich nach Hostel sehne, ist das ein sicheres Zeichen, dass ich ausgebrannt bin. Und ich brauche bestimmt noch mal sieben, acht Tage, bis ich unten an der pakistanischen Grenze bin.

16.5.2016, 5:24 Uhr
Erster Lift. Fährt nicht in meine Richtung, ich steig trotzdem ein. Fahrer meint aber, dass er die ganze Nacht durchgefahren ist und zehn Minuten Pause braucht.
8:32 Uhr
Nickerchen hat sich nun doch etwas hingezogen. Drei Stunden. Aber hat uns beiden gutgetan. Los gehts.
14:08 Uhr
Ehepaar nimmt mich mit. Ich krieg ne lila Kartoffel zu essen. Sehr lecker. Danach gibt es noch Klöße mit Hackfleisch und Zwiebeln gefüllt. Verabschiedet werde ich mit drei Flaschen Wasser und einem Apfel.
18:16 Uhr
Truck gefunden, der mich zur nächsten Raste mitnimmt.
18:20 Uhr
Nee, falsch. Auto gefunden, das mich 800 km weit mitnimmt. Nachlift nach Chengde. Bämerääähng!

17.5.2016, 7:48 Uhr
Fahrer kauft mir zum Abschied vier Laib süße Brote, drei Flaschen Wasser und Wurst. Das wäre dann wohl mein Proviant für die Wanderung auf der Chinesischen Mauer.
12:00 Uhr
Chinesische Reisegesellschaft nimmt mich mit. Hatten mich am Morgen an der Raste angesprochen. Und natürlich ist es Mittagessenszeit. Endlich übersetzt mal jemand, was es gibt. Ich erweitere meine Geschmackserfahrung um Schweineohr und Schweinefüße.

3
Chinesischer Mauerfall

Wir erreichten dieses kleine Bergdorf. Mein Fahrer zog die Augenbrauen hoch, als er erfuhr, wo genau dieser Ort ist. Aber da hatte er schon gesagt, dass er mich auf jeden Fall hochfahren würde, und nun gab es kein Zurück mehr. Ausgestiegen. Vor einer Schranke, die die Weiterfahrt blockierte. Daneben ein kleines Haus, wo man Tickets kaufen musste. Umgerechnet 4€ Eintritt. Ich lief einfach durch. Interessierte auch niemanden.

Ein sehr schönes Dorf. Bewohnt von Bauern, die nebenbei etwas mit Zimmervermietung hinzuverdienen. Touristen hab ich noch keine gesehen. Mein erstes Ziel war duschen. Ich ging in eine dieser Pensionen und fragte, ob ich duschen kann. Die nette Frau erlaubte es sofort. Wollte noch nicht mal Geld. Sehr nett.

Bin nun bereit für die zwei Stunden Aufstieg zur Chinesischen Mauer, die ich schon auf dem Bergrücken sehen kann. Es ist 16 Uhr. Wenn ich mich ranhalte, schaffe ich es bis Sonnenuntergang. Am Dorfende sitzt ein Opa im Feld, den ich nach dem Weg frage. Ich steuere einen besonders wilden und verfallenen Teil der Mauer an. Vom Dorf aus gibt es mehrere Pfade. Neben jedem steht ein großes Schild, das darauf hinweist, dass dieser Teil der Mauer für Touristen gesperrt ist. Das war wahrscheinlich der Grund, weshalb ich keine anderen Wanderer im Dorf getroffen habe. Ich denke mir aber nichts dabei und stiefle munter drauflos. Es ist schwer, den Weg nicht zu verlieren. Der Opa hatte gemeint, dass ich den Pfeilen folgen soll. Aber es gibt insgesamt nur zwei Pfeile, ganz am Anfang. Danach gabelt sich der Weg mehrmals. Die ersten zehn Minuten laufe ich in die falsche Richtung und muss umdrehen. Es ist angenehm warm, und ein Schwarm Insekten schwirrt um meinen Kopf, was meinen Gang etwas beschleunigt. Ich finde einen

VIERTER CHORUS

anderen Pfad, der steil bergauf geht. Wenn ich die Wahl habe, nehme ich immer den steilen Pfad. Ist schließlich kürzer. Diesem folge ich. Er führt in den Wald. Irgendwann wird der Untergrund etwas komisch. Blätter. Mehr Blätter. Knöcheltiefes Laub. Aber ich sehe Müll; daher sollte das die richtige Richtung sein, auch wenn es nun immer steiler nach oben geht.

Ich bin zu faul zum Umdrehen. Der Pfad liegt schon lange hinter mir. Ich bin im offenen Gelände. Aber ich gehe weiter. Immer weiter rauf. Es wird noch steiler. Ich habe meinen 12-kg-Rucksack geschultert und eine Tasche voller Essen in der Hand. Immer wieder muss ich mich an Ästen den Hang hinaufziehen. Viele brechen ab. Schwerstarbeit. Mehr Klettern als Laufen. Meine Boulder-Erfahrung kommt mir zugute. Das Terrain ist längst nicht mehr normal zu begehen. Ich hangle mich nach oben, von Baum zu Baum. Zwischendurch Momente, in denen ich mich umdrehe und mir klarwird, wie steil dieser ganze Abhang ist. Es müssen 80 bis 85° sein. Also fast senkrecht. Beim Runterschauen wird mir etwas mulmig. Das Problem beim Klettern ist, dass man leichter hoch- als runterkommt. Daher scheint mir der Abstieg keine Option zu sein. Außerdem kann ich schon die Sonne zwischen den Bäumen sehen. Ich nähere mich wohl der Spitze. Komme nur mit meinem Rucksack immer schwerer durch, muss mich um Bäume herumwinden oder unter Ästen hindurchkriechen, mich wieder hochziehen, einen festen Stand finden und die nächsten Schritte überlegen. Wo halte ich mich fest? Wo stell ich den Fuß hin? Welchen Baum kann ich als Nächstes Erreichen? Langsam und kontrolliert klettere ich. Ich bin schon ziemlich weit oben, als sich vor mir eine Felswand auftut. Aus Bäumen werden Sträucher. Aus Steigung wird Überhang. Unmöglich, mit meinem Rucksack und ohne Kletterausrüstung hier hochzukommen. Ich bin schon direkt an der Wand, ertaste die ersten Steine und entscheide mich dann, es nicht zu versuchen. Aber: In

CHINESISCHER MAUERFALL

meinem Rücken tut sich der Abhang auf. Was also tun? Ich observiere die Umgebung. Rechts von mir sieht es so aus, als ob die Felswand nicht ganz so steil ist. Vielleicht finde ich hier einen Weg nach oben. Dazwischen ist allerdings ein ca. 3 m breiter Übergang; die steilste Stelle, ohne Möglichkeit, sich festzuhalten. Ich müsste also mindestens zwei, wahrscheinlich drei Zwischenschritte machen. Freihändig. Schwierige Mission. Ich schaue noch mal runter. Es ist so steil, dass ich mir kaum vorstellen kann abzusteigen. Dagegen ist der Boden in Richtung Übergang erdig. Wenn ich meine Schritte fest genug setze, sollte ich Halt finden, um auf die andere Seite zu kommen. Erster Schritt. Noch habe ich die Hand am Baum. Erde bröckelt. Irgendwie finde ich Halt. Fuß steht stabil. Zweiter Schritt, ich halte mich immer noch am Baum fest. Fuß eins steht immer noch tief in der Erde. Nun ist es Zeit, loszulassen und frei zu stehen. Ein Sprung, und ich sollte meine Hand am nächsten Baum haben. So tue ich den Schritt in den offenen Raum.

Mein Sicherungsfuß verliert sofort den Halt, und ich stürze nach unten, ehe ich weiß, wie mir geschieht. Ich beschleunige rasend schnell, versuche noch, mich so gut es geht an den Hang zu pressen, rutsche aber weiter ab. Dann überschlage ich mich und falle ca. 10 m nach unten. Und das ist erst der Anfang eines langen, langen Abhangs. Wie durch ein Wunder bremst ein Baum meinen Sturz. Ich pralle mit der Brust dagegen. Die Wucht ist so stark, dass es mir die Luft aus der Lunge presst. Meine Brille fliegt von der Nase und verschwindet im Abgrund, gefolgt von Geröll und Erde. Ich kann mich mit einer Hand festhalten, habe immer noch meinen Rucksack auf dem Rücken und meine Essenstüte in der anderen Hand – und hänge da nun irgendwie am Abhang. Unter mir geht es noch mindestens 20 bis 30 m weiter. Und dort sind keine Bäume mehr zu sehen. Freier Fall. Ich kann mich nicht hochziehen, weil meine Essenstüte zwischen mir und Baum feststeckt.

VIERTER CHORUS

Ich überlege, sie fallen zu lassen. Aber dann wird sie im Abgrund verschwinden. Und meinen Proviant will ich nicht aufgeben. Ziehen, stützen, um den Baum herum schwingen. Irgendwie schaffe ich es, mich zu stabilisieren. Ich klemme mich hinter den Baum und sitze am Abhang. Stehe etwas unter Schock. Ruhe mich aus. Erst mal ne Sprachnachricht verschicken, weil ich Empfang habe. Danach hangle ich mich, anstatt nach unten seitwärts am Hang entlang, um in weniger steiles Terrain zu kommen. Ich will eigentlich nur noch runter ins Dorf. Genug von dem Scheiß. Und dann entdecke ich zufälligerweise einen Pfad! Den richtigen Pfad! Gekennzeichnet mit Plastikflaschen, die über Bäume gestülpt sind. Schock hin oder her, ich bin fast oben, und wieso soll ich mir das jetzt entgehen lassen? Also weiterklettern. Der Pfad ist kaum weniger gefährlich, als das hinter mir liegende Stück. Ich verliere immer wieder die Orientierung. Erst später sollte ich herausfinden, dass dies nur ein Seitenpfad war, mit Kletteranteilen, teilweise direkt am Abgrund. Nach 15 Minuten treffe ich auf einen einigermaßen befestigten Weg. Noch mal Glück gehabt. Ein verstauchter Finger, Bluterguss, Brille verloren und total verdreckter Anzug. Mein linker Fuß ist etwas taub, was wohl vom Solarplexus kommt. Damit kann ich leben. Meine Brille habe ich auf dieser Reise bereits zweimal verloren bzw. zerstört. Bei meinem Autounfall und bei einem Absturz mit einem Paraglider, von dem ich noch gar nicht erzählt habe. Ich brauche offenbar meine halbjährliche Nahtoderfahrung.

Die Mauer erreiche ich noch vor Sonnenuntergang. Zufällig komme ich an dem Wachturm raus, der den wohl berühmtesten Blick auf das Weltkulturerbe eröffnet. Ich schaue mir den Sonnenuntergang an, mache ein Lagerfeuer auf der Mauer und schlafe dort oben. Keine Menschenseele um mich herum, nur der Uhu ruft immer wieder. Nach dem Sturz bin ich dermaßen unruhig, dass ich kaum

einschlafen kann. Ganz allein auf dieser altertümlichen Steinkons-
truktion habe ich doch leichte Angstzustände. Um 4:30 Uhr packe
ich zusammen, um mir den Sonnenaufgang reinzuziehen. Anschließend wandere ich drei Stunden über die Mauer. In der Morgensonne. Es ist wunderbar ruhig und friedlich. Erst geht es durch wilde
und zerfallene Teile der Mauer. Irgendwann komme ich an einem
»Betreten verboten«-Schild vorbei und erreiche schließlich den res-
taurierten touristischen Teil. Auch hier ist niemand. Den ganzen
Morgen nicht. Die Mauer ist komplett leer. Ein schöner Spazier-
gang. Und ich bin froh, dass ich ihn noch erleben darf.

18.5.2016, 9:38 Uhr
Mein erster Lift nach meinem Absturz. Einer dieser dreirädrigen
Transporter mit Ladefläche. Ich kann hinten Platz nehmen. Wind
weht durch mein Haar. Mir wird klar, wie sehr ich diese Art von
Lift liebe. Die Morgenluft ist so erfrischend wie eine kalte Dusche.
12:33 Uhr
Mein Fahrer spricht Englisch. Ob ich hungrig bin? Unangenehme
Frage. Habe den ganzen Tag noch nichts gegessen, aber will auch
nicht sagen, dass ich Hunger habe. »Ein bisschen«, sage ich. Zum
Abschied eine Tüte mit Essen, einer Flasche Wasser, einer Dose
Milchkaffee (Yammi!), Suppe, Tee und jeder Menge Grüntee-Kekse.
15:00 Uhr
Pekinger Urban-Areal. Mein Lift bringt mich zwar auf die falsche
Autobahn, aber auch er schenkt mir drei Flaschen Wasser. Er hatte
den ganzen Kofferraum voll davon.
15:20 Uhr
Viel Verkehr, aber nichts in meine Richtung. Ich beschließe, zur
nächsten Raststätte zu trampen, und lande auf einem wenig
befahrenen Teilstück. Schwierig. Geht anscheinend immer noch
etwas schlimmer.

VIERTER CHORUS

16:34 Uhr

Kontaktaufnahme der Jungs von der Tankstelle. Zur Begrüßung bringen sie zwei Flaschen Wasser mit. Hallo!

18:10 Uhr

Verzweiflungslift. Schon wieder. Finde einfach nichts nach Süden auf meine eigentliche Autobahn. Nehme nun stattdessen die alternative Nordroute. Bei 4500 km Wegstrecke ist es dann auch egal, ob ich 100 km mehr oder weniger fahren muss.

19:55 Uhr, bei Datong

Wir verpassen meine Raststätte. Einen Moment nicht achtsam. Nun bin ich von der falschen Autobahn auf die total falsche Autobahn gekommen. Nur noch raus hier. Solche taktischen Fehler machen mich immer mürrisch.

20:15 Uhr

An der Raste. Die Beifahrerin kommt noch mal zurück. Fragt, ob alles okay ist und ob sie den Leute erklären soll, dass ich hier bin. Bloß nicht! Ich will nur meine Ruhe. Sie geht trotzdem los und stellt mich vor.

20:18 Uhr

Drei Raststättenmitarbeiterinnen stehen direkt hinter mir und schauen auf meinen Bildschirm. Seit fünf Minuten.

20:22 Uhr

Nun ist die ganze Raststätte da. Alle schauen mich an. Manche machen Fotos. Ich lächle. Aber innerlich laufe ich Amok.

22:00 Uhr

Ein Typ kommt rein mit Handykamera, stellt sich 2 m vor mich und hält voll drauf. Macht der gerade ein Video? Ich werd verrückt. Hinter ihm ein Polizist. Stellt sich an meinen Tisch. Ich geb ihm meinen wunderbaren Zettel. Er fragt, wo ich herkomme. Hat also noch nicht mal die erste Zeile gelesen. Der andere filmt immer noch. Muss mich zusammenreißen.

CHINESISCHER MAUERFALL

22:05 Uhr
Okay, der Polizist ist eigentlich ganz nett. Kann Englisch, noch recht jung und interessiert sich fürs Reisen, wie so viele chinesische Polizisten. Hinter ihm steht wieder die ganze Raststätte. Ich werde immer noch gefilmt. Wie im Zoo.
22:30 Uhr
Polizei gibt mir einen Lift zu einer anderen Raststätte. Viel bessere Position.
23:30 Uhr
Auf polizeiliche Anweisung hin muss ich in der Raststätte schlafen.

19.5.2016, 6:50 Uhr
Aufstehen. Der Besitzer der Raststätte bietet mir Essen an. Danach eine Zigarette. Ich adde ihn bei WeChat, damit wir kommunizieren können.
19:15 Uhr
Angekommen an einer Raste nahe Yinchuan. Mein Fahrer meinte was von unfreundlichen Menschen und Notruf. Die Leute hier sind tatsächlich etwas anders in der Art, wie sie mich mustern und mir gegenübertreten. Na ja. Bin ja bald wieder weg.
19:40 Uhr
Okay, das wird hier ne harte Nuss. Ich bin schon übelst angenervt. Jeder möchte hier Experte sein. Der eine erzählt mir, dass ich in die falsche Richtung fahre. Ein anderer will Geld. Am schlimmsten ist aber der Typ, der hier die Straße kehrt. Jedes Mal wenn ich einen Fahrer anspreche, ist er zur Stelle und beginnt eine ewige Konversation.
20:03 Uhr
Yo, jetzt ist es passiert. Ich werde in ein Auto gesteckt. Nach dem Motto »Bloß weg hier, wird schon nicht *so* falsch fahren«, bleibe ich sitzen. Ich meine, das Autobahnkreuz ist ca. 10 km entfernt.

VIERTER CHORUS

Wenn sie in die falsche Richtung fahren, steige ich da einfach aus. Dachte ich mir. Bis sie dann in die nächste Ortschaft fuhren. So was nervt richtig. Jetzt wieder umdrehen und zurück zur Raste trampen.

20:30 Uhr
Ich bin zurück. Erst mal schlafen. Natürlich wieder auf dem Dach der Raststätte, wie sich das gehört. Hab auch keine Lust mehr auf die Raststättenleute.

20.5.2016, 9:00 Uhr
Aufwachen. Den Raststättenleuten hallo sagen. Klarstellen, dass sie mich nicht wieder in ein Auto verfrachten, weil das gestern ziemlich scheiße war. Ein neuer selbst ernannter Helfer. Taxifahrer. Auch er sofort am Start, sobald ich Leute anspreche. Ich gebe entnervt auf und setze mich in die Tankstelle. Da arbeiten drei nette junge Chinesen. Wir kommunizieren mit Google Translate.

9:20 Uhr
Endlich weg aus diesem Raststättenmoloch! Polizist nimmt mich zur nächsten Mautstation mit.

9:40 Uhr
Er bittet mich, mit in die Polizeistation zu kommen. Ich werde erst mal vorgeführt. Passstempelkontrolle (für meine Identität interessiert sich eh niemand, aber so ein deutscher Pass, den sieht man nicht alle Tage). Danach Fototermin, der sich zum Blitzlichtgewitter ausweitet. Als deutscher Repräsentant sehe ich es als meine Pflicht, mich mit chinesischen Offiziellen zu treffen, Hände zu schütteln und bilaterale Beziehungen aufzubauen. Aber mal ehrlich: Fünf (!) Menschen haben so ein inszeniertes Foto aufgenommen. Sie standen aufgereiht wie bei einem Besuch eines ausländischen Diplomaten.

CHINESISCHER MAUERFALL

10:24 Uhr
Hier hält nichts an. Um weiteren Komplikationen vorzubeugen, verlasse ich die Autobahn, schleiche mich über das Umland zum Autobahnkreuz und trampe direkt auf der Autobahn. Nach 14 Minuten habe ich meinen Lift. Sie schenken mir 2 kg Tofu, eingelegt, fertig zum Essen.

11:49 Uhr
Werde von einem Trucker mitgenommen, den ich schon an der Raststätte getroffen hatte. Schrecklicher Lift. Spitzbube. Hat noch einen zweiten Menschen dieser Kategorie mit im Truck. Glaubt mir nicht, dass ich kein Geld habe. Immer wieder fragt er. Sein Kollege steigt darauf ein. Wollen mein Logbuch sehen, aber das rück ich nicht raus. Dann fragen sie nach meinem Pass. Meine beiden wertvollsten Gegenstände. Ich stelle mich dumm. Kann das schlecht beschreiben. Das sind so Typen, denen würde ich auch zutrauen, dass sie mich vergewaltigen.
Er triezt weiter. Tut so, als ob er an der nächsten Kreuzung rausfahren würde. Ich meine, er soll mich rauslasse. Er sagt nein. Zieht rüber auf die Abbiegerspur, ohne zu stoppen, und im letzten Moment zurück auf die Autobahn. Ich weiß nicht, was mich mehr mitgenommen hat: das Gefühl, er würde mich nun entführen, oder die Frustration darüber, dass ich gleich in die falsche Richtung fahre. Auf jeden Fall seltsamer Humor. Ich checke es nicht. Am Ende schenkt er mir eine Dose Kaffee und lässt mich an der Stelle raus, wo ich rauswollte.

16:04 Uhr
Meine Essenssituation spitzt sich etwas zu. Habe neben diesem eingeschweißten 2-kg-Paket Tofu kaum noch Vorräte. Auch richtige Mahlzeiten blieben die letzten zwei Tage aus. Kekse und die kleinen Terpentinküchlein gehen zur Neige. Selbst das Wasser wird knapp.

VIERTER CHORUS

19:38 Uhr
1400-km-Lift. Ein Kombi mit vier Kerlen, alle Muslime. Es gibt Brot und Zwiebeln. Wir eröffnen einen Gruppenchat bei WeChat, sodass ich mit allen kommunizieren kann. Sie sind sehr nett und fahren weit.

21.5.2016, 4:38 Uhr
Seltsame Szene an der Mautstation. Wir fahren an drei chinesischen Polizisten vorbei, die kurz vorm Kassiererhäuschen stehen. Das Auto vor uns fährt gerade los. Auf einmal fangen meine Muslimjungs an zu schreien. Wir beschleunigen. Die Polizisten schreien ebenfalls. Wir bremsen hart, kommen zum Stehen. Unser »Boss« schaut aus dem Seitenfenster und ruft irgendwas nach hinten. Klingt wie: »Wir haben nur unsere Karte gesucht. Alles gut.« Erst als dasselbe noch mal passiert, wird mir klar: Die Jungs wollten, ohne zu bezahlen, durch die Mautstation knallen. Wenn man dicht genug hinter dem ersten Auto fährt, kommt man noch durch die Schranke. Beim zweiten Mal klappts übrigens.

6:00 Uhr
Keine Ahnung, warum wir von der Autobahn runter sind und nun in dieser Stadt herumkurven. Ich frage. Mir wird gesagt, ich soll 15 Minuten warten. Sie gehen erst mal beten. Ist bald Sonnenaufgang. Nach all dem nächtlichen Trubel im Auto kann ich mal in Ruhe schlafen. Ich liege auf der Rückbank. Dreimal starten sie das Auto und parken es um. Dann wird ne zweite Moschee besucht. Versteh ich nicht. Anschließend frühstücken. Es gibt Nudelsuppe. Meine erste Mahlzeit seit zweieinhalb Tagen.

19:35 Uhr
Mehrere Lifts schieben mich voran. Ein Bus hält an. Ich steig ein. Sage, dass ich kein Geld habe. Der Typ ähnelt dem spitzbübischen

Trucker vom Tag zuvor. Gleiches Spiel. Glaubt mir nicht, dass ich kein Geld habe. Am Ende lädt er mich an der Polizeikontrolle ab, was eigentlich ganz gut ist.

19:45 Uhr

Polizist sehr freundlich. Denkt, ich wäre professioneller Fußballer, weil ich ein Foto von Alex Meier an meinem Reisepass habe. Erst mal Foto machen.

20:01 Uhr

Jetzt ist die ganze Polizeistation da. Solche Kontrollpunkte bedeuten Fluch und Segen zugleich, wenn die Polizisten versuchen, mir den nächsten Lift klarzumachen. Sie sind nämlich oft etwas langsam und unfähig. Zwei Kandidaten stechen aus der Masse, weil sie nicht akzeptieren wollen, dass ich ohne Geld trampe. Das würde ja nie funktionieren. Schwachsinn.

20:30 Uhr

Und wer steht da an der Autokontrolle mit dem Auftrag, mir einen Lift klarzumachen? Einer der Skeptiker. Logisch, dass das nichts wird. Ich ergreife selbst die Initiative, aber wenn man Menschen um einen herum hat, die das alles nicht wahrhaben wollen, scheitert es schon an der negativen Aura, die sie durch ihre Anwesenheit ausstrahlen. Ich hätte hier schon dreimal einen Lift klargemacht.

21:30 Uhr

Ich soll sitzen und warten. Kriege etwas Brot und Wasser. Na gut, kann man nichts machen, muss ich warten.

22.5.2016, 0:58 Uhr

Sie haben mich in einen Bus gesteckt. Was für ein geiles Teil! Mit Betten. Die sind leider viel zu kurz, aber was solls? Wir werden 16 Stunden für die vor uns liegenden 800 km brauchen. Ziemlich langsam.

VIERTER CHORUS

15:08 Uhr

Angekommen in Kaxgar. Muss wohl der Busbahnhof sein. Ist etwas außerhalb der Stadt. Ich hab die Gelegenheit genutzt und den Bus verlassen. Habe absolut keine Lust, noch ins Stadtzentrum mitzufahren. Jetzt erst mal Batterien aufladen. Buchstäblich. Handy und Laptop. Und dann ab Richtung Kasachstan. Trotzdem insgesamt ein guter Run. 6 Tage und 16 Stunden für mehr als 5500 km gebraucht und zwischendurch noch auf die Chinesische Mauer gestiegen.

19:00 Uhr

Auf dem Weg nach draußen hab ich mich für umgerechnet 4 € mit so viel Essen eingedeckt, wie ich tragen konnte. Dann gab es noch eine Spezialität der Region: vergorene Kamelmilch. Hat sonderbar geschmeckt, aber war irgendwie auch erfrischend. Kurzer Plausch mit den Einheimischen, und ab gehts.

21:35 Uhr

Gut aus der Stadt rausgekommen; den ersten 200-km-Lift eingeheimst. Höflichkeitszigarette in der Abendsonne. Riecht nach einer guten Nacht.

22:32 Uhr

Laufe 3 km die Autobahn entlang Richtung Raststätte. Kaum Verkehr. Ein Bus fährt vorbei, aber ich winke ab.

22:45 Uhr

Selber Bus an der Raststätte. Fünf Männer winken mich heran. Wo ich hinwill. Ah, sie fahren auch nach Ürümqi. Das wären ca. 1250 km in meine Richtung. Ich mache klar, dass ich kein Geld bezahle. 400? Nee, kein Geld. 200? Nein. 100? Nada, Kollegas. 1 $, für einen Dollar könnte ich doch mitfahren! Ich lehne ab. Prinzipien. Sie wollen es nicht so richtig glauben. Am Ende flachsen wir noch etwas rum, und ich gehe weiter. Ich nähere mich einer Gruppe Trucker, aber die haben keinen Platz.

CHINESISCHER MAUERFALL

22:47 Uhr
Ich komme von den Truckern zurück. Der Bus fährt an mir vorbei und hält nach 50 m an. Fünf Arme ragen aus der Tür und winken mich zu sich. Ich kann mitkommen. Nachtlift nach Ürümqi. Wieder ein Bett für mich. Die Fahrt wird 22 Stunden dauern.

23.5.2016, 3:34 Uhr
Meine Essenstüte platzt schon wieder aus allen Nähten. Mir hat gefühlt *jeder* in diesem Bus schon etwas zu essen oder zu trinken angeboten. Ich werde sehr herzlich aufgenommen von den Menschen hier.

14:04 Uhr
Pause. Ich werde genötigt, mich zu meinem Busnachbarn zu setzen. Kriege einen Teller Nudeln. Und Tee. Ein fabulös schmeckender Tee. Versuche herauszufinden, wie dieser Tee heißt. »Chai«, das bedeutet Tee. Aha.

18:47 Uhr
Und mal wieder eine Polizeikontrolle. Unzählige Kontrollen überall. Die Chinesen versuchen, ihre Minderheiten zu bändigen. Handys werden eingesammelt. Ich kann meins behalten.

20:38 Uhr
In Ürümqi. Noch 600 km bis zur Grenze. Kriege einen Lift mit einem kasachischen Chinesen.

23:01 Uhr
Raststätte. Hier gibts Internet. Vollbremsung. In zwei Stunden ist Relegationsrückspiel Nürnberg gegen Frankfurt. Es geht um den Bundesligaerhalt. Kann nicht riskieren, dass ich da auf der Straße bin. Lieber warten. Muss zudem meinen Computer einrichten, damit ich die chinesische Firewall umgehen kann.

23:50 Uhr
Habe mich gewundert, wieso das Spiel schon losgegangen ist.

VIERTER CHORUS

Höre seit 15 Minuten Fußballradio. Ärgere mich über den ersten Gegentreffer, bis ich endlich raffe, dass dies nur eine Wiederholung des Hinspiels ist.

24.5.2016, 0:30 Uhr
Nur ich hier an der Raste, an einem Tisch vor den Toiletten. Stream konnte ich nicht zum Laufen kriegen, aber Radio funktioniert. Forza SGE!

4:20 Uhr
Klassenerhalt! Was für ein Spiel. Ich bin fertig mit den Nerven. Weiter gehts.

4:22 Uhr
Ein Auto, ein Lift. Mein Trampen ist genauso erstklassig wie der Fußball in Frankfurt.

7:15 Uhr
Supernetter Trucker. Es gibt erst mal Frühstück in einer Straßenrandabsteige. Ganz nach meinem Geschmack. In solchen Ranzbuden gibt es nicht immer, aber oft, das geilste Essen.

12:00 Uhr
BMW hält an. Ich steige ein. »No money, okay?« Komme mir etwas dumm vor, als ich drin sitze, weil dieser Mensch wahrscheinlich mehr Geld besitzt, als meine ganze Familie zusammen.

15:16 Uhr
Endlich in Kasachstan. Das war ein Kampf! Erst den Grenzübergang nicht gefunden, da in China irgendwie *alles* Grenze und Einkaufszentrum zugleich war. Dann wollten mich die Chinesen nicht drüberlaufen lassen. Trucker durfte ich nicht fragen, weil das im Grenzgebiet verboten ist. Daraufhin sah ich einen Bus. Bisschen mit den Insassen geplauscht. Denjenigen, der offenkundig der Chef war, gefragt, ob sie mich bis zur Kontrolle mitnehmen. Okay. Es stellte sich heraus, dass da ca. 40 Leute drin

waren – alle von derselben Familie –, die sich einen Bus gemietet hatten, um in Kasachstan eine Hochzeit zu feiern. Zwei Wochen lang, wie sich das gehört. Eine Woche bei der Familie der Braut und eine Woche bei der Familie des Bräutigams. Haben anscheinend auch alle Zeit für so was. Als wir schließlich auf der kasachischen Seite ankamen, standen dort acht Busse. Und es ging sehr langsam voran. Denke, die werden nicht vor Mitternacht über die Grenze kommen. Ich versuche, die 30 m vom Stahltor zur Einreise zu laufen. Nicht erlaubt. Muss in den ersten der dort stehenden Busse steigen, damit ich endlich über diese bescheuerte Grenze komme.

15:40 Uhr

Kasachstan ist sofort gefühlte 28° wärmer, obwohl ich nur 1 km von China weg bin. Bin auf dem Weg zur letzten Kontrolle. Ein Typ winkt mich heran. Er könne mich mitnehmen. Ohne Geld! Ich kriege meinen ersten Lift in Kasachstan, ohne überhaupt zu trampen. Geht schon mal gut los. Außerdem alles so russisch hier. Gefällt mir sofort.

16:20 Uhr

Mein nächster Lift bringt mich nur ans nächste Dorfende, hält mir aber noch einen zehn Minuten langen Vortrag auf Russisch, wieso Allah der einzig Wahre ist und ich aufhören soll, an Jesus zu glauben.

16:59 Uhr

Audi, Audi, überall Audi. Die Deutschrussen zu Hause fahren dieselben Karren. Mein Truck bringt mich drei Stunden vorwärts, telefoniert dann und fährt noch mal dreieinhalb Stunden weiter nach Almaty. Zu meinem Ziel. Geiler Lift.

25.5.2016, 0:28 Uhr

Bewachter Parkplatz in Almaty. Jede Menge russische Kamaz-Lkw hier. Eine Meute anderer Trucker und der Parkplatzwächter empfangen uns. »Ah, Karl Marx!«, werde ich begrüßt. Die Jungs sind superfreundlich. Können Deutsch, allerdings nur das Wesentlichste: »Komm Kamerad! Schnaps!« Ich frage, ob ich da schlafen kann. Am nächsten Morgen sitze ich mit ihnen beim Frühstück in einem umfunktionierten Lkw-Laderaum. Trucker-Wohnzimmer. Ziemlich stylisch. Als ich durch die Stadt laufe, spricht mich ein Typ an. »*Welcome to Kasachstan!* Autostopp?« Wie kommt er darauf? Er zeigt auf meine Uniform. Die Leute hier kennen meinen Tramperanzug! Hier fühle ich mich sofort richtig. 15 000 km durch China geknallt und dann so ein Empfang. Endlich zurück in meinen Breitengraden.

4
Drei Tage wach in Kasachstan

An einem sonnigen Tag im schönen Almaty begann meine nächste Route. Es ging 3700 km durch das riesige Kasachstan, eines der größten Länder der Erde. Den ursprünglichen Plan, durch Zentralasien zu trampen, hatte ich aufgegeben, da die Visa für Usbekistan, Turkmenistan und Tadschikistan insgesamt mehrere hundert Euro gekostet hätten, verbunden mit einem bürokratischen Aufwand, den ich nach 20 Monaten auf der Straße nicht mehr betreiben wollte. Auch einen meiner größten Tramper-Träume, über den Pamir Highway zu trampen, ließ ich erst mal los. Es gab einen Plan B. Einmal quer durch Kasachstan trampen und für 80 $ ein Containerschiff über das Kaspische Meer nach Aserbaidschan nehmen.
In Almaty fing ich schnell einen Transporter ab, der mich die 500 km nach Taras mitnahm. Ein guter Lift für den ersten Tag und der Auftakt einer der schnellsten Passagen, die ich je getrampt bin. In Taras wurde mein Spurt kurz aber jäh unterbrochen. Ich musste

DREI TAGE WACH IN KASACHSTAN

das Land noch mal verlassen. Beim Grenzübertritt nach Kasachstan gibt es nämlich ein On-Arrival-Visum für 15 Tage. Ich hatte seit dem Grenzübertritt aber schon fünf Tage verbraucht, da ich zwischendurch noch mal in Kirgisistan gewesen war, und zudem wusste ich weder, wie lange ich auf mein Aserbaidschan-Visum warten musste, noch, wann dieses ominöse Containerschiff ablegen würde. Daher lieber mal kurz über die Grenze und mir noch mal 15 Tage Visum holen. Dazu musste ich nach Süden trampen. Es war kurz vor Sonnenuntergang, und ich ärgerte mich über den Umweg, auch wenn er mich nur drei Stunden kostete. Die letzten 15 km nahm mich ein Muslim mit, der gerade auf dem Weg zum Fischmarkt war. Wir befanden uns mitten im Ramadan. Heißt: Kein Essen und kein Trinken, solange die Sonne am Himmel steht. Er holte wohl gerade sein Abendessen. Ramadan bedeutet aber auch, dass jeder Gast als Geschenk Gottes angesehen wird. Muslime sind generell supergastfreundlich, was ich lange vorher schon in Syrien und der Türkei erleben durfte. Dass er mich extra 15 km an die Grenze fuhr, obwohl er da nicht hinmusste, nahm ich dankend an, da es ihm eine besondere Freude zu sein schien, mir zu helfen. Am Ende gab er mir sogar noch 5000 Tenge (ca. 16 €), damit ich mir etwas zu essen kaufen konnte.

An der Grenze hieß es dann: schnell raus und gleich wieder rein ins Land. So einen *Border Hop* hab ich zum ersten Mal gemacht. Bei der Ausreise wurde ich gefragt, wo ich hinwill. Ich war natürlich ehrlich. Nur eine kurze Runde drehen. Visum erneuern. Die Beamtin quittierte das mit einem Kopfschütteln. Ich versuchte, unser beider Gesicht zu wahren: »Na ja, vielleicht auch nicht Visum erneuern, sondern Kirgisistan besuchen?«, untermalt mit einem charmanten Lächeln. Das schien für alle Beteiligten akzeptabel. In Kirgisistan kam eine intensivere Kontrolle. Waffenschmuggel, Terrorismus? Oder suchte der Beamte doch nur einen Grund, 15 Minuten lang

VIERTER CHORUS

die Bilder auf meiner Kamera anzuschauen? Das tat er auf alle Fälle. Der scheißende Junge aus China kam gut an bei den Kollegen. Die Kamera wurde herumgereicht. Ich war aus dem Schneider.

Nach der offiziellen Einreise in Kirgisistan lief ich einmal um das Gebäude und reihte mich wieder Richtung Kasachstan ein. Als ich drankam, war der kasachische Grenzbeamte regelrecht begeistert, einen deutschen Pass zu sehen, und stellte mir allerlei Fragen, während hinter mir die Schlange immer länger wurde. Da stehst du nun am einzigen Schalter, der offen ist, in deinem gelben auffallenden Anzug. Im Rücken die Ungeduld, und hinter der Scheibe, ungesehen vom Rest der Meute, sitzt der Grenzbeamte und freut sich über deine Existenz. »Very nice to see you! Hope we meet again! Have a nice trip! Enjoy Kazakhstan!« Die Verabschiedung hörte gar nicht mehr auf. Irgendwann war ich aber durch und hab schnell das Weite gesucht, bevor mir jemand einen Koffer in den Rücken schmeißt.

Es war inzwischen dunkel. Aber da musste ich jetzt durch. Wieder Geld geschenkt bekommen. Irgendwann kaufte ich mir sogar etwas zu essen. Hatte den ganzen Tag mit Trampen und Grenze verbracht und keine Zeit für eine Pause genommen. Vom Laden fing ich direkt einen weiteren Transporter ab. Er hatte keine Chance, putzte da gerade seine Scheiben – das lass ich mir natürlich nicht entgehen. So hatte ich meinen ersten 200-km-Nachtlift. In die nächste Stadt. Dann ging es ab. Keine Grenze, kein Umweg mehr. Ich nahm Fahrt auf. Und wie. Trampen in Kasachstan ist generell sehr angenehm. Überall an der Straße stehen Leute und trampen. Autos halten superschnell an. Wobei Nachttrampen noch mal ein besonderes Kapitel ist. Ich konnte nämlich hier keinen Unterschied zwischen Tag und Nacht feststellen. Autos halten nachts genauso schnell. Bisschen weniger Verkehr, aber die Fortbewegung geht genauso gut. Kasachstan ist auf jeden Fall mein Lieblingsland was Nachttrampen betrifft.

DREI TAGE WACH IN KASACHSTAN

Irgendwann kam ich vor einer Polizeikontrolle raus. Vor allem Trucks aus Kirgisistan wurden überprüft. Daneben lungerte schon eine Meute Taxifahrer herum, die nur darauf wartete, dass jemand aus dem Verkehr gezogen würde und ein Taxi zum nächsten Hotel bräuchte. Die Taxifahrer und Polizisten schienen sich auch gut zu kennen und eine sonderbare Symbiose einer parasitären Lebensform eingegangen zu sein. Wobei für mich gleich mal wieder Fototermine anstanden. Die Selfie-Kultur ist allerdings eine andere als in China. In Kasachstan drängten mich die Leute regelrecht, ein Foto zusammen mit ihnen zu machen. Für meine Erinnerung. Nicht weil sie ein Foto mit mir wollten.

Zum Morgengrauen hatte ich schon mehr als 1000 km hinter mir. Die Straße wurde zusehends leerer, und ich verstand langsam, was mit der kasachischen Steppe gemeint war. Erinnerte mich sehr an Argentinien, nur dass hier wirklich *nichts* war und in Argentinien doch noch eine gewisse Zivilisation existierte. Das erste Auto an diesem Morgen hielt an und nahm mich 400 km nach Norden mit. Leichtes Spiel. Dasselbe kurz danach. Das erste Auto hält an und lädt mich ein. Wohin gehts denn? Aqtau. Aqtau? Genau da, wo ich hinwill. Das sind allerdings noch 2200 km. Und so sitze ich in meinem Direktlift!

Bei solchen Superlifts bin ich generell vorsichtig geworden. Meine beiden Fahrer hatten gut gepflegte Glatzen, Stiernacken und sprachen nicht, sondern heizten nur durch die grün-grasige Einöde. Erster Stop an der Tankstelle. Kurzer Plausch. Wir essen etwas zusammen. Die Stimmung wird besser, die beiden sind freundlich, und ich fühle mich sicherer mit dem Lift. Dann schlafe ich ein. Als ich aufwache, merke ich, dass wir eine andere Route genommen haben, als die, die ich mir von Google hatte geben lassen. »Ist okay«, denke ich. »Vielleicht ist die Straße einfach scheiße. 200 km Umweg. Kein Ding.« Gegen 18 Uhr bewahrheitet sich aber, was

VIERTER CHORUS

ich befürchtet habe. Ich soll aussteigen. Irgendwo auf der Umweg-
strecke, wo ich ja eh nicht durchtrampen wollte. Ich versteh nicht
warum, aber es ist anscheinend auch keine Zeit für Diskussionen.
Also Rucksack nehmen, raus, und die beiden fahren weiter in meine Richtung.

Normalerweise würde ich mich nun fürchterlich ärgern, aber da
ich solche Situationen schon kenne, nehme ich es gelassen und
mache da weiter, wo ich aufgehört habe. Schlechte Laune bremst
nur aus und ist daher zu vermeiden. Am Abend wurde ich, nicht
zum ersten Mal in Kasachstan, von einem Taxi mitgenommen.
Eine Frau schenkte mir ein halbes Hühnchen und Wurst, und um
Mitternacht saß ich mit Rassia und Russia im Auto. Die beiden
hießen wirklich so. Wir luden Russia ab, und ich fuhr mit Rassia
weiter, der auch noch seine Tochter dabeihatte. Die Kleine war
vielleicht drei Jahre alt und schon die ganze Zeit weggeratzt. Die
Straße war inzwischen eine einzige Schlaglochpiste. Ständiges Um-
kurven der schlimmsten Krater, Hin-und-her-geschmissen-werden
im Auto und nicht schneller als 20 km/h fahren – und die Kleine
pennte tapfer vor sich hin. Sie schlief allerdings nicht irgendwo,
sondern in meinen Armen. Mein Job als Beifahrer war, das Kind
zu halten. Auch mal eine neue Erfahrung.

Nach diesem Lift kam ich in irgendeinem Kaff an. 3:00 Uhr nachts.
Ein Auto voller besoffener Kasachen nahm mich ans Dorfende mit.
Dort wartete ich erst mal. Und wartete. Der Morgen graute schon
vor sich hin. Zwei Stunden, bis das erste Auto kam. Mittlerweile
wars schon fast hell. Das Auto hielt natürlich an. Lift ins nächste
Dorf. Die Straße war derart leer! Keinerlei Verkehr. Mir schwante
schon, dass ich hier nicht auf dem richtigen Weg war. Einer meiner
Fahrer in der Nacht zuvor hatte schon irgendwas von schlechter
Straße gemeint. Nicht für Autos passierbar, nur mit den allradge-
triebenen Kamaz-Trucks. Na ja. 250 km to go. Kann ja nicht so

DREI TAGE WACH IN KASACHSTAN

schwer sein. Ich hatte zuvor 2100 km in 31 Stunden zurückgelegt. Sah schon meine persönliche Bestzeit für Mittelstrecken vor mir. Aber nun wurde klar, dass dieser Run vorbei war. Nicht ärgern. Leere Straßen sind doch auch wunderbar! Ich schaute mir den Sonnenaufgang an. Im Dorf wurden die Schaf- und Kuhherden in die Steppe getrieben. Kuhglocken, Hirtengekreische, die warme Morgensonne auf der Haut. Ein sehr angenehmes Lebensgefühl machte sich in mir breit. Da erschien, aus dem Nichts hinter mir, ein alter russischer Truck und fuhr langsam an mir vorbei. Genau einer dieser Kamaz-Trucks. Aber ich habe keine Lust auf Kommunikation und ignoriere das Ding. Er fährt 20 m weiter und hält an. Nichts passiert. Fünf Minuten steht er da, dann geht der Motor wieder an. Rückwärtsgang rein, an mir vorbeifahren, Vorwärtsgang rein, wieder an mir vorbeifahren. Anhalten. Tür geht auf, und zwei Jungs steigen aus. Insgesamt sind sie zu dritt, aber der Dritte schläft im Truck seinen Rausch aus. Die anderen beiden sind natürlich auch besoffen. Wir fahren über die wohl schlechteste Straße, die ich je erlebt habe. Auf dem Dach haben sie eine zusammengefaltete Hüpfburg. Wir fangen an zu plauschen. Ich werde zu Wodka eingeladen. Anscheinend wollen die drei im nächsten Ort eine Ziege schlachten. Sie sind eine kasachische Version amerikanischer Surferboys. Besoffen statt bekifft reiten sie mit mir die Wellen aufgedunsenen Asphalts auf lieblos zusammengeschweißtem Stahl russischer Bauart. Aber immerhin haben sie eine Hüpfburg dabei. Meinen einsamen Morgen erheitern sie sehr.

Danach kam ein Auto – und fuhr einfach vorbei. Wieso? Wieso fährt das einzige Auto an mir vorbei? Es war wie ein Tritt in die Eier. Ich fing an zu laufen. Nach einer Stunde legte ich mich auf die Straße. Immer noch kein Verkehr. In den letzten sieben Stunden hatte ich genau zwei motorisierte Fahrzeuge gesehen. Eines davon

VIERTER CHORUS

war gerade an mir vorbeigefahren. Ich konnte es immer noch nicht fassen. Tja, und dann lag ich da in der Steppe, ohne Schatten, ohne Wasser und hab vor mich hin geratzt. Neben mir war ein Straßen-arbeiter-Depot, in dem ich Menschen gesehen hatte. Die würden ja wohl irgendwann wieder rauskommen und zurückfahren. Tramperinstinktiv lag ich hinter der Ausfahrt des Depots, damit ich keinen zurückfahrenden Arbeiter verpasste. Ich hörte einen Lkw, konnte aber nicht sehen, von wo das Geräusch kam. Konnte eigentlich nur von dort kommen. Ich sprang sofort auf, lief einen Hügel hoch und sah, dass da was rausfuhr. Allerdings über eine andere Straße. Scheiße. Rucksack gekrallt und den Berg runterge-sprintet. Den Lift konnte ich mir nicht entgehen lassen. Der Lkw war schon voll mit drei Leuten, aber sie nahmen mich trotzdem mit. 30 km, besser als nichts.

An einer verlassenen Kreuzung ging es weiter. Um mich herum grasten Kuh- und Pferdeherden. Die Straße war so schlecht, dass der Verkehr über unbefestigte Offroad-Wege ging. So schlecht, dass man lieber querfeldein fuhr, als sich die Stoßdämpfer in den unzähligen Schlaglöchern kaputt zu machen. Ich hab das bisher nur in den ehemaligen Sowjetländern erlebt, dass Straßen den Weg erschweren, statt ihn zu erleichtern. Und hier hatte jemand sein Meisterwerk erschaffen. Ein Lkw kam vorbei, schon vier Leute drin, nahmen mich nicht mit.

Mein letzter Lift war ein UAZ. Ein russischer Zerstörer. Diese Art Bus, die wahrscheinlich nie zusammenbricht. Er ist innen etwas breiter als ein normaler Bus, liegt super auf der Straße und pflügt sich durch jede Art von Terrain. Mit ihm erreichte ich endlich wie-der Gegenden mit geteerten Straßen. Von hier war ein Direktlift ins 900 km entfernte Aqtau mehr als möglich. Tatsächlich: Am Dorfende dauerte es keine zwei Minuten, bis ich einen Truck hatte, der nach Aqtau durchfuhr. Leider währte die Freude nur kurz. Gegen 1 Uhr hielten wir an, und meine beiden Trucker boten mir ein Hotelzimmer an. Um 6 Uhr wollten sie weiterfahren. Aber meine Position war einfach zu gut, um meine Zeit mit Schlafen zu vergeuden. Ich wollte ankommen. Hatte auf dieser Antistraße schon so viel Zeit verloren. Also trampte ich weiter. 20 Minuten später hielt mein Auto. Es kam aus der nächsten Stadt, und ich erwartete nicht, dass es weit fahren würde. Aber es hielt an. Wohin? Aqtau! Alles klar, da simmer dabei. Und das wars dann auch schon. Ich erreichte Aqtau bei Sonnenaufgang. 3781 km in 68 Stunden und 59 Minuten, inklusive Border Hop und 400 km Antistraße.

5
Absage an den Alkohol

Ich saß in der Kantine des Containerschiffs auf dem Weg von Kasachstan nach Aserbaidschan und hatte mich gerade zum Essen niedergelassen. Meine beiden französischen Begleiter waren noch nicht da. Außer uns und der Crew befand sich noch ein Haufen Trucker auf dem Boot. Hauptsächlich aus Georgien. Der Tisch neben mir war voll besetzt. Eine 1,5-l-Plastikflasche mit selbst gemachtem Wodka wurde herausgeholt. Das Kondenswasser am Flaschenrand zeugte von guter Kühlung. Gläser wurden aufgetischt, und es hätte nichts mit georgischem Selbstverständnis zu tun gehabt, wenn nicht auch ich in den Fokus der umsorgenden Gastfreundlichkeit geraten wäre. So alleine, wie ich am Nachbartisch saß.

Einer der Trucker kam mit einem strahlenden Lächeln an meinen Tisch. Für alle Eventualitäten sollte gesorgt sein; daher brachte er auch gleich ein leeres Glas mit. Ob ich Wodka möchte, fragte er

VIERTER CHORUS

und hielt mir die Flasche behutsam wie ein Sommelier hin. Nein, ich trinke keinen Alkohol. Sein freudestrahlendes Gesicht veränderte sich nicht. Es war anscheinend eine Antwort, die in seiner Realität nicht vorkam. Er machte sich nicht mal die Mühe, sich damit auseinanderzusetzen, sondern blieb einfach stehen. Wodka? Aus Höflichkeit und interkulturellem Verantwortungsbewusstsein willigte ich schließlich ein und bekam einen Doppelten bzw. Dreifachen in mein Teeglas eingeschenkt. Ich leerte mein Glas; so wie ich auch die Angewohnheit habe, Essen, das ich nicht mag, zuerst herunterzuwürgen, um mich dann den leckeren Sachen zu widmen. Großer Fehler, denn das leere Glas entging nicht der Aufmerksamkeit meines georgischen Freundes. Sofort stand er wieder mit der Flasche am Tisch. Ich sagte, dass ich nichts mehr möchte, aber kognitive Dissonanzen wurden erneut einfach weggelächelt. Das Glas füllte sich fast bis zum Rand, ungeachtet meiner verzweifelten Proteste. Bald erschienen die beiden Franzosen. Sie wurden ebenfalls sofort mit Wodka und genauso gut gekühltem georgischen Weißwein versorgt. Letzteren gabs auch für mich. Er war fast schon eine Wohltat, weil ich ihn leichter runterbekam. Das Saufgelage war eröffnet. Ich war nie ein Fan von hartem Alkohol, aber natürlich schütte ich Wodka nicht einfach weg. Das gehört sich nicht, und ich möchte niemanden beleidigen. In solchen Situationen ist Fingerspitzengefühl gefragt.

Für mich persönlich entdeckte ich an diesem Abend allerdings mal wieder, wieso ich auch kleine Alkoholmengen (eineinhalb Gläser Wodka und ein Glas Wein) nicht mehr zu mir nehmen möchte. Ich beobachtete die Serotoninausschüttung in meinem Gehirn sehr bewusst. Der Anfang war gut. Konnte man nichts dagegen sagen. Wir schauten uns danach den Sonnenuntergang auf Deck an, und wie auch immer kam wieder diese unterschwellige Lust hoch, jetzt noch ein kleines Bierchen zu trinken. Nur ein kleines.

ABSAGE AN DEN ALKOHOL

Es sind diese Momente, wo man sich selber einredet, dass trinken doch gar nicht so schlecht ist. Aber meine Beobachtung war noch nicht am Ende. Irgendwann war Schlafenszeit; meine euphorisierte Stimmung hatte sich allerdings nicht gelegt; was zu einer sehr unruhigen und schlaflosen Nacht führte. Am nächsten Morgen ging es mir bizarr beschissen. Zum Glück durften wir unmittelbar das Schiff verlassen, und ich trampte los Richtung Iran. Es war noch stockfinster, als ich endlich auf die Straße kam. In einem halben Tag war ich durch Aserbaidschan durch. Trotz Kater. Ich erreichte die iranische Grenze am 19.6.2016 um 14 Uhr.

Grenzübergänge sind ja oft eine Sache für sich. Fast immer gibts irgendwelche Menschen vor Ort, die halbseidene Geschäfte durchführen. Diesmal sah ich schon vorab überall am Straßenrand seltsame Pakete rumstehen. Ein Mann spricht mich an, ob ich eines dieser Pakete mit über die Grenze nehmen will. Gibt auch Geld dafür. Nee, lass mal, gerade keinen Bock. Wie, du willst kein Geld? Richtig. Ich wollte eher meine Ruhe. Das ging dann aber noch dreimal so, bevor ich am eigentlichen Grenzübergang angekommen war.
Dort war gerade das Tor geschlossen. Eine große Menschenmenge – schätzungsweise 70 bis 80 Personen – stand wartend davor. Neben mir auf einmal ein Baum von einem Mann. Typ persischer Ringer. Glatze, bärenartige Statur. Sofort spuken ausgekugelte Arme und halb abgerissene Ohren durch meinen Kopf. Meine Geht-weg-mit-euren-Paketen-Haltung wandelt sich umgehend. Ich tue, was in meiner Macht steht, um der Lokalbevölkerung einen Gefallen zu tun. Kann es gar nicht abwarten, dieses Ding über die Grenze zu bringen, wenn das nur bedeutet, dass diese schreckliche Gestalt dafür verschwindet und mir nichts antut. Ich würde es sogar ohne Geld mit rübernehmen.

VIERTER CHORUS

Man drückt mir also ein Paket in die Hand, und ich werde von meinem neuen Freund in die Menge gepresst. Die Leute sehen, dass ich nun als Paketschmuggler arbeite, und alle fangen an zu johlen und zu applaudieren, als ob der neue Popstar gelandet wäre. Hallo auch. Ich stehe nun weiter vorne, und alle warten darauf, dass die Schleusen sich öffnen. Das passiert auch, und der Wahnsinn bricht los. Junge Männer klettern über die Geländer und springen in die Menge, als wollten sie *stagediven*. Nur um ein paar Plätze in der Schlange gutzumachen. Nachdem auch ich übers erste Geländer geklettert bin, um wenigstens ein paar Alte und Kinder hinter mir zu lassen, reihe ich mich in die Männer-Schlange ein. Und stehe dann da mit meinem Paket. Was ist das wohl für ein Paket? Mir war erklärt worden, es handele sich um Sandalen. Aber was ist es wirklich? Heroin? Oder doch Waffen? Egal, ich bin nun dafür verantwortlich. Ich muss es in den Iran kriegen und dort jemandem übergeben. Alles sehr fadenscheinig. Aber jeder hat so ein Paket in der Hand. Daher scheint das okay.

Die Kontrollen laufen langsam. Irgendwann komme ich ins dafür vorgesehene Gebäude, werde als Ausländer erkannt, durchgewunken und freundlich von den aserbaidschanischen Grenzbeamten begutachtet. Danach geht es auf die andere Seite. Mein Paket sorgt bei den Iranern für Belustigung und Kopfschütteln zugleich. Ein bisschen nach dem Motto: »Jetzt haben sie sogar diesem Touri so ein Paket in die Hand gedrückt.« Ich stelle mich gewohnt dumm und naiv, zeige mein »Kann nix dafür«-Lächeln und komme unbeschadet durch die Kontrolle. Sofort beginnt das Umtauschbusiness – das mir nicht egaler sein könnte. Aber ich hab einen Begleiter an der Hand, der auch ein Paket hat und für meine Bezahlung sorgen möchte. Ihm zufolge muss ich den Lohn bekommen, der mir zusteht. Ich bekomme schließlich einen Euro.

6
Heimweg

Im Iran verbrachte ich ca. einen Monat mit meinem Freund Noah, der mich quasi von dort abholte. Wir trampten runter an den Persischen Golf nach Bandar Abbas, durchquerten bei 50° die Wüste, kamen bis an die afghanische Grenze und bestiegen zusammen einen Drei- und einen Viertausender. Ich hatte dann eine Liebschaft mit einer verheirateten Iranerin, und Noah zog es in andere Teile des Landes. Es folgten ein paar romantische Tage in Armenien. Ihr Ehemann wusste von mir, wir kannten uns. Das war alles eine etwas delikate Situation, aber auch den kulturellen Zwängen geschuldet. Die beiden waren nur noch verheiratet, um dadurch mehr Freiheiten zu genießen und weil die Eltern eine Trennung nicht akzeptiert hätten. Ich fands trotzdem besser, dass wir unsere Affäre nicht im Iran auslebten. Wir hatten eine gute Zeit in Armenien, aber unsere Wege trennten sich, wie so oft auf Reisen. Man lernt Menschen kennen, lernt, Menschen zu lieben, aber muss weiter.

Der Iran ist ein unglaublich schönes Land mit tollen Menschen. Aber ich merkte, dass ich das zu diesem Zeitpunkt kaum noch wertschätzen konnte. Ich war gesättigt. Außer der Liebschaft berührte mich kaum etwas wirklich. Noch ein weiteres, unglaublich interessantes Land auf meinem Trip. Es war eher ein pflichtbewusstes Noch-mal-Vorbeischauen. Aber eigentlich wollte ich nur noch meine Ruhe. Wieder zu Hause sein. Irgendwas Normales machen. Dieses Gefühl gab es schon seit Uruguay, aber es war nie so stark wie im Iran.

Ich besuchte in der Türkei noch Freunde und trampte anschließend Richtung Litauen. Aber schließlich, als langsam absehbar

war, dass ich nun jederzeit wieder in Deutschland sein konnte, kam wieder das Fernweh auf. Als ob ich immer gerade das haben wollte, was gerade nicht verfügbar war. Ich wurde wehmütig, war mir plötzlich unsicher, ob ich nicht doch noch ein paar Monate weiterreisen sollte. Vielleicht hatte ich auch Angst vorm Heimkommen. Erst in Litauen änderte sich das wieder. Ich war zurück in meiner Tramperfamilie. Ich traf Freunde, und wir machten uns auf den letzten Abschnitt meiner Reise. Zu fünft trampten wir einmal um die Ostsee. Unser Ziel war schließlich Oslo. Dort war das European Hitchgathering. So was wie das europäische Tramperfestival, wo sich die ganze Szene der Hardcore-Tramperinnen und Tramper versammelt. Zu meinem Geburtstag überquerte ich die Grenze nach Deutschland, und am 20.8.2016, nach genau 22 Monaten, stand ich in Leipzig vor meiner alten Wohnung. Mein Kater würde nicht da sein. Er war mit meiner Exfreundin nach Berlin gezogen.

7
Ankommen

Wenn ich über diese ganze Expedition nachdenke, kommt mir oft ein Gedanke: Ich würde es nicht noch mal machen, aber ich möchte es auch nicht missen. Die Reise hatte mich zermürbt. Ich konnte das erst spüren, als ich wieder zu Hause war. Was hatte ich da mit mir angestellt? Und warum? Oder: wofür? Das Ankommen war schwierig. Ich war, trotz allem, nicht darauf vorbereitet. Viele sagen, dass der erste Schritt der schwierigste sei und von da dann alles läuft. Bla! Stimmt zwar im Prinzip, aber viel schwieriger, als zu reisen, ist, zu Hause zu bleiben. Besonders nach so einer *langen* Reise. Ich hatte in kurzer Zeit zweimal mein Leben aufgegeben. Einmal, um auf Reisen zu gehen. Und einmal, um wieder zu Hause

ANKOMMEN

zu sein. Es kostete mich Monate, wenn nicht gar Jahre, bis ich mich wieder in die Gesellschaft einfügen konnte. Hierbei ging es eher um ein Gefühl. Weniger um die Beschaffenheit meines Alltags. Ich musste viel Energie investieren, um wieder mit Menschen in Kontakt zu kommen. Um an meinen zurückgelassenen Beziehungen zu arbeiten. Das gelang mir manchmal mehr und manchmal weniger erfolgreich. Wenn man fast zwei Jahre faktisch auf der Straße gelebt hat, entwickeln sich andere Ansprüche an einen selbst und das Leben. Und wir Tramper sind sowieso ein spezielles Völkchen. Eine Mischung aus Punks, Hippies und Anarchisten, aber meist mit einem toleranten und weitsichtigen Grundkern, weil wir so viele verschiedene und großartige Menschen kennenlernen. Genau deswegen war es für mich zu Hause nun oft frustrierend. Ich fühlte mich als Weltbürger. Und die Gesellschaft kam mir so selbstbezogen und ignorant vor. Es gab so viele Dinge, die mich störten. Allen voran der sinnlose Konsum. Ich musste erst die klare Entscheidung treffen, trotz allem wieder Teil dieses Systems sein zu wollen.

Nach meiner Ankunft versuchte ich, wenig zu kaufen und mit minimalem Geld auszukommen. Ich wollte mich auflehnen. Alternativ leben. Alles aus dem arroganten Gedankengang heraus, dass alle anderen ein falsches Leben führten. Dass sie viel zu viel besaßen. In ihrer Blase lebten. Was ich heute sagen kann: Ich lebte auch in meiner Blase. Der Blase der Reisenden. Auch hier hält man sich für was Besseres. Heute denke ich, das kam auch daher, weil ich so ignorant mir selber gegenüber war. Ich wollte die Bedürfnisse anderer Menschen durchaus nachvollziehen, aber ich konnte es nicht, weil ich meine eigenen Bedürfnisse ignorierte.
Ich hatte zu der Zeit aufgehört mit Alkohol. Mit Rauchen. Mit jeglicher Art von bewusstseinsverändernden Stimulanzen. Also auch Kaffee und Schwarztee. Ich war fast asketisch geworden.

VIERTER CHORUS

Meditierte jeden Tag zwei Stunden und versuchte, keinem Lebewesen etwas zuleide zu tun. Während der Reise waren solche Prinzipien wahrscheinlich nötig gewesen, um die Strapazen auszuhalten. Mich selber unter Kontrolle zu halten. Und nun schienen sie nötig, um nach all den Eindrücken nicht verrückt zu werden. Aber diese Art des Umgangs mit mir hatte selbstgeißelnde Züge. Ich hatte mir ein neues Leben aufbauen wollen, das *wahr* war. Um mich in dieses Abenteuer zu stürzen, brauchte ich egoistischen Freiraum, den ich in dieser Lebensphase auch hatte. Ankommen bedeutete jedoch, dass ich nun wieder mehr in Beziehungen war. Zu mir und zu anderen. Und Beziehung bedeutet immer auch, den Umgang mit Spannungen und Widersprüchen zu lernen. »Wahrheit« war dafür ein schlechtes Maß.

Der Zusammenprall mit der Realität war hart und wurde mir erst langsam nach der Reise bewusst. Ich hatte Bock gehabt, die Welt zu erkunden. Aber dann hatte die Welt mich desillusioniert. Das war das eine. Ich hatte nach Orten gesucht, an denen ich der Zivilisation entfliehen konnte, und musste feststellen, dass der Mensch überall war. Überall wo Straßen waren.
Ich sah die Überbevölkerung, den abgeholzten Regenwald und die zugemüllten Ozeane. Diese Eindrücke sollten zu einer schweren Bürde für mich werden.
Außerdem erkannte ich, dass ich durch diese Reise niemals die Beachtung und Anerkennung bekommen würde, nach der ich mich so sehr sehnte. Ich hatte mir ein Alleinstellungsmerkmal in der Tramperszene schaffen wollen. Das, worüber alle reden, wenn sie den Namen Stefan Korn hören. Nun bekam ich Aufmerksamkeit. Das fühlte sich erstmal gut an. Aber das Hochgefühl darüber war von kurzer Dauer. Danach wollte ich mehr. Aber wofür? Die Aufmerksamkeit veränderte nichts in mir selbst. Ich konsumierte

ANKOMMEN

Aufmerksamkeit. Wegen der tiefen Einsamkeit in mir drin? Vielleicht. Ich konnte diese Lücke nie schließen. Und möglicherweise werde ich sie niemals vollständig auffüllen.

Heute sehe ich die Reise als eine tolle Erfahrung. Ein Schatz, auf den ich immer wieder zurückgreifen kann. Es war definitiv eine geile Zeit. Aber nichts, was mich von anderen abhebt. Ob jemand Erfolg und Anerkennung bekommt, hat eher mit Glück zu tun, als damit, ob etwas Besonderes geleistet wird. Mit der Art Glück zum Beispiel, zur richtigen Zeit am richtigen Ort zu sein. Mit der Art Glück, einem Stereotyp zu entsprechen, für das sich der Zeitgeist interessiert. Oder mit dem unglaublich wertvollen Glück, dass andere Menschen einen fördern. Aber über den eigenen Wert sagt das alles nichts aus. Ich wollte die härteste Trampersau auf dem Planeten sein. Dafür bin ich weit über meine Grenzen gegangen und habe viel gelitten. Ich habe mich selbst aus den Augen verloren. Für etwas, dass mich am Ende auch nicht ausgefüllt hat und außer mir kaum jemanden interessierte. Es dauerte, bis ich merkte, dass ich keine Lust habe, »dieser« Mensch zu sein. Ich will lieber ein normaler Tramper sein. Einer, der sich Zeit nimmt. Für sich. Für andere. Für Orte. Einer, der einfach dableibt, wenn er seine Traumfrau trifft.

Deutsche Originalausgabe
Copyright © 2020 von dem Knesebeck GmbH & Co. Verlag KG, München
Ein Unternehmen der Média-Participations

Projektleitung: Hans Peter Buohler, Knesebeck Verlag
Lektorat: Jürgen Teipel, Schondorf
Coverfoto und Fotos:
U1: Autorenbild – von Verlag; Illustration Landschaft –
shutterstock_723560155 / © Aluna1/Shutterstock.com;
Pappe – shutterstock_794451610 /
© Backgroundy/Shutterstock.com
Rücken: Reifenspuren – shutterstock_396432799 /
© Berezka_Klo/Shutterstock.com
Umschlaggestaltung und Gestaltung: FAVORITBUERO, München
Satz und Herstellung: Arnold & Domnick, Leipzig
Druck und Einband: Livonia Print, Riga
Printed in Latvia

ISBN 978-3-95728-401-3

Alle Rechte vorbehalten, auch auszugsweise.

www.knesebeck-verlag.de